21世纪经济学类管理学类专业主干课程系列教材

管 理 会 计

主编 唐勇军 张 婕

清 华 大 学 出 版 社
北京交通大学出版社
·北京·

内 容 简 介

本书充分汲取《财政部关于全面推进管理会计体系建设的指导意见》《管理会计基本指引》《管理会计应用指引》等文件精神，全面系统地阐述了管理会计的基本理论、基本知识和基本技能。全书共13章。内容包括：总论，变动成本法，营运管理，预测分析，经营决策分析，存货决策分析，投资决策分析，全面预算，责任会计，战略管理会计，作业成本管理与资源消耗会计，业绩评价与激励，管理会计报告与信息系统。

本书既可以作为高等院校经济学类管理学类专业的管理会计课程的教材，也可以作为经济管理工作人员的参考书。

本书封面贴有清华大学出版社防伪标签，无标签者不得销售。
版权所有，侵权必究。侵权举报电话：010-62782989　13501256678　13801310933

图书在版编目(CIP)数据

管理会计/唐勇军，张婕主编. —北京：北京交通大学出版社：清华大学出版社，2019.9
ISBN 978-7-5121-4073-8

Ⅰ. ①管… Ⅱ. ①唐… ②张… Ⅲ. ①管理会计 Ⅳ. ① F234.3

中国版本图书馆 CIP 数据核字(2019)第 208057 号

管理会计
GUANLI KUAIJI

策划编辑：	郭东青
责任编辑：	郭东青
出版发行：	清华大学出版社　邮编：100084　电话：010-62776969　http://www.tup.com.cn
	北京交通大学出版社　邮编：100044　电话：010-51686414　http://www.bjtup.com.cn
印 刷 者：	三河市华骏印务包装有限公司
经　　销：	全国新华书店
开　　本：	185 mm×260 mm　印张：16.75　字数：429千字
版　　次：	2019年9月第1版　2019年9月第1次印刷
书　　号：	ISBN 978-7-5121-4073-8/F·1909
印　　数：	1~2 000册　定价：49.00元

本书如有质量问题，请向北京交通大学出版社质监组反映。对您的意见和批评，我们表示欢迎和感谢。
投诉电话：010-51686043，51686008；传真：010-62225406；E-mail：press@bjtu.edu.cn。

前　言

在日新月异的今天，管理会计面临着复杂多变的环境，管理会计发展十分迅猛，变革势在必行。中国财政部于 2014 年和 2016 年分别发布了《财政部关于全面推进管理会计体系建设的指导意见》《管理会计基本指引》两份纲领性文件，明确了管理会计体系建设的指导思想、基本原则和总目标。从 2017 年 10 月 9 日起，财政部陆续颁布了 34 项《管理会计应用指引》，为管理会计体系建设和开展，提出了相应的任务、具体措施和工作，提升了企业的管理会计水平，夯实了管理会计工作基础。我们在充分汲取最新文件精神，结合多年的管理会计教学的经验，并查阅相关资料的基础上编写了本书。

本书汲取管理会计体系建设的理论、基本指引和应用指引等最新文件精神，并结合管理会计实践及十余年管理会计教学经验编写而成。全书分为 13 章，主要包括：第 1 章总论；第 2 章变动成本法；第 3 章营运管理；第 4 章预测分析；第 5 章经营决策分析；第 6 章存货决策分析；第 7 章投资决策分析；第 8 章全面预算；第 9 章责任会计；第 10 章战略管理会计；第 11 章作业成本管理与资源消耗会计；第 12 章业绩评价与激励；第 13 章管理会计报告与信息系统。

本书的特色有：

（1）用简练生动的语言阐述基本概念、基本理论和基本方法；

（2）汲取管理会计体系和管理会计指引等文件精神，将相关知识点融入教材；

（3）既包括传统管理会计内容，也囊括资源消耗会计、大数据与管理会计等新时代背景下管理会计内容；

（4）章节编排别出心裁，每章均以引例作为起始，引导学生思考并把握核心知识点；

（5）每章课后自带思考题和复习题，为学生巩固知识提供帮助。

本书既可以作为高等院校经济管理类专业的管理会计课程的教材，也可以作为经济管理工作人员的参考书。

目 录

第1章 总论 ... 1
1.1 管理会计概述 ... 2
- 1.1.1 管理会计的目标 ... 2
- 1.1.2 国外对管理会计的定义 ... 2
- 1.1.3 国内对管理会计的定义 ... 3

1.2 管理会计的形成与发展 ... 4
- 1.2.1 管理会计在西方的产生与发展 ... 4
- 1.2.2 管理会计在我国的发展 ... 6
- 1.2.3 管理会计在我国的应用 ... 8

1.3 管理会计与财务会计的区别与联系 ... 9
- 1.3.1 管理会计与财务会计的区别 ... 9
- 1.3.2 管理会计与财务会计的联系 ... 9

1.4 管理会计的主要内容与职业环境 ... 10
- 1.4.1 管理会计工作的主要内容 ... 10
- 1.4.2 管理会计的应用原则 ... 11
- 1.4.3 管理会计人员的职业道德和能力培养 ... 11

复习思考题 ... 12
练习题 ... 12
案例题 ... 13

第2章 变动成本法 ... 15
2.1 成本性态及分类 ... 15
- 2.1.1 固定成本 ... 16
- 2.1.2 变动成本 ... 18
- 2.1.3 混合成本 ... 20

2.2 混合成本分解的方法与运用 ... 23
- 2.2.1 历史成本法 ... 23
- 2.2.2 账户分析法 ... 27
- 2.2.3 技术分析法 ... 28

2.3 变动成本法 ... 29
- 2.3.1 变动成本法的概念及适用性 ... 29
- 2.3.2 变动成本法与完全成本法的区别 ... 29

I

  2.3.3 变动成本法的优缺点 ··· 36
 复习思考题 ··· 37
 练习题 ··· 37

第3章 营运管理 ··· 39

 3.1 营运管理概述 ··· 40
  3.1.1 营运管理的概念 ··· 40
  3.1.2 营运管理的一般程序 ·· 40
  3.1.3 营运管理工具方法 ·· 40
 3.2 本量利分析 ·· 40
  3.2.1 本量利分析的产生发展 ·· 40
  3.2.2 本量利分析的概念 ·· 41
  3.2.3 本量利分析的基本假设 ·· 41
  3.2.4 本量利分析的有关方程式 ··· 42
  3.2.5 本量利分析图 ··· 44
  3.2.6 本量利分析在决策中的应用 ·· 46
 3.3 保本分析 ·· 47
  3.3.1 保本分析的含义及保本点的确定 ·· 47
  3.3.2 保本分析计算的相关指标 ··· 48
  3.3.3 保本作业率 ··· 49
  3.3.4 多种产品结构的保本分析 ··· 49
 3.4 保利分析和利润的影响分析 ··· 52
  3.4.1 保利分析的概述及保利点的确定 ·· 52
  3.4.2 不同因素变动对利润的影响 ·· 53
 3.5 敏感性分析 ·· 57
  3.5.1 敏感性分析的含义 ·· 57
  3.5.2 敏感性分析的前提假设 ·· 57
  3.5.3 影响利润因素的临界值 ·· 57
  3.5.4 敏感系数的测定 ··· 58
  3.5.5 敏感系数的应用 ··· 61
  3.5.6 经营杠杆系数 ··· 62
 复习思考题 ··· 63
 练习题 ··· 63

第4章 预测分析 ··· 66

 4.1 预测分析概述 ··· 66
  4.1.1 预测分析的特征 ··· 66
  4.1.2 预测分析的内容 ··· 67
  4.1.3 预测分析的步骤 ··· 67

  4.1.4 预测分析的方法 ··· 68
4.2 销售预测 ·· 69
  4.2.1 销售预测的意义 ··· 69
  4.2.2 销售的定性预测分析 ··· 70
  4.2.3 销售的定量预测分析 ··· 70
4.3 利润预测 ·· 72
  4.3.1 利润预测的意义 ··· 72
  4.3.2 利润预测的方法 ··· 72
4.4 成本预测 ·· 74
  4.4.1 成本预测的意义 ··· 75
  4.4.2 成本预测的方法 ··· 75
4.5 资金需要量预测 ·· 75
  4.5.1 资金需要量预测的意义 ··· 76
  4.5.2 资金需要量预测的方法 ··· 76
复习思考题 ·· 78
练习题 ·· 78

第5章 经营决策分析 ·· 80

5.1 经营决策概述 ·· 81
  5.1.1 决策概述 ··· 81
  5.1.2 决策的种类 ··· 81
  5.1.3 决策分析的一般程序 ··· 82
  5.1.4 与决策有关的成本概念 ··· 84
5.2 经营决策分析的常用方法 ·· 86
  5.2.1 差量分析法 ··· 86
  5.2.2 边际贡献分析法 ··· 87
  5.2.3 成本无差别点分析法 ··· 89
5.3 生产决策分析 ·· 89
  5.3.1 新产品投产的决策分析 ··· 89
  5.3.2 亏损产品是否停产或转产的决策 ································· 90
  5.3.3 自制还是外购的决策 ··· 92
  5.3.4 联产品是否需要进一步加工 ····································· 93
  5.3.5 是否接受特殊价格追加订货的决策 ······························· 94
  5.3.6 产品生产工艺决策 ··· 96
5.4 定价决策分析 ·· 98
  5.4.1 影响价格的基本因素 ··· 98
  5.4.2 产品定价决策 ··· 99
复习思考题 ·· 103
练习题 ·· 103

第6章 存货决策分析 ... 105

6.1 存货决策概述 ... 106
6.1.1 存货的含义 ... 106
6.1.2 存货成本的基本概念 ... 106
6.2 存货批量决策 ... 107
6.2.1 基本经济订货批量模型 ... 107
6.2.2 基本经济订货批量模型的扩展 ... 109
6.2.3 一般再订货点模型 ... 115
6.3 存货日常管理 ... 116
6.3.1 ABC存货管理 ... 116
6.3.2 零存货管理 ... 117
复习思考题 ... 118
练习题 ... 118

第7章 投资决策分析 ... 120

7.1 投资决策分析概述 ... 121
7.1.1 投资决策的含义 ... 121
7.1.2 投资决策分析需要考虑的因素 ... 122
7.1.3 投资回收期 ... 122
7.1.4 风险与报酬 ... 122
7.1.5 货币的时间价值 ... 122
7.1.6 资本成本 ... 129
7.1.7 现金流量 ... 131
7.2 投资决策分析的基本方法 ... 133
7.2.1 静态分析法 ... 133
7.2.2 动态分析法 ... 134
7.3 投资决策分析的具体应用 ... 138
7.3.1 固定资产购买或租赁决策 ... 138
7.3.2 固定资产更新或修理决策 ... 139
7.3.3 固定资产购置时分期付款还是一次性付款的决策 ... 141
复习思考题 ... 142
练习题 ... 142

第8章 全面预算 ... 143

8.1 全面预算概述 ... 144
8.1.1 全面预算的含义 ... 144
8.1.2 全面预算的作用 ... 144
8.1.3 全面预算的内容 ... 145

8.1.4　全面预算的本质 ································· 146
8.2　全面预算编制的流程和方法 ································· 147
　　8.2.1　全面预算机构设置 ································· 147
　　8.2.2　全面预算的编制期与编制流程 ··················· 148
　　8.2.3　全面预算的编制方法 ································ 148
8.3　全面预算的编制案例 ··· 152
　　8.3.1　经营预算的编制 ····································· 152
　　8.3.2　专门决策预算的编制 ······························· 159
　　8.3.3　财务预算的编制 ····································· 161
复习思考题 ··· 163
练习题 ··· 163

第9章　责任会计 ·· 165

9.1　责任会计概述 ··· 166
　　9.1.1　责任会计的概念、起源及发展 ················· 166
　　9.1.2　责任会计的基本内容 ······························· 167
　　9.1.3　责任会计的基本原则 ······························· 167
9.2　责任中心概念与设置 ·· 168
　　9.2.1　责任中心的概念 ····································· 168
　　9.2.2　责任中心的设置 ····································· 168
9.3　内部转移价格 ·· 171
　　9.3.1　内部转移价格的概念 ······························· 171
　　9.3.2　内部转移价格的制定原则 ························ 171
　　9.3.3　内部转移价格的类型 ······························· 171
　　9.3.4　内部转移价格的作用 ······························· 174
9.4　责任中心的业绩评价与考核 ·································· 174
　　9.4.1　成本中心的业绩评价与考核 ····················· 174
　　9.4.2　利润中心的业绩评价与考核 ····················· 175
　　9.4.3　投资中心的业绩评价与考核 ····················· 176
复习思考题 ··· 179
练习题 ··· 180

第10章　战略管理会计 ·· 181

10.1　战略管理会计概述 ··· 183
　　10.1.1　企业战略与战略管理概述 ······················ 183
　　10.1.2　战略管理会计的产生 ····························· 185
　　10.1.3　战略管理会计的特点 ····························· 186
10.2　战略管理会计的主要内容 ···································· 187
　　10.2.1　战略分析 ··· 187

	10.2.2	战略目标制定	188
	10.2.3	战略经营投资决策	188
	10.2.4	战略成本管理	189
	10.2.5	风险管理	190
	10.2.6	战略业绩评价	190
	10.2.7	人力资源管理	190

10.3 战略管理会计的基本方法 190
- 10.3.1 PEST 宏观环境分析法 190
- 10.3.2 波特五力分析法 192
- 10.3.3 态势分析法（SWOT 分析法） 193
- 10.3.4 竞争者分析法 194
- 10.3.5 产品生命周期法 194
- 10.3.6 价值链分析法 196
- 10.3.7 目标成本法 198

10.4 战略管理会计的应用研究 198
- 10.4.1 战略管理的作用和意义 198
- 10.4.2 我国发展战略管理会计的必要性 199
- 10.4.3 战略管理会计方法在我国应用中存在的问题 199

复习思考题 200
练习题 200

第11章 作业成本管理与资源消耗会计 203

11.1 作业成本法 204
- 11.1.1 作业成本法的产生 204
- 11.1.2 作业成本法的基本概念 205
- 11.1.3 作业成本法的基本原理 207
- 11.1.4 作业成本法的应用程序 208
- 11.1.5 作业成本法与传统成本法的比较 212

11.2 作业成本管理 214
- 11.2.1 作业管理与作业成本管理的含义 214
- 11.2.2 作业成本的价值链分析 215
- 11.2.3 降低作业成本的主要方法 217
- 11.2.4 作业成本管理的现实意义 218

11.3 资源消耗会计 218
- 11.3.1 资源消耗会计概述 218
- 11.3.2 资源消耗会计的基本特征 220

复习思考题 221
练习题 221

第 12 章 业绩评价与激励 ··· 223

12.1 业绩评价概述 ··· 224
12.1.1 业绩评价的定义 ··· 224
12.1.2 业绩评价系统的构成要素 ··· 224
12.1.3 业绩评价方法演进 ··· 225
12.1.4 业绩评价指标体系 ··· 227

12.2 业绩评价体系 ··· 228
12.2.1 杜邦财务分析体系 ··· 228
12.2.2 经济增加值 ··· 229
12.2.3 平衡计分卡 ··· 230

12.3 激励制度 ··· 237
12.3.1 经理人报酬制度 ··· 237
12.3.2 管理层收购 ··· 239
12.3.3 员工持股计划 ··· 239

复习思考题 ··· 240

练习题 ··· 240

第 13 章 管理会计报告与信息系统 ··· 242

13.1 管理会计报告的编制 ··· 243
13.1.1 管理会计报告的含义 ··· 243
13.1.2 管理会计报告的特征 ··· 243
13.1.3 管理会计报告的编制要求 ··· 243
13.1.4 管理会计报告的分类 ··· 244
13.1.5 战略管理层下的管理会计报告体系 ··· 245

13.2 大数据与管理会计信息系统 ··· 247
13.2.1 大数据概述 ··· 247
13.2.2 管理会计信息系统 ··· 248

13.3 大数据下管理会计的发展趋势 ··· 250
13.3.1 大数据时代给管理会计发展带来的挑战和机遇 ··· 250
13.3.2 管理会计的发展策略 ··· 251

复习思考题 ··· 253

练习题 ··· 254

参考文献 ··· 256

第 1 章

总 论

内容概要

1. 管理会计概述
2. 管理会计的形成与发展
3. 管理会计与财务会计的联系与区别
4. 管理会计的主要内容

引例——中航工业的管理会计体系化建设

相比单一的管理会计工具方法,综合多种管理会计工具方法的管理会计体系更有助于企业提高效率效益,为企业创造更大的价值。但是,管理会计体系的设计是一项复杂的系统化工程,要求更高的信息技术、更完善的管理制度和更深的管理会计知识。目前,我国一些管理领先的企业正在积极探索建立管理会计体系。

中航工业围绕公司发展战略开展了基于价值创造的管理会计体系建设,推动公司各项改革措施落地。这些措施包括:①围绕战略目标,深入推进全面预算管理,通过预算落实经营目标,实现收入逐年增长;②围绕经济质量效益提升,深化实施战略成本管理,将成本控制纳入企业战略统筹考量,同时与客户需求相结合,实现长远发展;③技术与经济相结合,大力推广项目财务管理,在一些自主研发的重大项目上着力推进项目总会计师系统建设;④围绕企业价值最大化的目标,全面推行经济增加值(economic value added,EVA)管理,建立健全 EVA 的组织推进体系、制度体系、工作体系、监控体系和考核评价体系,不断提升价值创造能力;⑤围绕集团并购中存在的项目战略性强、投资额大、风险因素多等问题,注重发挥管理会计的作用,加强风险防范,有效整合资源,加强财务管控。

中航工业在推进全面预算管理的过程中,注重全面预算管理与战略结合、与企业计划管理结合、与业务实际结合、与经营业绩考核结合,通过预算落实经营目标,促进了企业管理水平和经济运行质量效益的提升。

(资料来源:中国财政部会计司网站,http://kjs.mof.gov.cn/zhengwuxinxi/kuaijifagui/201509/t20150930_1485298.html)

1.1 管理会计概述

1.1.1 管理会计的目标

2016年6月，财政部印发的《管理会计基本指引》总结指出：管理会计的目标是通过运用管理会计工具方法，参与企业规划、决策、控制、评价活动并为之提供有用信息，推动企业实现战略规划。管理会计的直接目标是为企业内部管理者提供有用的决策信息，根本目标是帮助企业管理层提升企业价值，实现企业长远的战略目标。

1.1.2 国外对管理会计的定义

国外学者对管理会计的认定经历了从狭义到广义的转变，虽然1952年，国际会计师联合会年会正式通过"管理会计"这个学术用词，但各位学者可能研究的立场和角度不同，至今都没有形成统一的定义。

1. 狭义的管理会计阶段

20世纪80年代以前，学者们对于管理会计的研究都是立足于狭义的角度，狭义的管理会计又叫作微观管理会计，主要是为企业内部各级管理者提供计划与控制所需信息的内部会计。

1958年，美国会计学会（American Accounting Association，AAA）管理会计委员会对管理会计提出如下定义："管理会计是指在处理企业历史和未来的经济资料时，运用适当的技巧和概念来协助经营管理人员拟定能达到合理经营目的的计划，并做出能达到上述目标的明智的决策。"

1966年，美国会计学会的《基本会计理论》认为：管理会计就是运用适当的技术和概念，处理企业历史的和计划的经济信息，管理者制定合理的目标，并为该目标的实现进行合理决策。

很明显，以上给出的狭义管理会计定义表明管理会计的核心内容是：管理会计是围绕企业主体展开管理活动的；管理会计工作的服务对象始终是管理者的既定目标；管理会计是一个信息系统。

2. 广义的管理会计阶段

20世纪80年代以后，由于社会发展的需要，学者们对管理会计进行重新定义，由于研究的外延扩大，便形成了广义的管理会计。

1981年，全美会计师协会（National Accounting Association，NAA）下设的管理实务会计委员会指出，管理会计是向管理当局提供用于企业内部计划、评价、控制，以及确保企业资源的合理使用和经营责任的履行所需财务信息的确认、计量、归集、分析、编报、解释和传递的过程。管理会计还包括为股东、债权人、规章制定机构及税务机关等非管理集团编制财务报表。这个定义充分表明管理会计的活动领域已经扩展到了宏观领域。

1982年，英国成本与管理会计师协会修订后的管理会计定义把管理会计的范围扩展到除审计以外的会计的各个组成部分，管理会计是对管理当局提供所需信息的那一部分会计的工作，管理者可以据此：以对外报出的财务报表为基础，内部制定相关的应对方针政策；对企业的各项经营活动进行计划、组织、控制；在争取经营收益最大化的同时，保证财产的安全。

1988年，国际会计师联合会下设的财务和管理会计委员会在发表《论管理会计概念（征求意见稿）》一文中明确表示："管理会计可以定义为：在一个组织中，管理部门用于计划、评价和控制的（财务和经营）信息的确认、计量、收集、分析、编报、传递的过程，以确保其资源的合理使用并履行相应的经济责任。"

1997年，美国管理会计师协会（IMA）承袭过程观为管理会计下的定义："管理会计是提供价值增值，为企业规划设计、计量和管理财务与非财务信息系统的持续改进过程，通过此过程指导管理行动、激励行为、支持和创造达到组织战略、战术和经营目标所必需的文化价值。"同年，美国著名管理会计学家罗伯特·S.卡普兰等四人合著的《管理会计》（第2版）》中定义管理会计是"一个为组织和各级管理者提供财务和非财务信息的过程。这个过程受组织内所有人员对信息需求的驱动，并能引导他们做出各种经营和投资决策"。

综合上述的定义可知，管理会计的核心内容是：企业的利益既是管理工作的出发点也是落脚点；管理会计的服务对象除了企业管理者，还包括股东、债权人、税务机关等；管理会计作为一个信息系统，既提供货币信息也提供非货币信息；管理会计将财务会计、成本会计、财务管理融为一体。

1.1.3 国内对管理会计的定义

我国的管理会计起步较晚，新中国成立后，我国也陆续制定了具有中国特色的管理会计制度，比如，我国20世纪50年代建立起来的责任会计，60年代的成本资金归口管理等，到了70年代末，西方的管理会计学理论才传入我国，随后部分企业也纷纷效仿西方现代的管理制度体系。然而同时期的学者对管理会计的定义也略有差异。

汪家佑教授认为：管理会计是为了加强企业内部管理、实现利润最大化，灵活使用多种方法收集、加工、解释管理当局合理计划和有效控制经济过程所需信息，以成本、利润、资本为中心，分析过去、控制现在、规划未来的分支。

李天民教授认为：管理会计是通过一系列专门方法，利用现有的财务会计方面的资料与其他相关的资料进行整理、对比、分析，有助于各级管理者对一切管理活动进行计划与控制，并最终服务于企业领导者经济目标实现的一套信息处理系统。

余绪缨教授认为：管理会计是现代化管理与会计融为一体，为企业的领导者和管理人员提供管理信息的会计，它是企业管理信息系统的一个子系统，是决策支持系统的重要组成部分。

2014年10月27日，发布的《财政部关于全面推进管理会计体系建设的指导意见》将管理会计定义界定为：管理会计是会计的重要分支，主要服务于单位（包括企业和行政事业单位，下同）内部管理需要，是通过利用相关信息，有机融合财务与业务活动，在单位规划、决策、控制和评价等方面发挥重要作用的管理活动。

基于上述定义，本书将管理会计界定为：管理会计是现代企业会计的重要分支，以提高企业经济效益、实现企业战略为目标，以现代企业经营活动及其价值表现为对象，通过强化企业内部经营管理，利用相关信息，融企业的战略、财务和业务为一体，实现对企业经营活动过程的预测、决策、规划、控制和评价等职能的一种管理活动。

为理解本书管理会计的定义，需要把握好"一个目标，两种观点"。一个目标是指管理会计以提高企业经济效益，实现企业战略作为目标，具体来讲，提高经济效益是直接目标，也是战术目标，实现战略是长期目标，也是最高目标。两种观点是指该定义融合管理活动论和信息系统论，其中管理活动论认为管理会计是通过对财务和非财务信息的加工和再利用，实现对企业经营活动过程的预测、决策、规划、控制和责任考评等职能的一种管理活动。这意味着管理会计既是在企业的规划、决策、控制和评价等方面发挥重要作用的管理活动，同时其本身又是企业管理活动的重要组成部分，也是现代企业会计的一个分支。信息系统论认为管理会计是现代会计系统中区别于传统会计的，实现会计预测、决策、规划、控制和责任考核评价等会计管理职能的一套信息处理系统。它是决策支持系统的重要组成部分，企业管理信息系统的一个子系统。只有理解好"一个目标，两种观点"，才能对管理会计定义有完整的把握。

1.2 管理会计的形成与发展

1.2.1 管理会计在西方的产生与发展

在西方，管理会计起源于19世纪中叶初，随着经济社会环境、企业生产经营环境和科学水平的不断发展而逐步演进，至今经历了三个阶段。

1. 管理会计的萌芽阶段（19世纪50年代—20世纪20年代）

英国的第一次工业革命在19世纪中叶已经发展到成熟阶段，以"蒸汽机"为主导的工业革命带动了纺织业和铁路运输业的发展，与之对应的管理制度主要是以成本控制为主。纺织业的生产工序较多，生产过程复杂，而且同一生产线的转换及准备工作的步骤，必会造成资源的闲置以及人工成本的浪费，当月末考核产品成本时，单位产品的成本始终难以控制。铁路运输提供的物流服务，加快了工业革命的进程，但由于其运输业务具有区域分散性，每个地区的经营收益标准难以做到统一，铁路公司核算部门只是通过简单的现金流入与流出来估算每年的经营业绩。所以在20世纪20年代初之前，企业大都希望通过管理成本来提高经营利润，但是成本的控制方法通常是延长工时，剥削剩余劳动力，长此以往会打压劳动者的生产积极性，虽然管理会计的雏形已出现，但是缺乏一定的科学性。

2. 管理会计的效率效益导向阶段（20世纪20—50年代）

1911年，科学管理之父泰罗，将管理会计带入了科学管理阶段，同时也标志着管理会计的正式形成。泰罗带着秒表进入车间，对每个生产工序的动作进行具体研究，考量不同工人在完成规定步骤所需时间，以此确定了定额时间和标准成本，分解出标准原材料成本、标准人工成本、标准制造费用、标准工时，然后核算出实际的原材料成本、实际人工成本、实际制造费用，并对员工单位产品完工时间、资源耗费与定额进行比较，分别进行奖励和扣款，这大大提高了员工的生产积极性和企业产出的效率，同时科学合理地压缩了企业的生产成本，标准成本被大多数企业所青睐，说明管理会计的计划和控制功能得到发挥，企业的管理秉承"多劳多得"的理念，并且进行预算控制和差异性分析，不断提出整改建议，显得更加合理、科学。而这个阶段管理会计的主要特点是通过事前计算和事后分析相结合，从而促进资源的使用效率，提高产能。不足之处在于仅考察内部生产车间的执行情况，并没有考虑到企业整体的预测、决策以及内部管理架构等因素。不过，整体来看，这一时期的管理会计具有相当的科学性，执行标准是该阶段最为核心的话题。

3. 管理会计的发展与反思阶段（20世纪50年代以后）

执行性管理会计只是管理会计的初级阶段，与现代意义上的管理会计还是有差距的，从

20世纪50年代开始，现代管理会计体系的全局性才真正形成。

1945年，第二次世界大战结束后，世界经济快速复苏，发展较为迅速。在科学技术的支撑下，生产力水平在不断提高，企业规模不断扩大，跨国公司大量涌现，经营业务也日趋多样化，市场竞争不断加剧，外部环境瞬息万变。泰罗的标准成本在灵动的市场环境中显得不合时宜，日益僵化的管理体系无法发挥企业整体管理的作用，限制了员工主观能动性的发挥，无法应对市场挑战。为了充分发挥员工的生产积极性、创造性，行为科学理论应运而生，其中典型代表有：双因素激励理论、需求层次论、人性论。第三次工业革命带动了数学、信息技术方面的发展，而电子计算机技术、信息系统和内部控制理论为管理会计的发展注入了新的活力，滋生了一系列先进的组织管理方法，而且技术革命对生产力的影响是空前的。

在吸收了运筹学同时期其他学科的思想和西蒙的现代管理思想后，管理会计的创新拥有了更多的选择。管理者不再拘泥于传统的管理会计方法的局部修正，具有全局性的经营观，在预算的基础上进行预测，在完成生产额度的情况下，给予员工适当的创造性空间。

20世纪80年代以后，第三次科技革命领域不仅涉及计算机信息技术，还涉及生物技术、新材料技术、新能源技术，如今的大数据处理技术的应用也日趋成熟，企业间竞争的实质是科技力的较量，市场环境随着科技的进步日新月异，管理会计也进入反思期。在顺应全球化竞争的基础上，全面预算管理（comprehensive budget management）、作业成本法（activity-based costing）、生命周期法（life cycle model）、平衡计分卡（balanced score card）等方法应运而生；同时，管理会计针对管理对象的特征，并结合顾客的个性化需求，进行了职能的转变。20世纪后期，管理会计出现了诸多的新理念，为管理会计在新领域的拓展提供了契机。管理会计的新发展主要体现在如下3个方面。

1）环境管理会计

在经济和技术的双重推动下，社会的发展对环境产生的负面影响越演越烈，有的甚至造成不可逆的影响，绿色GDP概念的提出足以说明保护环境已然成为重中之重。环境管理会计在20世纪90年代营运而生，为环境问题在管理会计领域创造了一个新的发展空间，主要应用于企业，但也可用于其他组织或政府部门，为其内部提供与环境相关的财务信息与非财务信息的会计系统。

环境管理会计工作基于环境成本展开，能更好地识别和预测环境管理活动产生的财务利益和其他商业，更好地计量和报告环境业绩及财务业绩，提高企业的社会认同度。环境管理会计同样可用于成本管理、存货管理、业绩评价、产品定价以及采购与供应链管理等方面。

2）智力资本管理会计

21世纪后的现代市场经济集国家化、金融化和知识化于一身。管理会计也应该转变方法，以知识经济代替传统的工业经济，重视智力成本在价值创造中的应用，打破"会计报表"的僵化使用，向决策型方向进一步拓展。

智力资本管理会计是一个复杂的战略决策支持系统，其目标就是通过量化企业智力资本，考核和评价企业智力资本投资效果，以及利用智力资本创造企业价值的能力和效率。因此，智力资本管理会计的发展对企业内部的计划、决策、控制会产生深远的影响。由于在如何量化知识产权、商誉、应用经验等细分项目上还存在很大争议，所以智力资本管理会计的发展在一定程度上是受限的。

3）国际管理会计

在全球化趋势影响下，经济发展呈现国际化的特征也愈加明显，管理会计也越来越容易受到外部信息以及非财务信息对决策相关性的冲击。面对空前激烈的国际竞争以及企业内部组织架构的多样化，管理会计在国际经济往来方面要有所突破，从20世纪90年代开始，管理会计不断拓展其新方向，逐渐形成了以战略决策和管理控制为目标的国际管理会计。

1.2.2 管理会计在我国的发展

我国是从20世纪70年代末80年代初开始向发达国家学习引进有关管理会计的，其过程大致经历以下发展阶段。

1. 初步接触阶段

这段时期大致为期3~5年。在这个阶段，我国会计理论工作者主要根据引进的外文管理文献会计，进行翻译、编译工作。1979年机械工业部翻译出版了国内第一部《管理会计》；1982年，国家有关部门委托专家、教授编写了分别用于各类财经院校教材的两部《管理会计》；财政部、原国家教委先后在厦门大学、上海财经大学和原大连工学院等校举办全国性的管理会计师资格培训班和有关讲座，聘请外国学者来华主讲管理会计课程。

2. 逐步理解阶段

从1983年起，我国会计学界多次掀起学习管理会计、应用管理会计、建立具有中国特色的管理会计体系的热潮。在全国范围内，许多会计工作者积极参与"洋为中用，吸收消化管理会计"的活动，有的单位成功地运用管理会计方法解决了很多现实的难题。但是，由于我国经济体制的改革无法很好地配套会计管理的实施，在管理会计运用的后期阶段，管理会计中国化存在很多当时难以克服的困难，管理会计中国化的推进进程也变得十分缓慢。

3. 改革创新阶段

在我国市场经济发展的进程下，管理会计抓住了1993年财务会计管理体制转轨期，在中国的发展出现了新的契机。迅速掌握能够适应市场经济发展需要的经济管理知识，借鉴发达国家管理会计的成功经验来指导新形势下的会计工作，不仅是广大会计工作者的迫切要求，而且已经变成他们的自觉行动。我国市场经济为管理会计的发展提供了广阔的环境。而且，很多学者也意识到，我国管理会计的本土化存在不足，从我国实际出发，根据我国企业应用的实际案例，积极探索一条在实践中行之有效的中国式管理会计之路，从此，我国进入管理会计改革创新和良性循环的新发展阶段。

4. 全面推进阶段

随着改革开放的深入，管理会计的贯彻与落实的要求更加具体和全面，其中重点是加强管理会计工作，强化管理会计应用，财政部等相关部门也为此做出了巨大的贡献。2012年2月召开的全国会计管理工作会议提出了建设"会计强国"的宏伟目标。2013年《企业产品成本核算制度（试行）》的发布，拉开了管理会计体系建设的序幕。根据《会计改革与发展"十二五"规划纲要》，在总结我国管理会计理论发展与实践经验的基础上，财政部于2014年1月印发《财政部关于全面推进管理会计体系建设的指导意见（征求意见稿）》，经过广泛征求意见和修订，该指导意见于2014年10月正式印发，在全国范围部署推进。因此，我国会计理论和实践界将2014年称为中国"管理会计元年"。2016年6月，《管理会计基本指引》制定并正式发布。刚过4个月，财政部接着就发布了《会计改革与发展"十三五"规划纲要》。该文件明确了管理会计应用的三大具体目标：一是加强管理会计指引体系建设；二是推进管理会计广泛应用；三是提升管理会计工作管理效能；因此，确立了"2018年年底前基本形成以管理会计基本指引为统领、以管理会计应用指引为具体指导、以管理会计案例示范为补充的管理会计指引体系"的目标。同年12月14日，财政部发布了《管理会计应用指引第100号——战略管理》等22项管理会计应用指引征求意见稿，向社会广泛征求修改建议，并于2017年9月29日印发首批22项管理会计应用指引。紧接着在2018年下半年分两次又印发了12项管理会计应用指引。至此，我国管理会计应用指引体系基本框架搭建完成，具体参见表1-1。

表1-1　管理会计应用指引表

指引号	项目内容	发布时间
第1批22项		
管理会计应用指引第100-101号	战略管理相关应用指引	2017.9.29
管理会计应用指引第200-201号	预算管理相关应用指引	2017.9.29
管理会计应用指引第300-304号	成本管理相关应用指引	2017.9.29
管理会计应用指引第400-403号	营运管理相关应用指引	2017.9.29
管理会计应用指引第500-502号	投融资管理相关应用指引	2017.9.29
管理会计应用指引第600-603号	绩效管理相关应用指引	2017.9.29
管理会计应用指引第801号	企业管理会计报告应用指引	2017.9.29
管理会计应用指引第802号	管理会计信息应用指引	2017.9.29
第2批7项		
管理会计应用指引第202号	零基预算	2018.8.17
管理会计应用指引第203号	弹性预算	2018.8.17
管理会计应用指引第503号	情景分析	2018.8.17
管理会计应用指引第504号	约束资源优化	2018.8.17
管理会计应用指引第604号	绩效棱柱模型	2018.8.17
管理会计应用指引第700号	风险管理	2018.8.17
管理会计应用指引第701号	风险矩阵	2018.8.17
第3批5项		
管理会计应用指引第204号	作业预算	2018.12.27
管理会计应用指引第404号	内部转移定价	2018.12.27
管理会计应用指引第405号	多维度盈利能力分析	2018.12.27
管理会计应用指引第702号	风险清单	2018.12.27
管理会计应用指引第803号	行政事业单位	2018.12.27

目前，我国和西方国家政治、经济文化方面还存在较大差异，所以管理会计在运用时存在各国的特殊性，很难完全达到国内外体系的规范化和一致化。因此，在我国管理会计体系的设计和成功付诸实践还需要一个较长的探索过程。

1.2.3 管理会计在我国的应用

虽然管理会计在我国的起步较晚,但企业经营过程中已经有了初步的探索和有益的尝试。例如,在新中国成立之初,以成本为核心的内部责任会计,包括班组核算、经济活动分析和资金成本归口分级管理等;随着改革开放和经济体制改革的深入,企业内部形成了以企业内部经济责任制为基础的责任会计体系;20世纪90年代后的成本性态分析、盈亏平衡点与本量利依存关系、经营决策经济效益的分析评价等;宝钢集团与1993年起推行的标准成本制度,就是管理会计的典型实践。而且,以全面预算管理、平衡计分卡为代表的绩效评价方法,以作业成本法、标准成本法为代表的成本管理方法,都陆续投入到我国企业的管理实践中,应用水平也在不断提高。国家开发银行、中国电信、美的集团、丰田等企业都专门设置了管理会计机构和岗位,积极开展管理会计工作,并取得了较好成绩。同时,管理会计在行政事业单位预算编制、执行、决算分析和评价等工作中也得到了很好的应用。一些企业为了满足管理会计体系的应用环境,搭建单位财务和业务部门的信息沟通平台,及时掌握预算执行和项目进度,深入开展决算分析与评价,及时发现预算执行中存在的问题并提出相应的修改意见,财务管理水平和资金使用效益在不断提高。

《会计改革与发展"十三五"规划纲要》对我国管理会计的应用推广到更多环节和领域提出了相关要求,认为管理会计强调通过将管理会计的工具方法、知识理念嵌入企业相关领域、层次、环节,以业务流程为基础,利用管理会计工具方法,将财务和业务等有机融合,从而将会计职能从记录价值向创造价值拓展,从后台部门向业务前端拓展,提升企业价值创造能力从而推动经济转型升级,推动会计工作转型升级。

从应用环节上讲,管理会计贯穿于规划、决策、控制、评价等各个管理环节,融合业务活动的全过程,形成完整的循环,贯穿于企业管理水平提升的始终。在战略规划、决策环节,管理会计在业务活动开始就介入其中,进行信息搜集、整理、加工,通过做好相关信息支持,参与战略规划拟定,从支持其定位、目标设定、实施方案选择等方面,为企业合理制定战略规划提供支撑,并融合财务和业务等活动,及时充分提供和利用相关信息,支持企业各层级根据战略规划做出决策;在控制环节,管理会计可以通过设定定量定性标准,强化分析、沟通、协调、反馈等控制机制,支持和引导企业持续高质高效地实施企业战略规划;在评价环节,管理会计可以基于管理会计信息等,合理设计评价体系评价企业战略规划实施情况,并以此为基础进行考核,完善激励机制;同时,对管理会计活动进行评估和完善,以持续改进管理会计应用。

从应用领域上讲,管理会计强调财务与业务活动融合,涉及战略管理、预算管理、成本管理、营运管理、投融资管理、绩效管理、风险管理等各领域,辐射企业管理活动的方方面面,推动企业价值创造能力的全面提升。在战略管理领域,管理会计可以通过应用战略地图、价值链管理等工具方法,从战略分析、制定、实施、评价和调整等环节,指导企业加强战略管理的科学性和有效性,促进企业实现战略目标;在预算管理领域,管理会计可以通过应用滚动预算管理、零基预算管理、弹性预算管理、作业预算管理、全面预算管理等工具方法,促进企业提高预算编制、执行、控制、分析、报告、考核的水平,促进企业加强预算管理,提高资源配置的合理性和有效性;在成本管理领域,管理会计可以通过应用目标成本管理、标准成本管理、变动成本管理、作业成本管理、生命周期成本管理等工具方法,促进企业优化成本结构,削减无效成本,拓展成本控制和分析维度,提高成本控制和分析精度,提高成本管理水平;在营运管理领域,管理会计可以通过应用本量利分析、敏感性分析、边际分析、标杆管理等工具方法,强化营运控制,提高营运效率和质量,优化企业营运管理;在投融资管理领域,管理会计可以通过应用贴现现金流法、项目管理、资本成本分析等工具方法,降低投融资风险,健全投融资决策机制,优化融资结构,提高投资效益;在绩效管理领域,管理会计可以通过应用关键指标法、经济增加值(EVA)、平衡计分卡等工具方法,提升绩效管理水平,激发管理活力,促进企业可持续发展;在风险管理领域,管理会计可以通过应用风险管理框架、风险矩阵模型等工具方法,全面梳理企业风险环节,提供有效风险应对方案,提升企业风险管理水平,为企业基业长青保驾护航。

1.3 管理会计与财务会计的区别与联系

1.3.1 管理会计与财务会计的区别

表 1-2 简明扼要地描述了管理会计与财务会计的区别。财务会计定期地对企业外部公布财务信息,企业外部包括股东、债权人、政府部门。财务会计提供的信息只是反映企业过去的财务状况和经营成果。财务会计信息的报告必须符合一般公认会计准则(GAAP)的要求,如果违背 GAAP,企业在披露财务信息方面,存在弄虚作假的嫌疑,很可能承担潜在的法律责任。

表 1-2 管理会计和财务会计的基本特征对比表

项目	管理会计	财务会计
服务对象	企业内部的各级管理者	企业外部团体
职能	对未来的预测、决策和规划	反映过去的财务状况
时间跨度	灵活性,从小时到 10~15 年不等	固定性,常为一年、一个季度或一个月
会计主体	企业整体或各个部门	企业整体
计量尺度	货币与非货币	货币
约束因素	对管理层有用	一般公认会计准则(GAAP)
信息属性	相对主观的、估计的、有效的、相关的、相对准确的	客观的、可查的、可信的、一致的、精确的
潜在责任	一般没有	极少法律诉讼

管理会计的目的是为企业各级管理人员提供有效经营和最优决策的信息。管理会计为企业提供信息时不必遵循 GAAP 的要求,所以在计算、获取信息时主要是从企业的经营活动中的组织、计划、控制出发,为更好地做出有关企业的物流、资金流、信息流以及为消费者、供应者服务的决策安排提供更具实用价值的经济信息。因此,在学习财务会计和管理会计时还是各有偏重的,而学习管理会计的重点在于合理决策和满足管理者、员工、消费者的信息需要。

1.3.2 管理会计与财务会计的联系

管理会计和财务会计虽然有诸多方面的差异,但两者之间也存在着千丝万缕的联系。

1. 共同的经营目标

虽然管理会计与财务会计的服务对象不同,但是自美国会计原则委员会的第 10 号意见正式把为企业内部服务的财务状况和经营成果的分析表列为必须对外编报的基本财务报表时起,两者服务对象的界限开始模糊化,无论是管理会计还是财务会计,都是为了在满足利益相关者的基本利益时,实现企业价值的最大化。

2. 相似的信息渠道

财务会计在为外部信息使用者使用的同时,也是管理会计的重要的信息基础。因为管理者在进行企业管理时不能建立在主观估计上,而财务会计在核算时也需要依附管理过程中的现实情况进行会计信息的重要性判断。

3. 相关的概念理解

因为管理会计和财务会计都是基于企业发展的要求,在传统会计中分离出来并进一步延伸的,所以其在成本、利润等概念的定义上是与财务会计完全符合的,但有些概念则是管理会计领域专有的,比如,边际贡献、保本点、安全边际率等。

1.4 管理会计的主要内容与职业环境

1.4.1 管理会计工作的主要内容

管理会计工作的主要内容包括:成本核算与管理、预算控制、业绩计量以及决策支持,具体如图 1-1 所示。

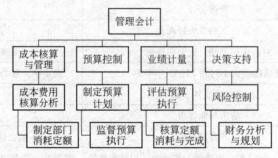

图 1-1 管理会计内部活动结构图

(1)成本核算与管理。管理会计通过进行成本费用预测、控制、核算、分析和考核,全面提高公司员工的成本意识,督促公司有关部门降低消耗、节约费用、提高经济效益。

(2)预算控制。管理会计通过全面预算工作,编制和监督执行企业的业务预算、财务预算以及专项预算,对企业相关的投资活动、经营活动和财务活动的未来情况进行预期及控制。预算控制是推行单位内部管理规范化和科学化的基础。

(3)业绩计量。管理会计通过建立责任会计制度来实现对每个责任中心经营业绩的考核评价,核算定额消耗与完成情况,评估预算执行情况,找出成绩与不足,为奖惩制度的实施和未来工作改进措施的形成提供必要的依据。

(4)决策支持。管理会计可以根据企业决策目标,收集、整理有关决策的财务信息以及非财务信息资料,运用管理会计的方法制定与研究企业生产经营决策方案、长期投资决策方案等各种备选方案,以便企业高层管理者做出科学合理的财务分析与规划,最终做出正确的管理决策。同时,管理会计可以将经济过程的事前控制与事中控制有机结合起来,制定科学可行的财务控制标准,便于财务风险控制。

1.4.2 管理会计的应用原则

企业在应用管理会计方法时,应该遵循如下原则。

(1) 战略导向原则。管理会计的应用应以企业战略规划为导向,以持续创造价值为核心,促进企业的可持续性发展。

(2) 融合性原则。管理会计应嵌入企业相关领域、层次、环节,以业务流程为基础,利用管理会计工具方法,将财务和业务等有机融合。

(3) 实用性原则。管理会计的应用应当适应企业经营环境,将自身特征与企业的行业层次、业务环节和业务流程相适应,利用管理会计方法提高企业的业财融合水平。

(4) 成本效益原则。管理会计的应用应在实施成本与企业收益间获得平衡,优化管理流程,节省不必要的开支。

1.4.3 管理会计人员的职业道德和能力培养

管理会计在企业的发展过程中,专业化和趋势化职能愈加明显。管理会计工作者必须对其服务机构、专业团体、公众和其自身履行最高的道德行为准则。为了形成规范化的管理秩序,全美会计师协会于 1982 年颁布了第 IC 号管理会计公告《管理会计师道德行为准则》(*Standards of Ethical Conduct for Management Accountants*, SECMA),该准则是评定管理会计师是否合格的标尺,该准则的组成部分如下。

1. 专业技能(competence)

(1) 不断提升自身的专业素养和技能,保持职业能力应有的水准。

(2) 依据有关法律、规章制度和技术标准完成职责。

(3) 基于相关的、可靠的信息分析,编制完整、清晰的报告与建议书。

2. 保密(confidentiality)

(1) 除法律规定外,未经允许,不得泄露工作过程中既得的机密信息。

(2) 告知下属工作中所获取信息的机密性,适时地监督其行为,确保其守信。

(3) 禁止利用或变相利用在工作中所获取的信息,为己所用,或者作为向第三方谋取私利的砝码。

3. 诚实正直(integrity)

(1) 避免实际或明显的利益冲突,并对任何存在潜在冲突的各方提出警告。

(2) 拒绝任何影响其做出正确工作行为的贿赂形式。

(3) 不得主动或被动破坏企业合法的、符合道德的目标实现。

(4) 及时解决有碍于工作顺利展开或工作绩效实现的限定或约束条件。

(5) 就有利或不利的信息进行相应的职业判断。

(6) 不得蓄意从事有损其职业发展的活动。

4. 客观性(objectivity)

(1) 在信息交流时保持公正、客观性。

（2）充分披露相关信息，以便于使用者做出正确的理解和判断。

5. 道德冲突的解决（resolution of ethical conflict）

（1）遇到道德冲突问题时，应直接向上级主管汇报讨论，除非其牵连其中；若上级主管可能有所嫌疑，则应提交更高一级的主管。若提交的问题未能达成满意的解决方案，则再提交更高一级的主管。

（2）若上级主管是首席执行官或同级人物，应由审计委员会、执行委员会、董事会或股东大会等集体行使复核权。除法律规定情况外，不宜向未聘用或雇用的机构或个人沟通此问题。

（3）事先与客观公正的顾问秘密讨论，弄清楚有关的道德问题，可以更好地理解可能的行动方案。

（4）及时向律师咨询道德冲突中可能存在的法律权利与义务。

（5）如果在组织内所有级别复核之后仍未解决道德冲突，那么对于重大事项而言，当事方就只有辞职并提交一份详细的备忘录给组织的一位代表。之后，依据道德冲突的性质，也可告知其他方。

相关法规

2014年10月27日《财政部关于全面推进管理会计体系建设的指导意见》；

2016年6月24日《管理会计基本指引》；

2016年10月8日《会计改革与发展"十三五"规划纲要》；

2017年9月29日《管理会计应用指引第100号——战略管理》等22项管理会计应用指引；

2018年8月17日《管理会计应用指引第202号——零基预算》等7项管理会计应用指引；

2018年12月27日《管理会计应用指引第204号——作业预算》等5项管理会计应用指引。

复习思考题

1. 简述管理会计的概念？
2. 简述管理会计不同发展阶段各自的特点。
3. 简述管理会计与财务会计的区别和联系。
4. 管理会计师应具备哪些方面的职业素养？

练习题

1. 单项选择题

（1）管理会计的萌芽可以追溯到（   ）。

  A. 19世纪初   B. 19世纪中叶

  C. 20世纪初   D. 20世纪中叶

(2) "管理会计"这个名词被会计界认可于（　　）。
　　A. 1949 年　　　　　　　　　　B. 1952 年
　　C. 1984 年　　　　　　　　　　D. 2008 年
(3) 管理会计在我国应用的最早领域是（　　）。
　　A. 资金管理　　　　　　　　　　B. 成本管理
　　C. 预算管理　　　　　　　　　　D. 绩效管理
(4) 2016 年 6 月，财政部正式发布（　　）。
　　A.《管理会计基本指引》
　　B.《会计改革与发展"十三五"规划纲要》
　　C.《企业产品成本核算制度（试行）》
　　D.《财政部关于全面推进管理会计体系建设的指导意见（征求意见稿）》
(5) 管理会计实施的基本条件是（　　）。
　　A. 管理会计工具和方法　　　　　B. 管理会计应用环境
　　C. 管理会计信息与报告　　　　　D. 管理会计活动

2. 多项选择题

(1) 在西方，管理会计随着经济社会环境、企业生产经营模式以及管理科学和科技水平的不断发展而逐步演进，至今大致经历了（　　）。
　　A. 管理会计的萌芽阶段　　　　　B. 管理会计的效率效益导向阶段
　　C. 管理会计的发展与反思阶段　　D. 管理控制与决策阶段
(2) 我国管理会计理论发展大致可以分为（　　）。
　　A. 初步接触阶段　　　　　　　　B. 逐步理解阶段
　　C. 改革创新阶段　　　　　　　　D. 全面推进阶段
(3) 管理会计的应用原则（　　）。
　　A. 战略导向原则　　　　　　　　B. 实用性原则
　　C. 及时性原则　　　　　　　　　D. 成本效益原则
(4) 管理会计与财务会计的主要区别（　　）。
　　A. 服务对象不同　　　　　　　　B. 职能作用不同
　　C. 信息属性不同　　　　　　　　D. 潜在责任不同
(5) 管理会计内部活动有（　　）。
　　A. 成本核算与管理　　　　　　　B. 预算控制
　　C. 业绩计量　　　　　　　　　　D. 决策支持

案例题

招商银行是 1986 年 11 月经中国人民银行批准成立的，最早由招商局出资人民币 1 亿元，于 1987 年 4 月 8 日在深圳蛇口正式成立，它成立的初衷是作为招商局集团全资附属的地区性商业银行。

自成立以来，招商银行已经进行了四次增资扩股，并于 2002 年 3 月成功地发行了 15 亿普通股，4 月 9 日在上交所挂牌（股票代码：600036），是国内第一家采用国际会计标准上市的公司。目前，招商银行总资产逾 7 000 亿元，在英国《银行家》杂志"世界 1 000 家大银行"的最新排名中，资产总额居前 150 位。经过 18 年的发展，招商银行已从当初偏居深圳蛇口一隅的区域性小银行，发展成为一家具有一定规模与实力的全国性商业银行，初步形成了立足深圳、辐射全国、面向海外的机构体系和业务网络。近年来，招商银行连续被境内外媒体授予"中国本土最佳商业银行""中国最受尊敬企业""中国十佳上市公司"等多项殊荣。

招商银行之所以能够在 18 年时间里取得如此巨大的成就是因为正确的战略定位，而正确的战略定位离不开对竞争对手的分析。

18 年来，招商银行以敢为天下先的勇气，不断开拓，锐意创新，在革新金融产品与服务方面创造了数十个第一，较好地适应了市场和客户不断变化的需求，被广大客户和社会公众称誉为国内创新能力强、服务好、技术领先的银行，为中国银行业的改革和发展做出了有益的探索。同时，招商银行坚持"科技兴行"的发展战略，立足于市场和客户需求，充分发挥拥有全行统一的电子化平台的巨大优势，率先开发了一系列高技术含量的金融产品与金融服务，打造了"一卡通"、"一网通"、"金葵花理财"、"点金理财"、招商银行信用卡、"财富账户"等知名金融品牌，树立了技术领先型银行的社会形象。

四大国有银行把自己当成了国家机关的一部分，实行同国家机关一样的工作时间，显然这对储户的存取款造成了不便。并且它们没有树立起顾客是上帝的观念，坐在高大明亮的储蓄台后面的总是千篇一律的冷冰冰的面孔。这些又是它们的劣势。

通过分析，招商银行首先在服务上下功夫。它把营业时间延长到晚八点，率先在深圳开办金融夜市。此外它还开展了礼仪储蓄、上门收款等让顾客感到温暖的服务。这些富有人情味的服务仿佛是一阵清新的风吹向了顾客，使他们对银行业有了与以往不同的感觉，并对招商银行给予了很高的评价。这使招商银行认识到，只要有好的服务，并且顾客知道你有好的服务，尽管招商银行规模小，但在个人业务领域仍然可以占有一席之地。

随着经济的发展和竞争的加剧，别的银行也开始意识到服务的重要性。招商银行在服务上的这些措施别的银行同样可以做到。招商银行的优势在渐渐消失。要想保持竞争优势，必须进行创新。什么是创新？招商银行行长马蔚华是这样理解的：创新就是将新的技术和顾客新的需要结合起来。于是有了之后银行的"一卡通"和"一网通"服务，招商银行的"一卡通"是第一个可以在全国范围内进行消费的银行卡，截至 2005 年 9 月，"一卡通"的累计发卡量已超过 4 000 万张，卡均存款余额近 5 000 元，居全国银行卡前列，并且功能得到了进一步的加强。1999 年 9 月，招商银行率先在国内全面启动网上银行服务，建立了由网上企业银行、网上个人银行、网上证券、网上商城、网上支付组成的较为完善的网络银行服务体系，无论是在技术的领先程度还是在业务量方面均在国内同行业处于绝对领先地位，被国内许多著名企业和电子商务网站列为首选或唯一的网上支付工具。

随着中国经济的发展，外资银行也纷纷入驻中国。如果说外资银行是一条狼，那么怎样才能够与狼共舞而不被狼所吞噬？为此，招商银行行长马蔚华提出了银行再造的发展战略，有备方能无患。

通过本案例的分析，你认为：

1. 招商银行在面对资产规模庞大的四大国有银行对市场几乎垄断的情况下，仍然保持发展良好态势，其优势是表现在哪些方面？

2. 当外资银行入驻时，招商银行行长马蔚华采取的发展战略，体现了管理者的什么特点？

第 2 章

变动成本法

内容概要

1. 成本性态及分类
2. 混合成本的分解
3. 变动成本法

引例——成本性态分析在摄影行业中的应用

影楼业的员工每到五六月份就担心被裁员,因为正值摄影行业的淡季。在这期间,公司承接的婚纱摄影业务很少,而这却是每个影楼的主营收入的来源。在经营收入锐减,而房租、水电、工作人员工资不变的情况下,大多数影楼老板都会通过裁员来保本,以期待下一季度的"生意兴隆"。然而,采用这种做法的影楼往往失去的是门市高手、技术骨干。这给影楼带来的损失绝不比裁员方式造成的损失低。大多数影楼的做法说明他们并未做好成本性态分析。

成本性态分析是管理会计的核心内容之一。成本性态是将成本划分为固定成本和变动成本的基础,固定成本是不随企业业务量变化的成本,而变动成本与企业的业务量有同向的线性变动关系。而影楼行业想要维持运营的关键就是利用不变的固定成本开发更多的服务产品,争取为影楼获取持续性收益。如果不是结婚季,影楼可以在艺术照、全家福、毕业季的系列拍摄以及发展婚庆业务方面下功夫,同样也可以为影楼带来不菲的收入。

读完案例后思考如下的问题:

(1)管理会计划分成本种类的主要依据是什么?

(2)从成本性态分析在摄影行业中的应用,你得到的启示是什么?

(资料来源:https://www.heiguang.com/manage/xcqh/20150714/62100.html)

2.1 成本性态及分类

成本性态(cost behavior),也称成本习性,是指成本与业务量之间的依存关系。成本性态是管理会计中最基本,也是最核心的标志之一。

定义中的成本,是指企业为取得营业收入而付出的制造成本(直接材料、直接人工、制造费用)和非制造成本(期间费用),所以除了产品的全部生产资源耗用外,还包括企业为维护生产过程所发生的销售费用、管理费用、财务费用。

定义中的业务量,是指企业的产量和销售量的通称,可用多种计量单位表示,包括实物量、价值量、百分比等。业务量可以用产品产量、产品销售量、人工工时、机器运转工时来表示。在进行成本性态分析时,应选择与成本相关性最强的业务量。

以成本性态为分类标准,成本可划分为固定成本(fixed cost)、变动成本(variable cost)和混合成本(mixed cost)。

2.1.1 固定成本

1. 固定成本的概念及特点

(1)固定成本是指在一定的业务量范围内,其成本总额不随业务量变动而增减变动,但单位成本随业务量增加而相对减少的成本。

(2)固定成本的特点。固定成本具有总额不变性和单位固定成本的反比例变动性的特点。用 y 表示成本总额,x 表示业务量,a 表示常数,总额不变性的习性模型:$y=a$;单位固定成本的反比例变动性模型:$y=a/x$。

实际运用

[例 2-1] 某手机生产企业为了扩大生产规模,租入一条新的生产线,年租金 600 000 元,其最大的生产能力是 50 000 部,而这项租金对于企业而言是一项固定成本。表 2-1 表示了不同生产量下,每部手机所承担的租金费用。

表 2-1 不同生产量下的租金成本和单位租金成本

产量/部 (业务量 x)	总成本/元 (租金 a)	单位产品所负担的租金成本/元 (单位固定成本 a/x)
10 000	600 000	60
20 000	600 000	30
30 000	600 000	20
40 000	600 000	15
50 000	600 000	12

表 2-1 直观地反映出业务量的不同,租金的成本总额是固定不变的,相反,单位产品所负担的租金成本是随着业务量的增加而相应地递减的。

将表 2-1 的有关数据在下面的坐标图上表示,a 表示固定成本总额,y 表示单位固定成本,即单位产品所负担的固定成本总额,x 表示产量,那么固定成本的性态模型便一目了然。图 2-1(a)说明了在一定范围内,固定成本的不变性;图 2-1(b)的函数曲线的走势说明了单位固定成本与业务量之间的反向变动关系。

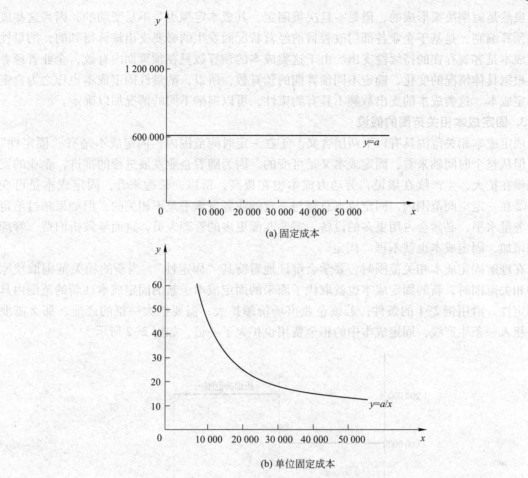

图 2-1 固定成本的性态模型图

2. 固定成本的分类

固定成本的"固定性"是相对成立的，只有在一定的经营范围和决策体系内，该成本是固定不变的。如果企业要扩大生产规模，提高竞争能力，当其超过相关范围的界限，那么固定性投入肯定会增大，所以按照固定成本的可变性，可将其划分为约束性固定成本和酌量性固定成本。

（1）约束性固定成本（committed fixed cost），又称承诺固定成本，是指管理当局无法改变其支出数额的固定成本。比如，厂房和机器设备计提的折旧费、厂房及设备的租金、财产税、保险费、不动产税以及行政管理费用的支出等。约束性固定成本的形成，是为了维持企业生产正常运行的最低资本需要，管理当局的长期决策和战略定位，影响企业的生产规模，进而决定满足固定产能需求的资本投入量，所以约束性固定成本短期内是难以改变的，而只有经过长期调研得出的市场需求生产力变动，企业才会真正削减或增加约束性固定成本。在实际生产中，企业往往提高单位固定约束成本的利用率和生产能力，取得约束性固定成本相对降低的效果。

（2）酌量性固定成本（discretionary fixed cost），又称选择性固定成本，是管理当局短期内制定的经营策略可以引起支出数额变动的固定成本，主要有提高产品科技竞争力而发生的科研费、提升员工服务专业化水平而发生的培训费以及抢占市场份额的营销广告费等。这些成本虽然是短期决策形成的，但是一旦决策制定，其成本定额也是不易变动的，因为这些成本的预算编制，是基于企业各部门改善目前经营状况而发生的必要支出核算得到的，酌量性固定成本是客观存在的持续性支出。由于这类成本的预算数只在预算期内有效，企业管理者可以根据具体情况的变化，确定不同预算期的预算数，所以，酌量性固定成本也称之为自定性固定成本。这类成本的支出数额不具有约束性，可以斟酌不同的情况加以确定。

3. 固定成本相关范围的假设

固定成本相关范围具有以下两层含义。①在一定时间范围内，固定成本是有"固定性"的，但从整个时间轴来看，固定成本又是可变的。因为随着企业发展进程的推进，企业的发展规模在扩大，生产线在增设，劳动力成本也在提高，所以，长远来看，固定成本是可变的。②在一定空间范围内，固定成本总额与一定的业务量水平是不相关的，但如果超过给定的业务量水平，必然会占用更多的设备，需要匹配更多的管理人员，进而导致折旧费、管理费的增加，固定成本也就不再"固定"。

在理解固定成本相关范围时，要学会辩证地看待其"固定性"。当新的相关范围取代原有的相关范围时，新的固定成本也就取代了原来的固定成本。新的固定成本在新的范围内具有固定性。沿用例2-1的条件，若该企业市场份额扩大，需要扩大一倍的产能，那么需要额外租入一条生产线，固定成本中的租金费用也扩大了一倍，如图2-2所示。

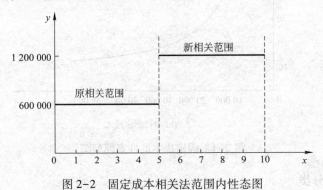

图2-2　固定成本相关法范围内性态图

2.1.2　变动成本

1. 变动成本的概念及特点

（1）变动成本是在一定的业务量范围内，其总额随业务量变动发生相应的正比例变动，而单位成本保持不变的成本。

（2）变动成本的特点。变动成本具有单位变动成本不变性和变动成本总额的正比例变动的特点。用 y 表示成本总额，x 代表业务量，a 代表常数，单位变动成本不变性的习性模型：$y=a$；变动成本正比例变动的模型：$y=ax$。

实际运用

[例2-2]　假定每部手机耗费的人工成本是800元，当产量分别为1 000件、2 000件、3 000件、4 000件时，耗费的人工总成本和单位产品人工成本如表2-2所示。

表2-2 不同产量下的人工总成本和单位产品人工成本

产量/件 业务量（x）	人工总成本/元 （人工成本 y）	单位产品人工成本/元 （单位变动成本 a）
1 000	800 000	800
2 000	1 600 000	800
3 000	2 400 000	800
4 000	3 200 000	800

从表2-2可看出，业务量虽有不同，但是单位产品人工成本是固定不变的，而占用的人工总成本是随着业务量的增加而同比例增加的。

可以利用坐标图来观察变动成本的性态模型，用 y 表示变动总成本，x 表示业务量，a 表示单位变动成本，图2-3（a）和图2-3（b）的函数图像清晰地描述了变动成本的性态模型特点。

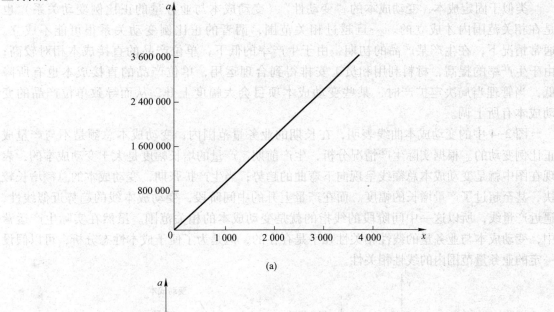

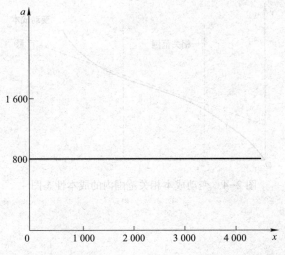

图2-3 变动成本的性态模型图

2. 变动成本的分类

变动成本的分类和固定成本一样,也是由于其"变动性"的相对性,可以分为技术性变动成本和酌量性变动成本。

技术性变动成本,顾名思义,单位产品所消耗的资源是受现有的技术水平约束的,是不受企业的管理当局所控制的。比如,当生产产品的技术工序确定后,即产品定型后,其所耗费的材料或人工资源也随之确定,不易改变。

酌量性变动成本是指企业管理当局做出的决策会影响变动成本费用的支出。例如,计件工资以及销售经理的销售提成等。这些费用的支出实际上是管理当局根据现有的市场份额和经营情况,来确定工资标准以及提成的比例。

特定产品的技术性变动成本和酌量性变动成本都是相对确定的,所以变动成本总额的大小也就取决于具体的业务量。

3. 变动成本相关范围的假设

类似于固定成本,变动成本的"变动性"(变动成本与业务量的正比例变动关系)也是在相关范围内才成立的。一旦越过相关范围,两者的正比例变动关系很可能不成立。通常情况下,在生产某产品的初期,由于生产率的低下,单位产品的直接成本相对较高;由于生产率的提高,材料利用和员工安排得到合理运用,单位产品的直接成本也有所降低,当管理当局决定扩产时,某些变动成本项目会大幅度上升,从而导致单位产品的变动成本有所上调。

图 2-4 中的变动成本曲线表明,在长期的业务量范围内,变动成本总额是不与产量成正比例变动的。根据实际生产情况分析,生产前期,产量的增长幅度是大于变动成本的,表现在图中就是变动成本总额线呈现向下弯曲的趋势;当生产扩张期,变动成本的总额增长较快,甚至超过了产量增长的幅度。而在产量上升的中间阶段,变动成本线的趋势近似线性,逼近产量线,所以这一中间阶段的线指的就是变动成本的相关范围。虽然在实际生产运营中,变动成本与业务量的线性相关性几乎是存在的,但是为了便于成本性态分析,可以假设一定的业务量范围内的线性相关性。

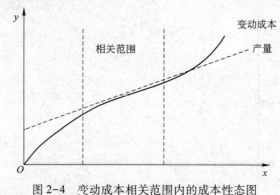

图 2-4 变动成本相关范围内的成本性态图

2.1.3 混合成本

1. 混合成本的概念

混合成本是指总额随业务量变动但不成正比例变动的成本。在实际生活中,由于业务的复杂性,很多成本发生额的高低直接受业务量大小的影响,不存在严格的比例关系,所以不能将其简单地按成本性态划分为固定成本和变动成本。

2. 混合成本的分类

混合成本根据其特点主要可以分为:半变动成本、半固定成本、延伸变动成本和曲线成本。

1)半变动成本

半变动成本(semi-variable cost)。又称标准式混合成本,该成本的特点是当业务量为零时,成本是一固定常数,呈现出固定成本的特点,当业务量大于零时,成本以该常数为起点,随着业务量的变化而线性变化,符合变动成本的特点。企业中的电话费、水电费、维修费等公用事业费都是由固定成本和变动成本组成的。

实际运用

[例2-3] 以企业的电话费支出为例,假设企业每月的电话费支出的基数时 2 000 元,超基数费用为 0.2 元/分钟,当月企业由于办公需要共产生通话时长 10 000 分钟,其支付的话费总额为 4 000 元。以 y 代表企业支付的话费总额,a 代表每月支付的话费基数,b 代表每分钟所需的花费,则可以用 $y=a+bx$ 来表示半变动成本的性态模型,如图 2-5 所示。

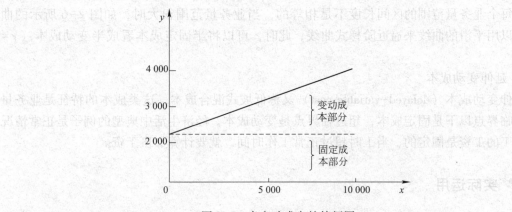

图 2-5 半变动成本的特征图

2)半固定成本

半固定成本(semi-fixed cost)又称阶梯式混合成本,这类成本在一定业务量范围内的发生额是固定的,但当业务量达到一定限额,其发生额会发生跳跃式的变化,在新的业务量范围内,发生额又保持不变,直到业务量达到新的范围限额,发生额才会又一次跳跃式上升。因为业务量在不同的小范围内,都会对应新的固定成本,所以会呈现阶梯式上升的走势,在实际经济生活中,半固定成本包括质检员工资、按订单批量生产发生的设备折旧费等。

实际运用

[例2-4] 以长江公司为例,每个质检员的月工资是 2 000 元,每个质检员可质检 1 000

件产品,每增加 1 000 件产品,就需要增加 1 名质检员,所以人工成本呈阶梯式上升,如图 2-6 所示。

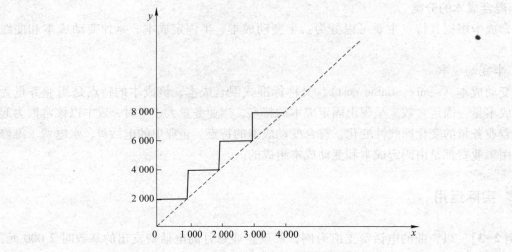

图 2-6 半固定成本的特征图

与半变动成本不同的是,半固定成本不易用单个数学模型来表达。只有在特定的业务量范围内才符合固定成本 $y=a$ 的模式,因而,它常常被表达为分段函数的形式。但在实际生活中,每个业务量范围的区间长度不是相等的,当业务量范围很大时,如图 2-6 所示的曲线,可以用平滑的曲线来逼近阶梯式曲线,此时,可以将半固定成本看成半变动成本($y=bx$)。

3)延伸变动成本

延伸变动成本(delayed-variable cost)又称低坡式混合成本,这类成本的特征是业务量在某一临界点以下是固定成本,超过临界点是变动成本。经济生活中典型的例子是正常情况下,职工的工资是固定的,当工时超过正常工作时间,就要计算加班工资。

实际运用

[例 2-5] 某企业职工 1 年内正常工作总工时是 3 200 小时,每个员工规定的年工资是 48 000 元(每工时的工资为 15 元),职工加班工资应给予双薪。该企业工资额的成本性态如图 2-7 所示。

图 2-7 与图 2-5 既有联系又有区别,两种变动成本都是由固定成本和变动成本构成的,不同的是,延伸变动成本的变动成本是或有的,只有当业务量超过临界点时才会存在变动成本,而半变动成本中的固定成本部分与变动成本部分是共存的。

4)曲线成本

曲线成本是曲线型混合成本的简称,其按照曲线斜率不同进一步可以细分为递减型混合成本和递增型混合成本。

当业务量增长时,递减型混合成本的数额也增长,但成本增长的速度比业务量的增长的速度慢,其成本曲线是一条向上凸的曲线,如图 2-8 所示。

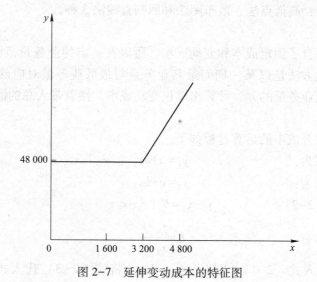

图 2-7 延伸变动成本的特征图

当业务量增长时，递增型混合成本的数额也增长，且成本增长的速度比业务量增长的速度快，其成本曲线是一条向下凸的曲线，如图 2-9 所示。

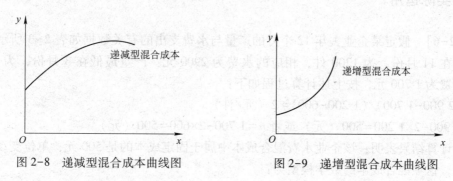

图 2-8 递减型混合成本曲线图　　　　图 2-9 递增型混合成本曲线图

2.2 混合成本分解的方法与运用

在经济生活中多数成本都是以混合成本的形式存在的，为了便于企业内部管理，便于企业管理者对经营活动所需的材料进行合理的控制和预算，我们必须根据性态将其分解成固定成本和变动成本。混合成本是兼具固定成本和变动成本的特征，所以此类成本与业务量没有简单的依存关系，也就对混合成本的分解方法提出了更高的要求。

混合成本的分解方法有很多，通常有历史成本法、账户分析法和技术测定法。

2.2.1 历史成本法

历史成本法，简而言之，是根据过去的成本习性来推测决策所需的未来成本。是根据以往一段期间内所表现出来的实际成本与业务量的关系描述成本的性态，并依此确定决策所需的未来成本数据。历史成本法的基本原理是在生产条件较为稳定的情况下，在生产工序和流程不变的前提下，根据估计的业务量是可以较为准确地预测企业未来的成本数据的。历史成本法通常又可以分为：高低点法、散布图法和回归直线法 3 种。

1. 高低点法

由于混合成本混合了固定成本和变动成本，所以在一定的业务量范围内，总会满足 $y=a+bx$ 的数学模型。此方法是以某一期间最高业务量与最低业务量对应的混合成本的差，除以最高业务量与最低业务量的差，计算出单位变动成本，接着带入总的混合成本公式，算出固定成本。

高低点法分解混合成本的运算过程如下。

设：高点的成本性态为： $\qquad y_1 = a + bx_1 \qquad$ (2-1)

低点的成本性态为： $\qquad y_2 = a + bx_2 \qquad$ (2-2)

式 (2-1)-式 (2-2)： $\qquad y_1 - y_2 = b(x_1 - x_2)$

则单位变动成本有 $\qquad b = \dfrac{y_1 - y_2}{x_1 - x_2} \qquad$ (2-3)

将式 (2-3) 代入式 (2-1)，则有 $a = y_1 - bx_1$，将式 (2-3) 代入式 (2-2)，则有 $a = y_2 - bx_2$。

实际运用

[例 2-6] 假定某企业去年 12 个月的产量与水费支出的有关数据如表 2-3 所示。去年最高产量在 11 月份，为 1200 件，相应的水费为 2900 元；产量最低在 3 月份，为 600 件，相应的水费为 1 700 元，按上述计算过程如下：

$b = (2\ 900 - 1\ 700)/(1\ 200 - 600) = 2$（元/件）

$a = 2\ 900 - 2 \times 1\ 200 = 500$（元）或者 $a = 1\ 700 - 2 \times 600 = 500$（元）

以上计算结果表明：该企业水费混合成本中属于固定成本的是 500 元；单位变动成本是每件 2 元，这项混合成本的数学模型为：

$y = 500 + 2x$

高低点法分解混合成本虽简单易行，为了提高数据的准确性，以及相关范围的限定应该注意以下几个问题。

(1) 高点和低点的业务量为该项混合成本相关范围的两个极点，超过这个范围不一定适用现有的数学模型。

(2) 高低点法是以高点和低点的数据来计算数学模型的，其结果肯定会带有一定的偶然性，这种偶然性会造成未来成本数据预测的偏差。

(3) 当高点或低点业务量有多个（即有多个相同期间的业务量且同属高点或低点）而又成本相异时，高点应取成本大者，低点应取成本小者。

表 2-3　各月水费支出表

月份	产量/件	水费/元
1	700	1 890
2	800	1 900
3	600	1 700

续表

月份	产量/件	水费/元
4	900	1 820
5	800	2 150
6	1 000	2 460
7	1 100	2 689
8	1 000	2 324
9	900	2 650
10	700	2 700
11	1 200	2 900
12	1 100	2 520

2. 散布图法

散布图的基本原理与高低点法一样，同样认为混合成本的性态可以近似地描述为 $y=a+bx$ 的数学模型。不同的是固定成本 a 和变动成本率 b 是通过图得到，而非解方程组得到。散布图法的基本做法就是在坐标轴图中，业务量用 x 表示，混合成本用 y 表示，将各业务量及对应的成本看成一组坐标在坐标图上标注，然后通过观察，画一条尽可能接近所有坐标点的直线（理论上这条直线距各成本点之间的离差平方和最小），这条直线与纵轴的交点是固定成本，斜率表示单位变动成本。

接着用散布图法研究例 2-6 及表 2-3 中的数据，其分解过程如下。

第 1 步：在平面直角坐标系上标出水费成本的散布图，就例 2-6 而言，也就是标出有关 12 个月对应的不同成本的散布点。

第 2 步：观察散布点的分布，找到一条最能代表水费变动成本趋势的直线（如图 2-7 所示）。

第 3 步：确定固定成本 a，即所画直线与纵轴的交点，本图是 600 元。

第 4 步：计算单位变动成本，即所画直线的斜率。取相关范围内的任一产量，代入模型计算得出单位变动成本。若将（1 100，2 520）代入计算，则单位变动成本为：

$$b=(y-a)/x=(2\,520-600)/1\,100=1.745（元/件）$$

根据散布图法得到 a，b 的值后，水费这项混合成本的数学模型可以表示为：

$$y=600+1.745x$$

散布图法与高低点法原理相同，除了分解步骤的差异外，还有两点差别：①高低点法是先有 b 值后有 a 值，而散布图法与之相反；②虽然散布图法在目测时带有主观判断，但是与偶然性较强的高低点法相比，得出的模型还是比较准确的。如图 2-10 所示。

3. 回归直线法

回归直线法是根据全部期间业务量与成本的历史资料，借助最小平方法原理，推算出混合成本中的固定成本与单位变动成本的方法。由于散布图的分解过程是依靠主观的目测来确定成本趋势的直线的，而这种直线可以确定多条，所以无法判定哪条直线最具代表性，而回归直线法就是找一条距各成本点之间的离差平方和最小的直线，这条直线叫作"回归直线"，求"回归直线"的方程叫作回归方程，这种分解方法叫作"回归直线法"，又称"最小平方法"，此时找到的直线是最合理的，也是最精确的。

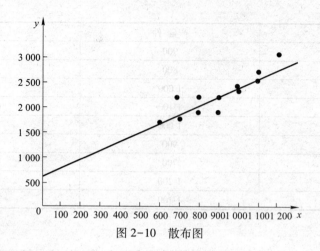

图 2-10 散布图

成本的基本方程式：$y=a+bx$，可以采用一组 n 个观测值来建立回归直线方程式：

$$\sum y = na + b\sum x \qquad (2-4)$$

将式（2-4）两边分别用 x 来加权，得：

$$\sum xy = a\sum x + b\sum x^2 \qquad (2-5)$$

对式（2-4）进行整理得：

$$a = (\sum y - b\sum x)/n \qquad (2-6)$$

将式（2-6）代入式（2-5）得：

$$b = (n\sum xy - \sum x \sum y)/[n\sum x^2 - (\sum x)^2] \qquad (2-7)$$

解出 a 值、b 值，得到混合成本的方程式。

[例 2-7] 沿用例 2-6 及表 2-3 中的数据，运算整理后的数据如表 2-4 所示。

表 2-4 回归直线法的案例表

月份 n	产量/件 x_i	水费/元 y_i	$x_i y_i$	x_i^2
1	700	1 890	1 323 000	490 000
2	800	1 900	1 520 000	640 000
3	600	1 700	1 020 000	360 000
4	900	1 820	1 638 000	810 000
5	800	2 150	1 720 000	640 000
6	1 000	2 460	2 460 000	1 000 000
7	1 100	2 689	2 957 900	1 210 000
8	1 000	2 324	2 324 000	1 000 000
9	900	2 650	2 385 000	810 000
10	700	2 700	1 890 000	490 000
11	1 200	2 900	3 480 000	1 440 000
12	1 100	2 520	2 772 000	1 210 000
求和	10 800	27 703	2 548 9900	10 100 000

将表 2-4 中的数据分别代入式（2-6）和式（2-7），得：

$$b = (n\sum xy - \sum x \sum y)/[n\sum x^2 - (\sum x)^2]$$
$$= (12 \times 25\ 489\ 900 - 10\ 800 \times 27\ 703)/[12 \times 10\ 100\ 000 - 10\ 800^2] = 1.47 \text{ (元/件)}$$
$$a = (\sum y - b\sum x)/n = (27\ 703 - 1.47 \times 10\ 800)/12 = 985.58 \text{ (元)}$$

由此可得出混合成本的直线方程是：

$$y = 985.58 + 1.47x$$

由于回归直线法使用了最小平方和的原理，比高低点法和散布图法，有更高的精确度，但是其操作比较复杂，为了便于应用，最好使用计算机运算。

2.2.2 账户分析法

账户分析法是根据某个期间各成本费用的内容，判断其与业务量变动之间的依存关系，从而确定其成本性态的混合成本的一种分解方法。

账户分析法的基本做法：根据各个成本项目（明细项目）的账户性质，通过经验判断，其应归属于固定成本还是变动成本。当涉及不易简单地划分为固定成本或变动成本的混合成本时，可利用比例关系进行分解。例如，"管理费用"内发生额的大小在正常范围内与产量变动没有较为明显的关系，可将其归为固定成本。"制造费用"比较特别，当发生的制造费用主要是车间管理部门办公费，按直线法计提的固定设备折旧费时，虽然产量也会影响制造费用，但其基本特征仍属于固定，所以可归为固定费用，但是当发生的制造费用主要是燃料动力费时，其发生额与产量变动有明显的依存关系，虽然不呈严格的线性关系，但仍可视为变动成本。

 实际运用

[**例 2-8**] 以某企业某月份的某一车间为例，其相关的成本数据如表 2-5 所示。

表 2-5 生产成本资料表

费用项目/元	总成本/元
生产成本——材料	360 000
——人工	50 000
制造费用——电费	15 000
——办公费	6 000
——折旧费	26 000
——物料消耗	40 000
生产成本合计	497 000

企业在生产过程中有多种产品，每种产品发生的成本与业务量的变动关系也有不同程度的依存关系，所以将发生的成本进行归类或分解显得尤为重要。按照经验，有关成本的分解如表 2-6 所示。

表 2-6 成本分类表

费用项目/元	总成本/元	固定成本/元	变动成本/元
生产成本——材料	360 000		360 000

续表

费用项目/元	总成本/元	固定成本/元	变动成本/元
——人工	50 000		50 000
制造费用——电费	15 000		15 000
——办公费	6 000	6 000	
——折旧费	26 000	26 000	
——物料消耗	40 000	30 000	10 000
生产成本合计	497 000	62 000	435 000

表2-6的分解原理：发生的直接材料和直接人工通常是变动成本；制造费用中的办公费、折旧费与业务量没有明显的变动关系，因而视为固定成本，而发生的电费与业务量有近似的线性变动关系，直接视为变动成本，而物料消耗有固定的成本支出30 000元，而变动成本与超额业务量相关，所以将40 000元的混合成本分解成两部分。

根据表2-6，各车间某月份发生的固定成本 $a=62\,000$ 元，发生的变动成本 435 000 元，如果当月的产量是2 000件，则单位变动成本：

$$b=435\,000/2\,000=217.5(元/件)$$

因此该车间发生的生产成本的数学模型：

$$y=62\,000+217.5x$$

账户分析法是混合成本众多方法中最为简便的一种，同时也应用较为广泛的一种，但是由于其分解结果的准确性，在很大程度上取决于分析人员的专业知识以及对资源耗费过程的把握，所以会伴随一定的主观片面性和局限性。

2.2.3 技术分析法

技术分析法又称工程分析法，它是根据生产过程中各材料和人工成本的资源消耗的技术测定来划分为固定成本和变动成本的方法。其分析原理是把材料、工时的投入量和产出量进行对比分析，以确定单位产量的消耗定额，与产量无关的部分成本划分为固定成本，与产量有关的部分划分为变动成本。

 实际运用

[例2-9] 例如电磁炉从开始预热到可加工产品的温度需消耗电量2 000千瓦时，加工每个产品需消耗400千瓦时，每个工作日电磁炉需要预热1次，全月有24个工作日，电费价格是0.5元/千瓦时。设每月的总成本为 y，每月的固定成本为 a，单位成本电费为 b，加工产品的数量为 x，则有：

$$a=24\times2\,000\times0.5=24\,000\ (元)$$
$$b=400\times0.5=200\ (元)$$

该月加工产品电费的数学模型：

$$y=24\,000+200x$$

技术测定法是根据生产过程中客观存在的投入与产出的关系来分析混合成本的，结果相对准确。该方法适用于没有可供参考的历史生产数据的新型生产线，也可适用于采用消耗定额的企业。其缺点是应用对象有条件约束，它只能应用于发生的成本与业务量直接相关，且工业过程所消耗的资源能够单独观察的情况。

2.3 变动成本法

2.3.1 变动成本法的概念及适用性

变动成本法又称直接成本法或边际成本法，以成本习性分析为前提，是将生产中所消耗的直接材料、直接人工和变动制造费用计入产品成本，而将固定制造费用和非生产成本作为期间成本，直接由当期损益进行补偿的一种成本计算方法。它早在19世纪40年代在英国工厂的损益计量中出现雏形，到了20世纪60年代，变动成本法风靡欧美，并成为管理会计开展工作的重要前提。

变动成本法是针对传统的成本计算方法——完全成本法提出的，完全成本法按照经济职能划分为生产成本和非生产成本。生产成本包括变动成本和固定制造费用，所以该方法又称吸收成本法，对应的非生产成本包括销售费用和管理费用，从当期损益中得到补偿。

管理会计应用指引第303号第一章第一条中指出，变动成本法是指企业以成本性态为前提条件，仅将生产过程中消耗的变动成本作为产品成本的构成内容，而将固定成本和非固定成本作为期间成本，直接由当期收益予以补偿的一种成本管理方法。

变动成本法一般适用于同时具备以下特征的企业：①固定成本比重较大，当产品更新换代较快时，分摊计入产品成本中的固定成本比重大，采用变动成本法可以正确反映产品盈利状况；②企业规模大，产品或服务的种类多，固定成本分摊存在较大困难；③企业作业保持相对稳定。

2.3.2 变动成本法与完全成本法的区别

1. 产品成本及期间费用的构成内容不同

在变动成本法下，将制造费用按照性态划分为变动性制造费用和固定性制造费用两类，并将变动性制造费用计入产品成本，而发生的固定性制造费用只与生产经营持续期相关，所以将其计入期间费用。而完全成本法对于固定性制造费用的处理则相反，认为固定性制造费用的发生也是由于产品生产造成的，所以也应该计入产品成本。两种方法下的产品成本构成如表2-7所示。

表2-7 不同成本法下的成本费用构成表

项目	变动成本法	完全成本法
产品成本	直接材料	直接材料
	直接人工	直接人工
	变动性制造费用	变动性制造费用
		固定性制造费用
期间费用	固定性制造费用	
	销售费用	销售费用
	管理费用	管理费用

实际运用

[例 2-10] 太子家具厂 2018 年的单位产品成本资料如表 2-8 所示,已知当年共生产 5 000 件,销售 4 000 件,求两种成本法下的产品成本和期间费用。

表 2-8　太子家具厂单位产品成本表

成本项目	金额/元	成本项目	金额/元
直接材料	1 200	变动性销售费用	30
直接人工	600	固定性销售费用	70
变动性制造费用	200	变动性管理费用	15
固定性制造费用	500	固定性管理费用	135

如表 2-9 所示,例 2-10 的计算结果表明,按完全成本法确定的产品总成本和单位成本高于按变动成本法确定的产品总成本和单位成本,但是期间费用却相反,成本的差异主要是两种方法对固定性制造费用的处理不同,完全成本法下将固定性制造费用全部吸入成本,而变动成本法下将其作为期间费用。

表 2-9　太子家具厂 2018 年按照两种方法计算的产品成本和期间费用表

项目	计算方法	完全成本法 总成本/万元	完全成本法 单位成本/(元/件)	变动成本法 总成本/万元	变动成本法 单位成本/(元/件)
产品成本	直接材料	600	1 200	600	1 200
	直接人工	300	600	300	600
	变动性制造费用	100	200	100	200
	固定性制造费用	250	500	—	—
	合计	1 250	2 500	1 000	2 000
期间成本	固定性制造费用	—	—	250	500
	销售费用	50	100	50	100
	管理费用	75	150	75	150
	合计	125	250	375	750

2. 损益的计算公式不同

完全成本法下计算税前利润的过程:先用销售收入补偿本期已实现销售产品的销售成本,确定销售毛利;再用销售毛利补偿期间费用,确定当前税前利润。其计算公式如下:

税前利润 = 销售毛利 − 期间费用

= (销售收入 − 销售成本) − 期间费用

= [销售量 × 单价 − (起初存货量 × 上期单位产品成本 + 本期产量 × 本期单位产品成本 − 期末存货量 × 本期单位产品成本)] − (销售费用 + 管理费用 + 财务费用)　　(2-8)

= (单价 − 单位产品直接材料 − 单位产品直接人工 − 单位产品制造费用) × 销售量 − (管理费用 + 销售费用 + 财务费用)　　(2-9)

变动成本法下计算税前利润的过程:先用销售收入补偿本期实现销售产品的变动成本,

确定边际贡献；在用边际贡献补偿期间费用，确定当前税前利润。其计算公式如下：

税前利润 = 边际贡献 − 期间费用

= 销售收入 − 销售成本 − 期间费用

= 销售收入 − (直接材料 + 直接人工 + 变动性制造费用) − (管理费用 + 销售费用 + 财务费用 + 固定性制造费用)　　(2−10)

= (单价 − 单位产品直接材料 − 单位产品直接人工 − 单位产品变动性制造费用) × 销售量 − (管理费用 + 销售费用 + 财务费用 + 单位产品固定性制造费用 × 产量)　　(2−11)

公式（2−9）和公式（2−11）分别是对公式（2−8）和公式（2−10）的进一步的化简和变形，很明显可以看出，当产量等于销售量时，两种方法计算出来的利润是相同的；当产销售量不等时，两种方法计算出来的利润很可能存在差异。这两种方法的处理过程，如表 2−10 所示。

表 2−10　不同方法下税前利润的计算表

完全成本法		变动成本法		变动成本法的计算变形	
项目	金额	项目	金额	项目	金额
销售收入		销售收入		销售收入	
销售成本：		变动成本：		减：变动生产成本	
期初存货成本		变动生产成本		边际贡献	
本期生产成本		变动性销售费用		减：期间费用	
减：期末存货成本		变动性管理费用		固定制造费用	
销售成本合计		变动性财务费用		销售费用	
销售毛利		变动成本合计		管理费用	
减：期间费用		边际贡献		财务费用	
销售费用		减：固定成本		期间费用合计	
管理费用		固定制造费用		税前利润	
财务费用		固定销售费用			
期间费用合计		固定管理费用			
税前利润		固定财务费用			
		固定成本合计			
		税前利润			

3. 存货成本的水平不同

采用变动成本法，由于产品成本只包括变动成本，所以不论是库存产成品、已销产品还是在产品，其成本均来自产品成本中的变动成本，即只包括变动成本。采用完全成本法计算时，将本期发生的固定性制造费用和产品变动生产成本一起在完工产品和在产品间进行分配，如果有部分完工产品实现了销售，将两部分的成本总额在已售产品和未售产品间进行分配，所以已售产品、库存产成品、在产品均吸收了除变动成本之外的固定性制造费用。因此，完全成本法下的存货成本必然高于变动成本法下的存货成本，正如例 2−9 中，按完全成本法确定的产品总成本和单位成本高于按变动成本法确定的产品总成本和单位成本，就是因为完全成本下的存货吸收了固定性制造费用。

4. 各期的利润不同

如前所述，变动成本法下的产品只包括变动成本，而将固定成本（固定性制造费用）直接作为期间费用，所以当期的销售收入要对其进行补偿。而完全成本法下的成本除了包括变动成本，还包括固定成本，即完全成本法下对固定成本的补偿是由当期生产的产品承担的。由于两种方法处理固定成本的不同，进而影响两种方法计算得出的损益，当产销均衡时，两者间差异为零，当产销越不均衡时，差异越大，反之，差异越小。在实际经济生活中，产销不平衡的现象很普遍，研究这类问题还是很有现实意义的。

实际运用

[例 2-11] 仍以例 2-10 及表 2-8 和表 2-9 中的数据资料为条件，假设每件产品的售价为 3 000 元，每件产品的销售费用是 200 元。求两种成本计算方法下各自的税前利润，结果如表 2-11 所示。

表 2-11 不同方法下税前利润计算表

完全成本法		变动成本法	
项目	金额/万元	项目	金额/万元
销售收入	1 200	销售收入	1 200
销售成本：		减：变动生产成本	800
期初存货成本	0	边际贡献	400
本期生产成本	1 250	减：期间费用	
减：期末存货成本	250	固定制造费用	250
销售成本合计	1 000	销售费用	50
销售毛利	200	管理费用	75
减：期间费用		期间费用合计	375
销售费用	50	税前利润	25
管理费用	75		
期间费用合计	125		
税前利润	75		

从表 2-11 可看出，两种成本计算方法下所计算的税前利润是不同的。采用变动成本法与完全成本法所求得的税前利润分别是 25 万元、75 万元，虽然都盈利，但是变动成本法下的税前利润比完全成本法下低 50 万元，这个较大的差额正好是完全成本法下应由期末存货承担的固定性制造费用部分[（250/5 000）×1 000]，而在变动成本法下，将这部分内容当成期间费用，从贡献毛益中全部扣除。

为了进一步说明变动成本法与完全成本法对损益计算的影响，以产销不平为切入点，举以下两种情况进行研究分析。

（1）连续各期产量相同而销售量不同。

实际运用

[例2-12] 以生产单一产品的某企业为例,连续3年的产量均为600件,3年内的销售量依次为600件、500件和700件。单位产品售价为200元。管理费用与销售费用的固定总额之和为25 000元。与产品成本有关的数据:单位产品变动成本(直接材料、直接人工和变动性制造费用)为80元;固定性制造费用为18 000元(完全成本法下每件产品分摊18 000/600=30元),根据以上资料,分别采用变动成本法和完全成本法时,所计算的税前利润如表2-12所示。

表2-12 三年内两种方法下税前利润的对比表 单位:元

年份 损益计算	第1年	第2年	第3年	合计
变动成本法下				
销售收入	120 000	100 000	140 000	360 000
销售成本	48 000	40 000	56 000	144 000
贡献毛益	72 000	60 000	84 000	216 000
固定成本				
固定制造费用	18 000	18 000	18 000	54 000
管理费用和销售费用	25 000	25 000	25 000	75 000
小计	43 000	43 000	43 000	129 000
税前利润	29 000	17 000	41 000	87 000
完全成本法下				
销售收入	120 000	100 000	140 000	360 000
销售成本				
期初存货成本	0	0	11 000	
当期产品成本	66 000	66 000	66 000	198 000
可供销售产品成本	66 000	66 000	77 000	
期末存货成本	0	11 000	0	
销售成本	66 000	55 000	77 000	198 000
毛利	54 000	45 000	63 000	162 000
管理费用和销售费用	25 000	25 000	25 000	75 000
税前利润	29 000	20 000	38 000	87 000

第1年,当产量等于销售量时,两种成本计算法下的税前利润均为29 000元。因为固定性制造费用无论是作为变动成本法下的固定成本还完全成本法下的产品成本,都计入了当期损益。

第2年,当产量大于销售量时,按变动成本法计算的税前利润比按完全成本法计算的税前利润少3 000元。因为在变动成本法下,全部固定性制造费用(18 000元)均计入当年损益；而在完全成本法下，只有已实现销售的产品所负担的固定性制造费用 15 000 元 [(18 000/600)×500] 计入当期损益，余下的 3 000 元固定性制造费用留存在期末存货中。

第 3 年，当产量小于销售量时，按变动成本法计算的税前利润比按完全成本法计算的税前利润多 3 000 元，这与第 2 年情况相反。因为变动成本法下的固定性制造费用仍是 18 000元，而完全成本法下，由于第 2 年期末存货中吸收的固定性制造费用 3 000 元随着存货的销售计入第 3 年的销售成本中，所以税前利润相比减少 3 000 元。

表 2-11 的合计一栏中显示，两种成本法下计算出的税前利润是相同的。从长期来看，由于产销不平造成各期在两种成本法下的税前利润短期差异是可以相互抵消的，另一方面说明，变动成本法主要适用于短期的决策。

（2）连续各期销售量相同而产量不同。

实际运用

[例 2-13] 仍以例 2-12 的条件为前提，改变产销关系：连续 3 年的销售量均为 600 件数，而 3 年的产量分别是 600 件、700 件和 500 件。由于每年的产量不同，所以完全成本法下单位产品所承担的固定性制造费用也在变动，单位产品成本也随之变动，变动成本法下单位产品成本不变，如表 2-13 所示，两种方法下的税前利润如表 2-14 所示。

表 2-13 两种方法下的单位成本 单位：元

项目	第 1 年	第 2 年	第 3 年
变动成本法	80	80	80
完全成本法	80+18000/600=110	80+18000/700=105.71	80+18000/500=116

表 2-13 反映了当销售量不变，产量发生变化时，两种成本计算方法下的单位产品成本的变动情况。

表 2-14 三年内两种方法下税前利润的对比表 单位：元

损益计算	第 1 年	第 2 年	第 3 年	合计
变动成本法下				
销售收入	120 000	120 000	120 000	360 000
销售成本	48 000	48 000	48 000	144 000
贡献毛益	72 000	72 000	72 000	216 000
固定成本				
固定制造费用	18 000	18 000	18 000	54 000
管理费用和销售费用	25 000	25 000	25 000	75 000
小计	43 000	43 000	43 000	129 000
税前利润	29 000	29 000	29 000	87 000
完全成本法下				

续表

损益计算	第1年	第2年	第3年	合计
销售收入	120 000	120 000	120 000	360 000
销售成本				
期初存货成本	0	0	10 571	
当期产品成本	66 000	74 000	58 000	198 000
可供销售产品成本	66 000	74 000	68 571	
期末存货成本	0	10 571	0	
销售成本	66 000	63 429	68 571	198 000
毛利	54 000	56 571	51 429	162 000
管理费用和销售费用	25 000	25 000	25 000	75 000
税前利润	29 000	31 571	26 429	87 000

表 2-14 的计算结果反映以下几点。

① 由于各年的销售量相同，所以变动成本法下计算的税前利润也相等，均为 29 000 元。因为变动成本法下的单位产品不需要分摊固定性制造费用，固定性制造费用直接计入当期损益，产品的销售成本是由销售量决定的，所以产量的变化不影响销售成本，在其他条件不变时，税前利润也会保持不变。

② 由于各年的产量不同，所以完全成本法下计算的税前利润也不同。因为完全成本法下的单位产品要分摊固定性制造费用，所以产品的销售成本是由产量决定的，进而影响每期产品的销售成本。第 2 年的产量大于销售量，期末存货成本吸收了 2 571 元的固定性制造费用，直接导致当期的销售成本减少 2 571 元，税前利润相比产销平衡时增加了 2 571 元。第 3 年与第 2 年的情况相反，产量小于销售量，所以当期销售成本中不仅包括 600 件的产品成本，也包括年初存货中"递延"到本期的固定性制造费用 2 571 元，因此，第 3 年的税前利润比产销平衡时减少了 2 571 元。

③ 若将第 3 年的税前利润与第 2 年进行比较，两者间的差额 5 142 元正好是产销平衡情况下的税前利润的 2 倍。因为，产量大于销售量与产量小于销售量对税前利润的影响的数额是互为相反数的。

综上所述，产量与销售量之间的关系直接影响变动成本法与完全成本法计算得出的损益结果，可以归纳为以下三种情况。

- 当产量等于销售量时，两种成本法下计算的损益完全相同。这是因为固定性制造费用无论是作为固定成本还是产品成本，最终作为减项都计入当期损益，正如表 2-12 的第 1 年和表 2-14 的变动成本法。
- 当产量大于销售量时，按变动成本法计算的损益小于按完全成本法计算的损益。这是因为完全成本法将变动成本法下全额扣除的固定性制造费用，留存一部分到期末存货成本，减少了当期的销售成本。正如表 2-12 的第 2 年和表 2-14 的第 2 年。
- 当产量小于销售量时，按变动成本法计算的损益大于按完全成本法计算的损益，正如表 2-12 的第 3 年和表 2-14 的第 3 年。

2.3.3 变动成本法的优缺点

1. 变动成本法的优点

（1）能为企业提供有用的管理信息，有利于进行正确的短期决策。在单价、单位变动成本、固定成本不变的前提下，变动成本法能直观地反映成本与业务量、利润与销售量之间的变化规律，也能提供各产品盈利能力的重要信息，从而有助于企业进行决策、控制和业绩评价，有效提高了企业的管理水平。

（2）促进管理当局重视销售，避免盲目生产。企业管理部门的主要职责是实现目标利润，而实现目标利润的关键是实现目标销售量。因此，固定费用一定的情况下，企业产品销售越多，管理部门的业绩越好。但是完全成本法有时不能正确地反映经营业绩，可能会产生错误的决策判断。而变动成本法将利润的变化与业务量的变化相挂钩，在销售手段、销售单价、单位变动成本不变时，企业的净利润与销售量呈现正相关的关系。这会促使管理当局重视销售环节，优化销售方式，拓宽销售渠道，尽量生产适销的产品，做到以销定产，防止盲目生产。

（3）简化成本计算工作，有助于日常控制。采用变动成本法计算时，将固定性制造费用全额列作期间费用，不计入产品成本，可省略各种固定性制造费用的分摊工作，这不仅大大简化了成本计算中的费用分配，而且避免了主观随意性，有利于将节省出的会计方面的人力资源用于事前预测和事后控制。

（4）便于划分各部门的经济责任，有利进行成本控制和业绩评价。变动成本法下，生产成本的高低最能反映出供应部门、生产部门、销售部门的工作业绩。事先确定合理的标准成本，在直接材料、直接人工和变动制造费用方面如果节约或超支，就会立刻从成本指标上反映出来，可以通过制定弹性预算来进行日常管理。对于固定制造成本的高低责任如果不在生产部门，则由管理部门负责，管理部门便会提高管理控制的积极性。如果在供应不变的情况下，销售量严重下滑，则销售部门应制定相应的销售标准，如有不达标的情形，可以有针对性地加强。通过各个部门的共同的管控，可以在实现经营利润的同时，客观地评价业绩。

2. 变动成本法的缺点

（1）按变动成本法计算出的产品成本不符合税法的要求。产品成本应包括生产过程中所有的耗费，但是变动成本法只反映其变动部分的成本，因此其存货计价不规范（不符合GAAP），影响资产和收益的计量，从而不便于编制对外财务报告。

（2）不易将成本划分为固定成本与变动成本。变动成本法是在成本性态分析的基础上，研究销售量与利润之间的客观规律的。将所有成本划分为变动成本与固定成本，既会给会计人员增添负担，也会使得划分工作带有很强的主观色彩。直接材料、直接人工和变动性制造费用可能有多个，过于简化的变动成本法也可能导致产品定价过低或过高。

（3）不能适应长期投资的需要。因为长期投资决策解决的是生产能力和生产规模的问题。从长期的角度来看，由于技术进步和通货膨胀等因素的影响，企业生产能力和生产规模的变化，单位变动成本和固定制造成本也会随之改变，而变动成本法主要是研究短期内业务量与利润间的关系，因此，很难适应增加或减少生产能力投入、扩大或缩小经营规模等长期投资的需要。

（4）变动成本法的采用可能会影响相关利益者的利益。由于变动成本法与完全成本法计算出的损益往往有差异，如前所述，当产量大于销售量，变动成本法下计算的利润是小于完全成本法的，所以在这种情况下，如果用变动成本法代替完全成本法，会减少企业当期的利润。这会促使管理者当局拖延支付相关税款或采取消极的股利分配政策，从而影响税务机关和投资者的收入，所以企业在采用变动成本法时应权衡利弊。

虽然变动成本法有自身的局限性，但是它能从企业的内部经营实际出发，为管理当局制定短期的经营决策提供有用的货币及非货币信息，所以其对企业提高经营业绩的作用是毋庸置疑的，这也是变动成本法日益广泛应用的重要原因。

相关法规

2017年9月29日《管理会计应用指引第300号——成本管理》；《管理会计应用指引第303号——变动成本法》。

复习思考题

1. 简述变动成本法的含义及其优缺点。
2. 混合成本的分解方法有几种？不同方法之间的区别及各自的优缺点是什么？
3. 简述变动成本法与完全成本法的区别和联系？

练习题

1. 选择题

(1) 在变动成本法下，不应计入产品成本的是（　　）。
  A. 直接材料　　　　　　　　　　B. 变动性制造费用
  C. 直接人工　　　　　　　　　　D. 固定性制造费用

(2) 在完全成本法下，期间费用包括（　　）。
  A. 销售成本　　　　　　　　　　B. 管理费用
  C. 变动性制造费用　　　　　　　D. 固定性制造费用

(3) 在完全成本法下的利润会出现的现象有（　　）。
  A. 前后各期生产量相等，则利润必然相等
  B. 前后各期销售量相等，则利润必然相等
  C. 在其他条件不变的情况下，销售量减少而利润增加
  D. 在其他条件不变的情况下，销售量增加而利润减少

(4) 完全成本法下的利润与变动成本法下的同期利润出现差异的根本原因在于（　　）。
  A. 产销不平衡
  B. 销售量大于产量
  C. 产量大于销售量
  D. 计入当期利润表的固定性制造费用数额出现差异

(5) 下列各项中，属于变动成本法局限性的是（　　）。
  A. 导致企业盲目生产　　　　　　B. 不利于长期决策
  C. 不符合传统的成本观念　　　　D. 有损利益相关者的利益

2. 计算题

（1）某汽配公司只产销一种产品，2017年的期初存货为零，2017年、2018年产量均为600件，销售分别是500件、700件，售价是750元/件，有关的成本资料如表2-15所示。

表2-15 有关成本资料

项目	成本
直接材料	55元/件
直接人工	30元/件
制造费用	
变动性制造费用	120元/件
固定性制造费用	8 000元
销售及管理费用	
变动性销售及管理费用	6元/件
固定性销售及管理费用	8 600元

要求：
① 分别采用变动成本法和完全成本法，计算该汽配公司2017年、2018年的税前利润。
② 比较两种方法所计算的税前利润第1年与第2年的差异，并说明差异产生的原因。

（2）某企业销售甲产品，有关资料如下。
① 产销存情况：

项目	1月份	2月份	3月份	4月份
期初存货/件	—	—	20 000	5 000
当期产量/件	50 000	60 000	40 000	50 000
销售数量/件	50 000	40 000	55 000	55 000
期末存货/件	—	20 000	5 000	—

② 成本情况：

直接材料　　　　　　　　3元/件
直接人工　　　　　　　　1.5元/件
变动性制造费用　　　　　0.5元/件
单位固定制造费用　　　　2元/件
变动性销售及管理费用　　1元/件
固定性销售及管理费用　　80 000元
产品销售价格　　　　　　15元/件

③ 其他补充资料：

甲产品正常生产能力　　　60 000件
固定性制造费用总额　　　65 000元

要求：分别采用变动成本法和完全成本法计算甲产品各个月份的利润总额。

第3章 营运管理

内容概要

1. 营运管理概述
2. 本量利分析
3. 保本分析
4. 保利分析
5. 敏感性分析

引例——本量利分析在双汇集团中的应用。

随着我国市场经济的高速发展,企业生产经营环境越来越复杂,本量利分析法在企业中的运用也越来越广泛。充分利用本量利分析法,对企业获得更多利润,谋求更大发展,有着很重要的意义。

双汇集团是一家大型肉类加工食品集团,在全国18个省市建设了加工基地,集团旗下子公司有:肉制品加工、生物工程、化工包装、双汇物流、双汇养殖、双汇药业、双汇软件等,总资产约200亿元,员工65 000人,是中国最大的肉类加工基地;在2010年中国企业500强排序中列第160位,在2010年中国最有价值品牌评价中,双汇品牌价值196.52亿元。2014年双汇凭借一部《双汇大森林》荣获福布斯2014全球最具创新力企业排行榜22名,居大陆企业榜首。

双汇的成功不仅在于其良好的经营战略,重要的是本量利分析法的成功运用。面对市场价格的变化,双汇也逐步调增了单位售价,发挥了销售价格对保本点的积极影响;在猪肉上涨的背景下仍有效控制了利润水平,主要是其有低价的肉源供应,也反映了单位变动成本对保本点的影响;由于企业规模扩大导致的固定成本的增加对利润影响较大,双汇进一步地调整了销售量,尽量降低保本点,提高利润空间。

思考:本量利分析法在双汇广泛而成功地运用,为企业创造了更多的盈利。请思考销售价格、单位变动成本和固定成本对保本点的作用机理。

(资料来源:冯咪西·浅谈本量利分析法在双汇集团中的应用 [J].商场现代化,2015 (14):33-35.)

3.1 营运管理概述

3.1.1 营运管理的概念

营运管理，是指为了实现企业战略和营运目标，各级管理者通过计划、组织、协调、控制、激励等活动，实现对企业生产经营过程中的物料供应、产品生产和销售等环节的价值增值管理。

3.1.2 营运管理的一般程序

营运管理的程序一般按照营运计划的制定、营运计划的执行、营运计划的调整、营运绩效管理等程序进行。

1. 制定营运计划

企业根据战略决策和营运目标要求，从时间和空间上对营运管理中各资源作统筹调配，安排营运过程中的活动，涵盖销售、生产、供应、财务、人力资源、产品开发和技术改造等。

2. 执行营运计划

企业将审批的营运计划落实到各所属子公司、部门和员工个人，分解到季度、月度。企业也可以结合自身情况，对不同周期内计划完成指标建立监控体系，当出现偏差时，对营运计划进行适时的调整。

3. 调整营运计划

随着宏观经济形势、市场竞争形势不断的变动，企业的营运状况会出现很多不确定因素，与预期会产生较大的偏差，企业应适时地调整原计划的相关工作，确保企业营运计划的完成，更加合理地分配资源。

4. 营运绩效管理

企业以营运计划和企业营运管理指标为基础，通过制定绩效指标体系，开展营运绩效管理，激励员工为实现营运管理目标做出贡献，确保营运目标的落实。

3.1.3 营运管理工具方法

营运管理涉及企业物流、资金流和供应链等多个方面，可运用的工具方法自然很多，如全面质量管理、供应链管理、平衡记分卡、本量利分析和敏感性分析，在这些工具方法中，本章重点介绍本量利分析和敏感性分析。

3.2 本量利分析

3.2.1 本量利分析的产生发展

本量利分析方法起源于20世纪初的美国。20世纪20年代哥伦比亚大学教授提出完整的保本分析理论，丰富了本量利分析方法。到了20世纪50年代该方法已经臻于完善，在西方实践中得到广泛应用，对企业预测、决策、计划和控制等经营活动的有效进行提供了良好的保证。

3.2.2 本量利分析的概念

本量利分析，是指以成本性态分析和变动成本法为基础，运用数学模型和图式，对成本、利润、业务量与单价等因素之间的依存关系进行分析，发现变动的规律，为企业进行预测、决策、计划和控制等活动提供支持的一种方法。其中，"本"是指成本，包括固定成本和变动成本；"量"是指业务量，一般指销售量；"利"一般指营业利润。

狭义的分析观点是：本量利分析是指盈亏平衡点分析，它是研究一定期间内销售收入等于销售成本（即利润为零）时的销售量或销售额，也叫作盈亏平衡点或保本点，三者关系可用下式表示：

$$利润=销售单价\times销售量-单位变动成本\times销售量-固定成本$$

广义的分析观点是：本量利分析是研究产品的销售价格、数量、成本等因素的变动对利润的影响。具体研究要实现一定的目标利润所需达到的销售产品的数量、价格及成本水平。

综上所述，本量利分析既可以用来计算盈亏平衡点，也可以通过调整价格、销售量、成本等因素来实现最大限度的目标利润。因此，本量利分析法为管理当局做出合理的经营预测、决策及目标管理提供了技术分析依据。

3.2.3 本量利分析的基本假设

本量利分析通过本量利图和数学模型可以直观方便地进行经营现状分析，从而更好地经营预测、经营控制和经营决策，但是本量利分析的使用对前提假设条件的要求也是相当严格的。有关的前提条件如下。

1. 成本性态的假设

此假设也是变动成本法的分析基础，要求将所有成本划分为固定成本和变动成本两类。

2. 相关范围的假设

在一定范围内固定成本总额、单价、单位变动成本保持不变。销售收入、变动成本总额与业务量都呈正比例变动，所以销售收入和成本函数都是线性方程。不考虑在一定期间内和一定范围内规模成本的变动、生产效率的提高以及材料成本的波动等。

3. 业务量的假设

假设业务量的变化不会影响成本性态分析，而且所有变动成本和销售收入都是对应业务量的因变量，而业务量是自变量。

4. 品种结构的假设

无论是生产单一产品还是多种产品，生产出的产品都有适销的市场。如果生产的是多种产品，则要求不同产品的销售量与总销售量的比例结构不变。

5. 产销平衡的假设

即当期内生产的产品都能全额销售，不存在期末库存。

上述的诸多假设，是揭示成本、业务量和利润等内部关系的基础，缺一不可。上述限定的条件，也透露出本量利分析的局限性，因为其得出的结论是基于各种假设的，而现实经营过程中，很少存在所有前提都满足的情况。因此，在选用本量利分析时要结合企业实际，或者努力缩小差距。

3.2.4 本量利分析的有关方程式

本量利分析的方程式主要有损益类和边际贡献类，为了公式的简化和后面内容的方便描述，统一设：

P——利润；
TR——总收入；
TC——总成本；
b——单位变动成本；
a——固定成本；
sp——单价；
x——销售量；
cm——单位边际贡献；
Tcm——边际贡献总额；
cmR——边际贡献率；
t——所得税率；
p_t——税后净利

1. 损益型的方程式

（1）本量利分析的基本公式：

$$P = TR - TC = TR - (a + bx) \qquad (3-1)$$

当 $P=0$ 时，$TR = sp \times x = a + bx$，那么 $x = \dfrac{a}{sp-b}$，此时的 x 为保本点（盈亏平衡点）下的销售量，$sp \times x$ 为保本点下的销售额。这个方程式反映了利润、单价、销售量、单位变动成本和固定成本五个变量之间的相互关系。只要已知其中四个变量，剩下的变量可求。

实际运用

[例 3-1] 某玩具厂生产一种汽车模型，预计年销售量为 1 000 台，销售单价是 100 元，单位变动成本是 60 元，固定成本费用支出是 20 000 元，则该企业的预计利润是多少？保本点是多少？

利润 = 1 000×100 - 1 000×60 - 20 000 = 20 000 元

保本点下的销售量 = $\dfrac{20\,000}{100-60}$ = 500（台）

保本点下的销售额 = 500×100 = 50 000（元）

（2）根据本量利分析的基本公式进行变形，又可得到四个方程式：

① 销售量 $x = \dfrac{a+P}{sp-b}$，当 $P=0$ 时，就是所求的盈亏平衡点。

② 单价 $sp = \dfrac{a+P}{x} + b$。

③ 单位变动成本 $b = \text{sp} - \dfrac{a+P}{x}$。

④ 固定成本 $=(\text{sp}-b)\times x - P$。

2. 边际贡献型的方程式

(1) 边际贡献又称贡献毛益，是指销售收入减去变动成本后的余额。即

$$\text{边际贡献} = \text{销售收入} - \text{变动成本} = \text{sp}\times x - b\times x \quad (3-2)$$

$$\text{单位边际贡献} = \text{单价} - \text{单位变动成本} = \text{sp} - b \quad (3-3)$$

上述公式说明销售收入先补偿变动成本，剩下的部分作为贡献毛益，然后再用贡献毛益补偿固定成本，如有剩余，则形成利润，如果没有剩余或余额小于零，说明企业没有盈利或发生亏损。

(2) 边际贡献率（cmR）。边际贡献率是指边际贡献占销售收入的比重，其公式如下：

$$\text{边际贡献率} = \dfrac{\text{边际贡献}}{\text{销售收入}} = \dfrac{\text{Tcm}}{\text{TR}}$$

$$= \dfrac{\text{单位边际贡献}}{\text{单价}} = \dfrac{\text{cm}}{\text{sp}} \quad (3-4)$$

[**例 3-2**] 继续沿用以例 3-1 的材料，求边际贡献和边际贡献率。

cm = 100 − 60 = 40（元）

Tcm = 40 × 1 000 = 40 000（元）

边际贡献率 = 40/100 = 40%

与边际贡献率相对应的概念是变动成本率，是指变动成本在销售收入中的比重，其公式如下

$$\text{变动成本率} = \dfrac{\text{变动成本}}{\text{销售成本}} = \dfrac{\text{单位变动成本}}{\text{单价}} = \dfrac{b}{\text{sp}} = 60/100 = 60\%$$

故：边际贡献率 + 变动成本率 = 1

(3) 将本量利分析的基本公式与边际贡献、边际贡献率相结合得到：

① 利润 = 销售收入 − 变动成本 − 固定成本

= 边际贡献 − 固定成本

= $\text{sp}\times x - b\times x - a$

= $\text{cm}\times x - a$ （3-5）

将方程①进行变形，可得到以下的方程式：

② 销售量 $x = \dfrac{a+P}{\text{cm}}$

③ 固定成本 $a = \text{cm}\times x - P$

④ 利润 $P = \text{Tcm} - a = \text{TR}\times \text{cmR} - a$

⑤ 销售收入 $\text{TR} = \dfrac{a+P}{\text{cmR}}$

⑥ 边际贡献率 $\text{cmR} = \dfrac{a+P}{\text{TR}}$

⑦ 固定成本 $a = TR \times cmR - P$

3.2.5 本量利分析图

本量利分析图是用图示的方法将成本、业务量和利润三者间的关系在直角坐标系中表现出来的图像。根据现有的资料和研究的目的不同，它可以划分为：基本本量利图、贡献毛益式本量利图和利量式本量利图。图示法在分析时虽然具有直观、易懂的特点，但是目测的结果往往不够准确，最好结合公式法使用。

1. 基本本量利图

以例 3-1 的数据作为绘图的数据来源，基本本量利图如图 3-1 所示。其绘制的步骤如下。

（1）在直角坐标系中，以横轴代表销售量，纵轴代表销售收入和销售成本。

（2）绘制固定成本线 a。在纵轴上标注固定成本，并以该点为起点，作一条平行于横轴的射线。

（3）绘制总成本线 TC。以固定成本直线在纵轴上的截点为起点，以单位变动成本为斜率，做出总成本线。

（4）绘制销售收入线 TR。以坐标原点为起点，以单价为斜率。销售收入线 TR 与总成本线 TC 的交点为保本点，保本点之前，两条线间的区域是亏损区，保本点之后，两条线间的区域是利润区。

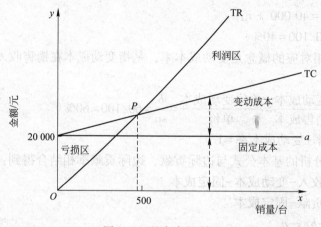

图 3-1　基本本量利图

图 3-1 反映了固定成本、单位变动成本、单价、销售量、保本点之间的相互关系，具体表现在以下几个方面。

① 当总成本不变时，单价越大，直线 TR 的斜率越大，点 P 会随之下移，进而使得利润变大，而亏损减小；当单价越小时，情况与之相反。

② 当固定成本、单位变动成本、单价不变时，即保本点确定的情况下，销售量越大，实现的利润越多或亏损越少；反之，实现的利润越少或亏损越多。

③ 当固定成本和单价不变时，单位变动成本越大，直线 TC 的斜率越大，点 P 会随之上移，进而导致亏损变大，利润减小；当单位变动成本越小时，情况与之相反。

④ 当单位变动成本和单价不变时，固定成本越大，直线 TC 会以平行的方向上移，点 P

也会上移，其他条件不变的情况下，固定成本越大，利润变小，亏损越多；当固定成本越小时，情况与之相反。

基本本量利图虽然体现出固定成本不随业务量的变动而变动的特性，但其无法直观地表现出边际贡献与相关变量之间的变动关系，所以出现了贡献毛益式本量利图。

2. 贡献毛益式本量利图

仍然以例 3-1 的数据作为绘图的数据来源，贡献毛益式本量利图如图 3-2 所示，其绘制的步骤如下。

（1）从坐标原点出发，绘制变动成本直线 b。

（2）绘制平行于变动成本直线 b 的总成本线 TC，两条平行线间的数值距离为固定成本。

（3）销售收入直线 TR 的绘制过程与基本本量利图相同。

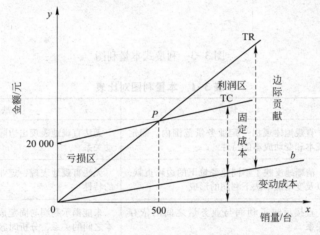

图 3-2　贡献毛益式本量利图

如图 3-2 所示，边际贡献很明显是由销售收入（直线 TR）补偿变动成本（直线 b）后得到的。如果边际贡献补偿固定成本后有剩余，则会形成利润；如果边际贡献不够补偿固定成本，则会形成亏损。贡献毛益式本量利图，充分体现了变动成本法的核心思想。

3. 利量式本量利图

利量式本量利图不考虑销售收入与成本因素，只反映利润与销售量之间的依存关系，如图 3-3 所示。其绘制步骤如下。

（1）在直角坐标系中，以横轴代表销售量，纵轴表示利润或亏损。

（2）销售量为零时，其亏损额度正好等于固定成本，在纵轴上标注出来。

（3）沿用例 3-1 的部分数据，确定某一销售量，求出对应的利润，并在坐标图中标注。

（4）连接步骤（2）和步骤（3）中标注的两点，得到的直线为利润线。

图 3-3 直观地呈现了利润与销售量之间的关系，管理当局可通过此图清楚地知道盈利的销售量区间，但是除了销售量以外，此图并未揭示利润与固定成本、单价、单位变动成本之间的关系，分析时容易受限。

基于本量利分析的三张图虽然都能反映本量利分析的核心内容，但是三张图根据管理者的需要在设计时略有侧重，所以在分析时也会有各自的优缺点，总结如表 3-1 所示。

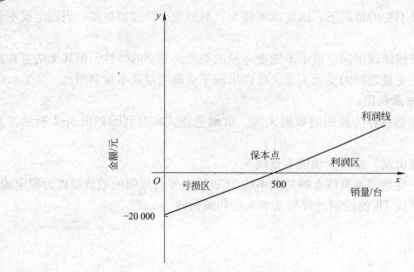

图 3-3 利量式本量利图

表 3-1 本量利图对比表

项目	优点	缺点
基本本量利图	直观地体现出一定业务量范围内，固定成本和变动成本的特性	无法直观地表现出边际贡献与业务量之间的变动关系
贡献毛益式本量利图	清晰地反映了不同业务量下的边际贡献，以及变动成本法下利润的形成	无法直观地表现一定业务量范围内，固定成本的特性
利量式本量利图	直接反映了利润与业务量之间的依存关系	未能揭示利润与固定成本、单价、单位变动成本之间的关系，分析时容易受限

3.2.6 本量利分析在决策中的应用

本量利分析也可以用于企业的生产经营决策中。应用本量利分析的关键在于比较方案之间无差别点的确定，是指使两个备选方案总成本相等的业务量。

在计算无差别点时要考虑每个方案的单位变动成本和固定成本，且方案之间的单位变动成本和固定成本水平恰好相互矛盾，即如果第一个方案的固定成本大于第二个方案的固定成本，则第一个方案的单位变动成本应小于第二个方案的单位变动成本，否则无法适用。具体分析过程如下。

设方案 1 的固定成本和单位变动成本分别是 a_1、b_1，设方案 2 的固定成本和单位变动成本分别是 a_2、b_2，x 为业务量。

两个方案的总成本相等时：$a_1+b_1x=a_2+b_2x$

则成本无差别点业务量 $x=\dfrac{a_2-a_1}{b_1-b_2}$ 或 $\dfrac{a_1-a_2}{b_2-b_1}$　　　　(3-6)

实际运用

[例 3-3] 某企业准备生产加工一种特殊的甲产品，准备购入专用设备，租期一年，

现有两种方案。方案1收租金的条件：年固定租金40 000元，另外再按承租人甲产品销售收入的2%收取变动租金；方案2收取租金的条件：年固定租金10 000元，另外再按承租人甲产品销售收入的6%收取变动租金。

要求：如果两种方案支付的租金相同，甲产品的销售收入应是多少？当预计甲产品的销售收入是800 000元时，应选择哪个方案？

$Y_1 = a_1 + b_1 x = 40\ 000 + 2\% \times x$

$Y_2 = a_2 + b_2 x = 10\ 000 + 6\% \times x$

由 $Y_1 = Y_2$ $X = \dfrac{40\ 000 - 10\ 000}{6\% - 2\%} = 750\ 000$（元）

成本无差别点也可以用图3-4表示。

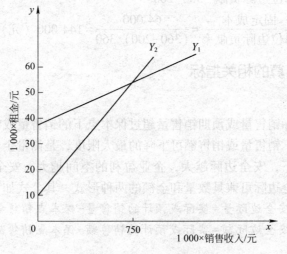

图3-4 无差别点图

从图3-4中可以看出，当产品甲的年销售收入等于750 000元时，两种方案的租金成本一致。若销售收入小于750 000元，应选择方案2；若销售收入大于750 000元，应选择方案1。

从图中可以直观地看出当销售收入为800 000元时，应选择方案1。因为此时方案1的租金成本：40 000+2%×800 000=56 000（元），方案2的租金成本：10 000+6%×800 000=58 000（元）

3.3 保本分析

3.3.1 保本分析的含义及保本点的确定

保本分析（break-even analysis），也称盈亏平衡分析，主要用来研究保本（利润为零）、盈利（利润大于零）、亏损（利润小于零）时的业务量水平，可为生产决策提供有效的信息。

保本点，简称"BVP"，是指企业利润为零时的业务量，也是销售收入等于销售成本或贡献毛益正好补偿固定成本的业务量，这里的业务量既可以指销售量，也可以指对应的销售额。可以用以下两个公式表示：

$$\text{保本点销售量} = \frac{\text{固定成本}}{\text{单位边际贡献}} = \frac{a}{cm} \quad (3-7)$$

$$\text{保本点销售额} = \frac{\text{固定成本}}{\text{单位边际贡献率}} = \frac{a}{cmR} \quad (3-8)$$

实际运用

[例 3-4] 某皮鞋厂只生产一种男士皮鞋，销售单价为 360 元，单位变动成本为 200 元，固定成本为 64 000 元，则

$$\text{保本点销售量} = \frac{\text{固定成本}}{\text{单位边际贡献}} = \frac{64\,000}{360-200} = 400 \text{（件）}$$

$$\text{保本点销售额} = \frac{\text{固定成本}}{\text{单位边际贡献率}} = \frac{64\,000}{(360-200)/360} = 144\,000 \text{（元）}$$

3.3.2 保本分析计算的相关指标

1. 安全边际

安全边际是指实际销售量或预期销售量超过保本点下的销售量或销售额的差额，它是指在确保盈利的情况下，销售量或销售额可下降的最大限度，是衡量企业经营安全程度的重要标志之一。通常情况下，安全边际越大，企业盈利的空间越大，安全性越高；安全边际越小，则情况相反。安全边际可兼具数量和金额的两种形式，其公式如下

$$\text{安全边际量} = \text{实际或预计的销售量} - \text{保本点销售量} \quad (3-9)$$

$$\text{安全边际额} = \text{实际或预计的销售额} - \text{保本点销售额} \quad (3-10)$$

2. 安全边际率

安全边际率是指某产品的安全边际同其实际或预期的销售量或销售额之比。安全边际率与安全边际在评价经营安全性的作用时类似。其公式有

$$\text{安全边际率} = \frac{\text{安全边际}}{\text{实际或预期的销售量（额）}} \quad (3-11)$$

企业安全等级经验值如表 3-2 所示。

表 3-2 企业安全等级的经验值

安全边际率	10%以下	10%~<20%	20%~<30%	30%~<40%	40%及以上
安全性	危险	值得注意	较安全	安全	很安全

安全边际与盈亏之间的关系可以通过图 3-5 表示。

如图 3-5 所示，利润是安全边际销售额扣除对应的变动成本后的余额，安全边际越大，企业获得的利润也会越多。相互之间的公式推导如下

销售利润 = 边际贡献 - 固定成本
　　　　 = 销售收入×边际贡献率 - 保本点销售收入×边际贡献率
　　　　 = 安全边际量×单位边际贡献
　　　　 = 安全边际额×边际贡献率 　　　　　　　　　　　　　　　(3-12)

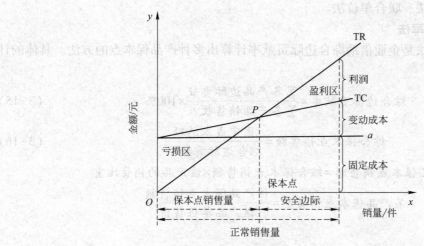

图 3-5 保本点销售量与安全边分析图

上式两边同除以销售收入

则：销售利润率＝安全边际率×边际贡献率 (3-13)

3.3.3 保本作业率

保本作业率是指保本销售量或销售额与企业实际与预期的销售量或销售额的比率，这个指标与安全边际率是相对的，保本作业率越大说明企业的安全程度越低，同时也说明企业资源的利用效率越差。其公式如下

$$保本作业率 = \frac{某产品保本点销售量（额）}{某产品实际或预计的销售量（额）} \quad (3\text{-}14)$$

若企业现有的或预期的生产力符合行业正常水平，则

$$安全边际率 + 保本作业率 = 1$$

 实际运用

[例3-5] 沿用例3-4，并且该皮鞋厂正常的生产量是600件。求安全边际、安全边际率和保本作业率。

安全边际量＝600－400＝200（件）

安全边际额＝200×360＝72 000（元）

安全边际率＝200/600＝33.33%

保本作业率＝400/600＝66.67%

结合表3-2，说明该企业生产经营方面是安全的。

3.3.4 多种产品结构的保本分析

在现实生产活动中企业很少只生产一种产品，为了扩大市场份额，企业往往会推出不同类型或层次的产品，由于产品耗用的资源、单价或单位变动成本的不同，基本的本量利分析方法不再适用。用来进行多种产品保本点分析的方法主要有：综合边际贡献率法、加权综合边际贡献率法、分算法、联合单位法。

1. 综合边际贡献率法

综合边际贡献率法是企业借助综合边际贡献率计算出多种产品保本点的方法。具体的计算步骤如下

$$综合边际贡献率 = \frac{\sum 各产品边际贡献}{\sum 各产品销售收入} \times 100\% \quad (3-15)$$

$$综合保本点销售额 = \frac{固定成本总额}{综合边际贡献率} \quad (3-16)$$

$$某产品保本点销售额 = 综合保本点销售额 \times 该产品的销售比重$$

$$某产品保本点销售量 = \frac{该产品保本点销售额}{该产品单位售价}$$

实际运用

[例3-6] 假设某饲料加工厂的固定成本支出是44 400元，同时加工A、B、C三种产品，有关资料如表3-3所示。

表3-3 三种产品资料表

项目	A	B	C	合计
单价/元	120	100	80	
单位变动成本/元	60	60	50	
销售量/件	2 000	1 800	1 000	
单位边际贡献/元	60	40	30	
边际贡献总额/元	120 000	72 000	30 000	222 000
边际贡献率/%	50.00	40.00	37.50	
销售收入/元	240 000	180 000	80 000	500 000
销售收入的结构比重/%	48.00	36.00	16.00	

将表3-3中已知的数据直接代入公式：
综合边际贡献率=222 000/500 000=44.4%
综合保本点销售额=44 400/44.4%=100 000（元）
A产品保本点销售额=100 000×48.00%=48 000（元）
A产品保本点销售量=48 000/120=400（件）
B产品保本点销售额=100 000×36.00%=36 000（元）
B产品保本点销售量=36 000/100=360（件）
C产品保本点销售额=100 000×16.00%=16 000（元）
C产品保本点销售量=16 000/80=200（件）

2. 加权综合边际贡献率法

加权综合边际贡献率法与综合边际贡献率法的计算步骤基本相同，除了在求综合保本点销售额时，该方法需要用各产品的边际贡献率和销售权重计算出的加权综合边际贡献率进行

计算，过程如下：

$$加权综合边际贡献率=\sum（各产品的边际贡献率 \times 该产品的销售收入权重）\quad (3-17)$$

$$综合保本点销售额=\frac{固定成本总额}{加权综合边际贡献率} \quad (3-18)$$

$$某产品保本点销售额=综合保本点销售额 \times 该产品的销售收入比重$$

$$某产品保本点销售量=\frac{该产品保本点销售额}{该产品单位售价}$$

[例 3-7] 仍使用例 3-6 中的资料。
加权综合边际贡献率=50.00%×48.00%+40.00%×36.00%+37.50%×16.00%=44.4%
综合保本点销售额=44 400/44.4%=100 000（元）
A 产品保本点销售额=100 000×48.00%=48 000（元）
A 产品保本点销售量=48 000/120=400（件）
B 产品保本点销售额=100 000×36.00%=36 000（元）
B 产品保本点销售量=36 000/100=360（件）
C 产品保本点销售额=100 000×16.00%=16 000（元）
C 产品保本点销售量=16 000/80=200（件）

比较两种方法的计算结果，可知两种方法的实质是一样的。加权综合边际贡献率法计算过程相对烦琐一些，因为要计算加权综合边际贡献率，所以对材料的把握程度更高，更详细。根据已有的资料信息和研究目的，选择适当的方法。

3. 分算法

分算法是指将企业全部的固定成本按一定的标准分配到各产品，分别确定各产品承担的固定成本数额，然后除以各自的单位边际贡献，得到保本点下的销售量，再根据已知的单价，求出保本点下的销售额。需要注意的是，我们只针对共同的固定成本进行分配，对于某种产品发生的专属成本则由该产品独自承担，共同产品的分配标准主要有：销售额、所耗的材料或工时、边际贡献、重量等。

[例 3-8] 仍以例 3-6 中的资料为基础，采用分算法进行保本点分析，固定成本的分配标准是边际贡献。

固定成本分配率=44 400/222 000=0.2
A 产品应承担的固定成本=2 000×60×0.2=24 000（元）
B 产品应承担的固定成本=1 800×40×0.2=14 400（元）
C 产品应承担的固定成本=1 000×30×0.2=6 000（元）
A 产品保本点销售量=24 000/60=400（件）
B 产品保本点销售量=14 400/40=360（件）
C 产品保本点销售量=6 000/30=200（件）
A 产品保本点销售额=400×120=48 000（元）
B 产品保本点销售额=360×100=36 000（元）
C 产品保本点销售额=200×80=16 000（元）

4. 联合单位法

联合单位法是基于多种产品稳定比例的业务量关系和良好的市场销售渠道的前提，将不同产品组成一个联合单位,按其各自的比例及单价和单位变动成本,确定联合单位的单价和变动成本,利用现有的固定成本确定联合单位产品保本点销售额和销售量,最后根据比例计算出产品各自的保本点。其计算过程如下:

$$联合单价 = \sum(某产品单价 \times 该产品业务量比) \quad (3-19)$$

$$联合单位变动成本 = \sum(某产品单位变动成本 \times 该产品业务量比) \quad (3-20)$$

$$联合单位保本点销售量 = \frac{固定成本总额}{联合单价 - 联合单位变动成本} \quad (3-21)$$

$$某产品保本点销售量 = 联合单位保本点销售量 \times 该产品业务量比$$

[**例3-9**] 继续以例3-6的数据为数据来源,用联合单位法进行保本点的计算。

表3-2中A、B、C产品的销售量分别是2 000件、1 800件、1 000件。所以A、B、C产品的销售量之比为2:1.8:1。

联合单价 = 120×2+100×1.8+80×1 = 500(元)

联合单位变动成本 = 60×2+60×1.8+50×1 = 278(元)

综合保本点销售量 = $\frac{44\ 400}{500-278}$ = 200(件)

综合保本点销售额 = 200×500 = 100 000(元)

A产品保本点销售量 = 200×2 = 400(件)

B产品保本点销售量 = 200×1.8 = 360(件)

C产品保本点销售量 = 200×1 = 200(件)

A产品保本点销售额 = 400×120 = 48 000(元)

B产品保本点销售额 = 360×100 = 36 000(元)

C产品保本点销售额 = 200×80 = 16 000(元)

3.4 保利分析和利润的影响分析

3.4.1 保利分析的概述及保利点的确定

保利分利以保本分析为基础,保本分析可以看成是一种特殊状态下的保利分析或者利润为零时进行的保利分析。由于保本分析是指企业的销售收入等于销售成本,即边际贡献等于固定成本的情况,然而保本不是企业发展的目的,只有保利才能真正地发展企业。管理者最想了解的是保持一定盈利水平时企业的销售水平。即保利分析是指在边际贡献已知的情况下,为确定保证目标利润实现而达到的销售量或销售额而采用的一种分析方法。

1. 目标利润下的销售水平

企业要想确保目标利润,应该保证边际贡献毛益弥补完固定成本后留有余额时的销售量水平及对应的销售额,此时销售量和销售额也称保利点。此时单价、单位变动成本、固定成本以及目标利润是既定的。根据本量利分析的基本公式:

$$目标利润 = (销售单价 - 单位变动成本) \times 销售量 - 固定成本$$

$$P = (sp - b) \times x - a \quad (3-22)$$

则:保利点销售量$(x) = \frac{目标利润 + 固定成本}{单位边际贡献} = \frac{P+a}{cm} \quad (3-23)$

上式两边同时乘以销售单价，则有：

$$保利点销售额(TR) = \frac{目标利润 + 固定成本}{边际贡献率} = \frac{P+a}{cmR} \qquad (3-24)$$

式（3-23）、式（3-24）与保本点销售量与销售额的公式相比，分母相同，分子多了目标利润。对固定成本和目标利润的补偿均来自边际贡献，由于分子是既定的，单位边际贡献的大小直接影响销售量，所以管理者在决策时要在定价与销售量之间找到最佳平衡点。

实际运用

[例3-10] 某工艺品厂只加工一种工艺品，销售单价为1 000元，单位变动成本为600元，对应的固定成本是30 000元，企业预想的目标利润是50 000元，则：

$$保利点销售量(x) = \frac{P+a}{cm} = \frac{30\,000 + 50\,000}{1\,000 - 600} = 200（件）$$

$$保利点销售额(TR) = \frac{P+a}{cmR} = \frac{30\,000 + 50\,000}{(1\,000 - 600)/1\,000} = 200\,000（元）$$

2. 税后净利下的销售水平

由于税后净利润才能分配给股东或债权人，分配后留存的净利润才能用于企业壮大发展，所以企业一般偏向税后净利润的获取，上述分析中，忽略了所得税的补偿，所以可以先将目标利润转变成税后净利，然后同样放在分子，进行保利下销售水平的分析。

由税后净利润 = 税前目标利润×(1−所得税税率)

则：

$$保利点销售量(x) = \frac{固定成本 + \dfrac{税后净利}{1 - 所得税税率}}{单位边际贡献} = \frac{a + \dfrac{Pt}{1-t}}{cm} \qquad (3-25)$$

$$保利点销售额(TR) = \frac{固定成本 + \dfrac{税后净利}{1 - 所得税税率}}{边际贡献率} = \frac{a + \dfrac{Pt}{1-t}}{cmR} \qquad (3-26)$$

[例3-11] 沿用例3-10，把其中的"目标利润50 000元"改成"税后净利60 000元"，所得税税率是25%，进行保利分析。

$$保利点销售量(x) = \frac{固定成本 + \dfrac{税后净利}{1 - 所得税税率}}{单位边际贡献} = \frac{30\,000 + \dfrac{60\,000}{1-25\%}}{1\,000 - 600} = 275（件）$$

$$保利点销售额(TR) = \frac{固定成本 + \dfrac{税后净利}{1 - 所得税税率}}{单位边际贡献} = \frac{30\,000 + \dfrac{60\,000}{1-25\%}}{(1\,000 - 600)/1\,000} = 275\,000（元）$$

3.4.2 不同因素变动对利润的影响

实际运用

[例3-12] 某服装厂生产一批定制服装，共100件，该服装的市场价为300元/件，单

位变动成本为180元/件，固定成本为3 600元，求生产此批服装的利润和保本点。

利润=100×(300-180)-3 600=8 400（元）

保本点销售量=3 600/(300-180)=30（件）

保本点销售额=30×300=9 000（元）

如图3-6所示。

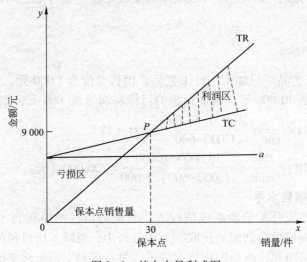

图3-6　基本本量利式图

（1）其他因素不变，当单价变成330元时：

利润=100×(330-180)-3 600=11 400（元）

保本点销售量=3 600/(330-180)=24（件）

保本点销售额=24×300=7 200（元）

如图3-7所示，此时销售收入直线由TR向上倾斜为TR_1，保本点下滑，利润阴影空间变大。

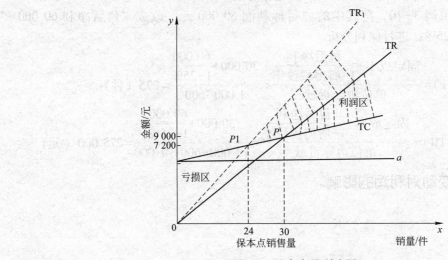

图3-7　基本本量利式图

(2) 其他因素不变，当单位变动成本变成 120 元时：

利润 = 100×(300−120)−3 600 = 14 400（元）

保本点销售量 = 3 600/(300−120) = 20（件）

保本点销售额 = 20×300 = 6 000（元）

如图 3-8 所示，在固定成本不变，单位变动成本减小时，总成本线由 TC 向下倾斜为 TC_1，保本点下滑，利润阴影空间变大。

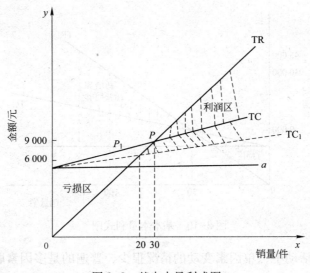

图 3-8　基本本量利式图

(3) 其他因素不变，当固定成本变成 4 800 元时：

利润 = 100×(300−180)−4 800 = 7 200（元）

保本点销售量 = 4 800/(300−180) = 40（件）

保本点销售额 = 40×300 = 12 000（元）

如图 3-9 所示，在其他因素不变时，固定成本变大，则固定成本线由 a 向上平移到 a_1，总成本线由 TC 向上平移到 TC_1，保本点上升，利润阴影空间变小。

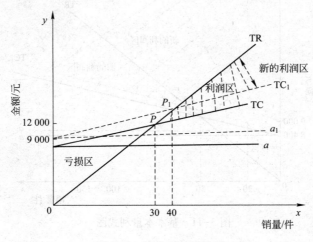

图 3-9　基本本量利式图

(4) 其他因素不变，当销售量变成 150 件时：
利润＝150×(300－180)－3 600＝14 400（元）
保本点销售量＝3 600/(300－180)＝30（件）
保本点销售额＝30×300＝9 000（元）
如图 3-10 所示，在其他因素不变时，销售量变大，并不影响保本点，所以销售量越大，安全边际越大，获取的利润也越高。

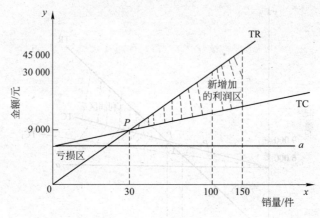

图 3-10　基本本量利式图

(5) 在实际经营活动中，单因素变动的情况很少，普遍的是多因素联合变动。
以例 3-12 为数据来源，把固定成本改成 4 800 元，售价改成 420 元，其中固定成本增加 33.33%，单价增加 40%，通过本量利图观察利润的变化。
利润＝100×(420－180)－4 800＝19 200（元）
保本点销售量＝4 800/(420－180)＝20（件）
保本点销售额＝20×420＝8 400（元）

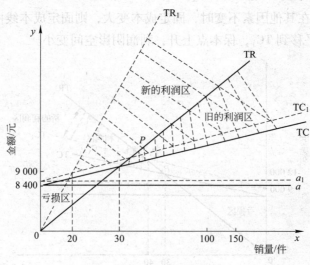

图 3-11　基本本量利式图

如图 3-11 所示，当固定成本和单价同时增大，其固定成本增加的幅度小于单价，且其他因素不变时，TR_1 与 TC_1 形成的利润区开口明显大于 TR 与 TC 形成的利润区。

在分析多因素同时变动对利润的影响时，要注意不同因素的变动方向和变动幅度，便于进行准确的分析。

3.5 敏感性分析

3.5.1 敏感性分析的含义

敏感性分析（sensitivity analysis），就是指利润对各项影响因素变化的反应程度的分析方法。一般进行"如果—会怎样"的分析，由于销售单价、单位变动成本、销售量、固定成本都是利润的决定性因素，当某一因素发生变化时，利润自然也随之变化，但是利润对每个因素变动的敏感程度不同，所以可将敏感因素划分为强敏感因素和弱敏感因素。

正是由于敏感性不同，所以受重视的程度也不同，通常强敏感因素受关注度较高，反之，受关注度较低。把握这种变化后，采取适当的措施，控制不利影响因素，有利于企业管理者合理地规划生产经营活动，抓住利润增长点，降低经营风险。

3.5.2 敏感性分析的前提假设

利润敏感性分析指企业针对某一产品形成的利润，从产品的销售价格、单位变动成本、固定成本、销售量出发，研究各因素的变化对利润的影响程度，及时调整，保证预期利润的实现。而分析的过程必须基于以下的假设才能进行。

1. 影响因素有限性假设

产品销售利润的形成受多种因素的影响，比如，国家出台的财政政策和货币政策、市场的饱和度、消费者的偏好等，但是敏感性分析直接把它们看成次要因素，习惯性地把销售单价、单位变动成本、固定成本、销售量作为影响利润的四大基本要素。

2. 因素变动独立性假设

在经济生活中，引起利润变化的因素往往不是局限于销售单价、单位变动成本、固定成本、销售量中的某一个，而是多个因素相互作用的结果，比如，销售价格的抬高直接会导致销售量的降低。但在做单一因素敏感性分析时，通常会假设这四个因素的变动是不相关联的。

3. 因素利好假设

为了符合日常的思维习惯，在进行敏感性分析时通常假定：各因素对利润的影响是积极的、有利的，即产品的价格和销售量假定是上升的，单位变动成本和固定成本假定是下降的。

3.5.3 影响利润因素的临界值

借助本量利的基本公式进行分析，影响利润的四大要素是：单价、单位变动成本、固定成本、销售量，而各影响因素的临界值是指企业实现保本点时各因素的最大值和最小值，当超过临界值时，企业会由盈转亏或由亏转盈。

由：利润＝销售量×（单价－单位变动成本）－固定成本

当保本时，利润＝0，各因素的临界值是：

(1) 销售量的最小允许值 ＝ $\dfrac{\text{固定成本}}{\text{单价}-\text{单位变动成本}} = \dfrac{a}{sp-b}$

(2) 单价的最小允许值 ＝ $\dfrac{\text{固定成本}}{\text{销售量}} + \text{单位变动成本} = \dfrac{a}{x} + b$

(3) 单位变动成本的最大允许值 ＝ 单价 － $\dfrac{\text{固定成本}}{\text{销售量}} = sp - \dfrac{a}{x}$

(4) 固定成本的最大允许值 ＝（单价－单位变动成本）×销售量 ＝ $(sp-b) \times x$

实际运用

[例3-13] 某产品加工厂加工一种出口食品，单价为10元，单位变动成本为6元，固定成本为10 000元，预计销售量为6 000件，则有

预期目标利润＝(10－6)×6 000－10 000＝14 000（元）

销售量的最小允许值＝10 000/(10－6)＝2 500（件）

即企业销售量的下限是2500件数，或者说销售规模最大的缩减幅度是58.3% $\left(\dfrac{6\,000-2\,500}{6\,000}\right)$，若下降幅度大于58.3%，企业将会亏损。

单价的最小允许值＝10 000/6 000＋6＝7.67（元）

即企业的单价最低不能小于7.67元，或下降程度不能超过23.3% $\left(\dfrac{10-7.67}{10}\right)$，否则就会亏损。

单位变动成本的最大允许值＝10－10 000/6 000＝8.33（元）

即企业变动成本的上限是8.33元，若超过，就会面临亏损，或上升程度不能超过38.8% $\left(\dfrac{8.33-6}{6}\right)$。

固定成本的最大允许值＝(10－6)×6 000＝24 000（元）

即企业固定成本的最大规模不能超过24 000元，或上涨幅度不能超过140% $\left(\dfrac{24\,000-10\,000}{10\,000}\right)$，超过临界值，企业就会转为亏损。

3.5.4 敏感系数的测定

敏感系数是衡量利润对各因素变动的反应程度的指标，系数越大，因素的敏感度越高；反之，因素的敏感度越小。

$$\text{敏感系数} = \dfrac{\text{利润变动百分比}}{\text{各因素变动百分比}} \tag{3-27}$$

仍以例3-13的数据作为数据来源。

1. 单价的敏感系数

1）单价提高 10%

利润 =（10×1.1-6）×6 000-10 000 = 20 000（元）

利润变动百分比 = $\dfrac{20\,000 - 14\,000}{14\,000}$ = 43%

单价敏感系数 = 43%/10% = 4.3

2）单价提高 20%

利润 =（10×1.2-6）×6 000-10 000 = 26 000（元）

利润变动百分比 = $\dfrac{26\,000 - 14\,000}{14\,000}$ = 85.7%

单价敏感系数 = 85.7%/20% = 4.3

无论单价提高 10%还是 20%，单价敏感系数都是 4.3，说明单价对利润的影响很大，单价每提高 1%，利润都会以 4.3 倍的速度增长，涨价是提高利润的有效手段。当单价每降低 1%，利润都会以 4.3%幅度下降，价格下跌要引起足够的重视。

2. 销售量的敏感系数

1）销售量提高 10%

利润 =（10-6）×6 000×1.1-10 000 = 16 400（元）

利润变动百分比 = $\dfrac{16\,400 - 14\,000}{14\,000}$ = 17%

销售量敏感系数 = 17%/10% = 1.7

2）销售量提高 20%

利润 =（10-6）×6 000×1.2-10 000 = 18 800（元）

利润变动百分比 = $\dfrac{18\,800 - 14\,000}{14\,000}$ = 34%

销售量敏感系数 = 34%/20% = 1.7

与单价相比，销售量的敏感系数较低，意味着如果销售量增长 1%，利润将以 1.7 倍的速度增长。销售量敏感系数也称"经营杠杆系数"，是衡量企业经营风险的有效手段。

3. 单位变动成本的敏感系数

1）单位变动成本提高 10%

利润 =（10-6×1.1）×6 000-10 000 = 10 400（元）

利润变动百分比 = $\dfrac{10\,400 - 14\,000}{14\,000}$ = -25.7%

单位变动成本敏感系数 = -25.7%/10% = -2.6

2）单位变动成本提高 20%

利润 =（10-6×1.2）×6 000-10 000 = 6 800（元）

利润变动百分比 = $\dfrac{6\,800 - 14\,000}{14\,000}$ = -51.4%

单位变动成本敏感系数 = -51.4%/20% = -2.6

单位变动成本敏感系数的绝对值大于 1，说明也属于强敏感系数，如果单位变动成本发生变化，利润将会以 2.6 倍的速度反向变动。

4. 固定成本的敏感系数

1）固定成本提高 10%

利润 =（10-6）×6 000-10 000×1.1 = 13 000（元）

利润变动百分比 = $\dfrac{13\ 000-14\ 000}{14\ 000}$ = -7%

固定成本敏感系数 = -7%/10% = -0.7

2）固定成本提高 20%

利润 =（10-6）×6 000-10 000×1.2 = 12 000（元）

利润变动百分比 = $\dfrac{12\ 000-14\ 000}{14\ 000}$ = -14%

固定成本敏感系数 = -14%/20% = -0.7

固定成本敏感系数在四个基本影响因素中绝对值最小的，属于弱敏感因素。当固定成本降低 1% 时，利润会提高 0.7%。

在依次分析了单价、销售量、单位变动成本和固定成本后，得出以下结论：在同一生产力水平下，影响因素的变动幅度，不影响敏感系数；敏感系数的正负反映了影响方向，单价和销售量的敏感系数为正，说明利润与之同方向变动；单位变动成本和固定成本为负，说明利润与之反方向变动；敏感系数绝对值的大小反映了敏感度，四个因素的敏感度由强到弱的排序为单价（4.3）、单位变动成本（-2.6）、销售量（1.7）和固定成本（-0.7）。对不同因素的影响程度有了量的理解后，管理者在经营决策时，可以分清主次，集中实施有效的调整措施，确保目标利润的实现。

另外，敏感系数也可以根据初始的相关因素变动百分比公式化简后的简便的计算公式得到：

固定成本的敏感系数 = $-\dfrac{\text{基期固定成本}}{\text{基期利润}} = -\dfrac{a}{P}$

单位变动成本的敏感系数 = $-\dfrac{\text{基期销售量}\times\text{基期变动成本}}{\text{基期利润}} = -\dfrac{x-b}{P}$

单价的敏感系数 = $\dfrac{\text{基期销售量}\times\text{基期单价}}{\text{基期利润}} = \dfrac{x\times\text{sp}}{P}$

销售量的敏感系数 = $\dfrac{\text{基期销售量}\times(\text{基期单价}-\text{基期单位变动成本})}{\text{基期利润}} = \dfrac{x\times(\text{sp}-b)}{P}$

通过上述各因素敏感系数的简化计算，可以证明之前的结论是正确的：

当某一因素的敏感系数为负，表明利润的变动与该因素的变动有反向依存关系；当某一因素的敏感系数为正，表明利润的变动与该因素的变动有正向依存关系。

观察上式发现，公式的分母都是基期利润 P，所以各因素对利润变动的影响程度直接取决于分子数值的大小。以单价的敏感性分析为例，过程如下。

（1）由于 $x\times\text{sp} > x\times(\text{sp}-b)$，所以单价的敏感系数肯定大于销售量的敏感系数。

（2）一般情况下，$x\times\text{sp}$ 应该大于 a，同时大于 $x\times b$，即销售额要大于固定成本和变动成本之和，否则企业是亏损的。所以，单价的敏感系数应该最大，提价是盈利的最有效手段，同时，降价的负面影响也是最大的。

3.5.5 敏感系数的应用

研究敏感系数的根本目的是达到企业预期的利润,为管理者当局提供决策的信息,敏感系数的应用有利于管理者及时从单价、销售量、单位变动成本和固定成本四个方面做出调节。

 实际运用

[例3-14] 某企业专门生产一种工业产品,年产销售量是10 000件,每件产品的售价是100元,单位变动成本是60元,期间固定费用是100 000元,要求在现有利润的基础上增加20%,即360 000元,已知企业最大的产能是30 000件,单价、销售量、单位变动成本和固定成本的敏感系数分别为5、2、-4、-1,为确保利润的实现,企业可采取哪些措施?

由敏感系数 = $\dfrac{利润变动百分比}{各因素变动百分比}$

则:各因素变动百分比 = $\dfrac{利润变动百分比}{敏感系数}$

各因素变动量 = 各因素变动百分比×该因素基期数量

(1) 当其他因素不变时,单价的变动:

单价变动百分比 = $\dfrac{利润变动百分比}{敏感系数}$ = 20%/5 = 4%

单价增加额 = 4%×100 = 4(元)

即在其他因素不变时,要想目标利润提高20%,则售价要提高4元。

(2) 当其他因素不变时,销售量的变动:

销售量变动百分比 = $\dfrac{利润变动百分比}{敏感系数}$ = 20%/2 = 10%

销售量增加额 = 10%×10 000 = 1 000(件)

从计算结果来看,在其他因素不变时,要想取得目标利润,企业必须再扩大1 000件的销售量,从企业目前的产能来看,这是完全可以实现的。

(3) 当其他因素不变时,单位变动成本的变动:

单位变动成本变动百分比 = $\dfrac{利润变动百分比}{敏感系数}$ = 20%/(-4) = -5%

销售量增加额 = -5%×60 = -3(元)

也就说,在其他因素不变时,企业要想实现目标利润,单位变动成本要降低3元。

(4) 当其他因素不变时,固定成本的变动:

固定成本变动百分比 = $\dfrac{利润变动百分比}{敏感系数}$ = 20%/(-1) = -20%

固定成本增加额 = -20%×100 000 = -20 000(元)

因为固定成本是弱敏感因素,当其他因素不变时,要想达到预期利润,必须大幅度地降低固定成本,降低额是20 000元。

3.5.6 经营杠杆系数

经营杠杆系数（degree of operating leverage）也称销售量敏感系数，简称"DOL"，是指由于经营中固定成本的存在而导致息税前利润变动率大于产销售量变动率的规律，是税前利润变动率与产销售量变动率之比，是衡量经营风险的重要指标，通常情况下，经营杠杆系数越大，经营杠杆效应越强，企业经营风险也越大。其公式如下：

$$\text{经营杠杆系数（DOL）} = \frac{\dfrac{\text{营业利润变动额}}{\text{基期营业利润}} \times 100\%}{\dfrac{\text{产销变动量}}{\text{基期产销售量}} \times 100\%} = \dfrac{\dfrac{\Delta P}{P}}{\dfrac{\Delta x}{x}}$$

$$= \frac{\dfrac{\text{营业利润变动额}}{\text{基期营业利润}} \times 100\%}{\dfrac{\text{销售收入变动量}}{\text{基期销售收入}} \times 100\%} = \dfrac{\dfrac{\Delta P}{P}}{\dfrac{\Delta TR}{TR}} \quad (3-28)$$

通过化简变换，其简化的公式如下：

$$\text{经营杠杆系数（DOL）} = \frac{\text{基期边际贡献}}{\text{基期边际贡献} - \text{固定成本}} = \frac{(sp-b)\,x}{(sp-b)\,x-a} \quad (3-29)$$

对公式（3-29）进行转换，可以得到：

计划期利润＝当期利润×(1+产销售量变动百分比×DOL)

达到目标利润的产销售量＝基期产销售量×(1+达到目标利润的产销售量变动百分比)

联系财务管理学的知识，也可以化简为：

$$\text{经营杠杆系数（DOL）} = \frac{\text{息税前利润} + \text{固定成本}}{\text{息税前利润}} = \frac{EBIT + a}{EBIT} \quad (3-30)$$

公式（3-28）和公式（3-29）在使用上没有本质区别，唯一的区别是公式（3-28）必须基于两期的数据比较，而如果两期的产销售量或销售收入没有发生变动，则公式（3-28）不适用，这时只能选择公式（3-29）。

[例3-15] 通过例题检验化简前后公式的准确性，例题的数据如表3-4所示，计算出经营杠杆系数及固定成本的变化对经营杠杆的影响。

表3-4 经营杠杆相关的计算

项目	销售量变动前	销售量变动后	固定成本变动前	固定成本变动后
销售量/件	10 000	12 000	10 000	10 000
单价/元	12	12	12	12
单位变动成本/元	8	8	8	8
固定成本/元	20 000	20 000	20 000	30 000
经营利润（EBIT）/元	20 000	28 000	20 000	10 000

销售量变动前后：

$$\text{经营杠杆系数（DOL）} = \frac{\dfrac{\text{营业利润变动额}}{\text{基期营业利润}} \times 100\%}{\dfrac{\text{产销变动量}}{\text{基期产销售量}} \times 100\%} = \frac{\dfrac{28\,000-20\,000}{20\,000} \times 100\%}{\dfrac{12\,000-10\,000}{10\,000} \times 100\%} = 2$$

经营杠杆系数（DOL）= $\dfrac{\text{基期边际贡献}}{\text{基期边际贡献-固定成本}}$ = $\dfrac{(12-8)\times 10\,000}{(12-8)\times 10\,000-20\,000}$ = 2

经检验两种计算方法得出的经营杠杆系数都是 2，说明两种方法都适用。

固定成本变动前后：

经营杠杆系数（DOL）= $\dfrac{\text{基期边际贡献}}{\text{基期边际贡献-固定成本}}$ = $\dfrac{(12-8)\times 10\,000}{(12-8)\times 10\,000-30\,000}$ = 4

从以上的计算结果可以看出：在固定成本不为零的前提下，DOL 是恒大于 1 的；在单价、单位变动成本和固定成本不变时，产销售量变动越大，DOL 越小，即 DOL 与产销售量是反向变动的关系；在单价、单位变动成本和销售量不变时，固定成本越大，DOL 也越大，收入较低的增长会促进利润较大的增长，但由于较大的固定成本负担，也会促使企业面临更大的经营风险。所以企业在利用 DOL 时，要权衡其带来的收益与风险。

相关法规

2017 年 9 月 29 日《管理会计应用指引第 400 号——营运管理》；《管理会计应用指引第 401 号——本量利分析》；《管理会计应用指引第 402 号——敏感性分析》；《管理会计应用指引第 403 号——边际分析》。

复习思考题

1. 试述本量利分析的含义及进行本量利分析的用途。
2. 试述安全边际的含义，安全边际与保本点的区别与联系。
3. 试述多种产品结构下的保本点分析的方法和过程的各自特点。
4. 结合图形分析单价、销售量、单位变动成本和固定成本的变动对保本点的影响。
5. 试述敏感性分析的含义及计算各因素敏感系数的意义。

练习题

1. 选择题

（1）某企业专门加工一种产品，且符合本量利分析的前提假设，当年的年销售收入总额为 180 000 元，其边际贡献率为 40%，所获得的利润为 12 000 元，则其变动成本总额和固定成本总额分别是（　　）。

  A. 96 000 元、72 000 元   B. 60 000 元、108 000 元
  C. 72 000 元、196 000 元   D. 108 000 元、60 000 元

（2）下列格式中，不符合边际贡献率的是（　　）。

  A. 边际贡献/销售收入   B. 单位边际贡献/单价
  C. 1-变动成本率   D. 1-安全边际率

（3）下列两个指标之后和为 1 的有（　　）。

  A. 安全边际率+保本作业率   B. 变动成本率+保本作业率
  C. 变动成本率+边际贡献率   D. 安全边际率+边际贡献率

(4) 下列指标中受销售量影响的是（　　）。
　　A. 安全边际　　　　　　　　　　B. 利润
　　C. 单位边际贡献　　　　　　　　D. 边际贡献总额
(5) 盈亏平衡点销售额的正确计算公式是（　　）。
　　A. 固定成本/单位边际贡献　　　　B. 固定成本/单位边际贡献率
　　C. 固定成本/边际贡献率　　　　　D. 固定成本×边际贡献率
(6) 某企业只产销一种产品，已知单价为15元，单位变动成本为7元，期间固定成本为10 000元，预期目标利润为5 000元，则销售量为（　　）
　　A. 2 000件　　　　　　　　　　B. 1 800件
　　C. 1 875件　　　　　　　　　　D. 2 200件
(7) 某企业仅仅生产A产品，2015年发生的固定制造费用、固定销售费用和固定管理费用的总额为50万，该产品的边际贡献率为40%，则A产品的（　　）。
　　A. 保本点销售额为125元　　　　B. 保本点销售量为125件
　　C. 保本点销售额为100元　　　　D. 保本点销售量为100件
(8) 某企业经营甲产品，已知其销售单价为250元，单位变动成本为170元，固定成本总额为200 000元，目标利润为100 000元，现在要求目标利润增加20%，则以下适合的方式有（　　）。
　　A. 单价提高8%　　　　　　　　B. 销售量提高6.67%
　　C. 固定成本降低20%　　　　　 D. 单位变动成本降低3.14%
(9) 甲是一家加工企业，正常的经营利润是150 000元，今年想提高30%，已知单价、销售量、单位变动成本和固定成本的敏感系数分别是8、5、-6、-2，可采取的措施有（　　）。
　　A. 单价提高3.75%　　　　　　　B. 销售量提高6%
　　C. 固定成本降低15%　　　　　　D. 单位变动成本降低5%

2. 计算题

(1) 某企业生产A、B、C三种产品，已知固定成本为8 800元，其他有关数据如表3-5所示。

表3-5　其他有关数据

项目	A	B	C
单价/元	15	12	8
单位变动成本/元	12	10	6
销售量/件	2 000	1 500	1 000

要求：用联合单位法、分算法、加权综合边际贡献率法计算出各产品的保本点。

(2) 利用经营杠杆系数对某家具厂的业务进行分析，该家具厂的月销售量是1 000件，单价为1 000元，为了提高销售利润，现在准备增加20%的销售量，单价不发生变动。其他有关数据如表3-6所示。

表 3-6　其他有关数据

项目	销售量变动前	销售量变动后
销售量/件	1 000	1 200
单价/元	2 000	2 000
单位变动成本/元	1 200	1 200
固定成本/元	400 000	400 000
息税前利润/元	400 000	560 000

要求：① 根据已知的材料，求出经营杠杆系数。

② 通过已求出的经营杠杆系数，分析一下它在决策中如何发挥作用。

第4章

预测分析

内容概要

1. 预测分析概述
2. 销售预测
3. 利润预测
4. 成本预测
5. 资金需要量预测

引例——天才服装的预测分析

为人们所熟知的天才服装有限公司（ATT），位于英国西北部的一座工业城里，为英国市场生产衬衫。公司从国内外供应商那里购进原料，在自己近期扩大的工厂里裁剪、缝纫和包装。产品在市场上属高档货，以上乘的质量而闻名，在其广告中也不断强化这一点。大部分产品是通过百货商店与有多家店铺的服装商销售出去的。

天才服装有限公司的营销主管福克斯先生一直认为公司必须转入中档市场，最近的行业数据表明产品销售对价格的变化非常敏感。为了获取更多利润，福克斯先生想把公司产品的拟定零售价由现价20英镑减到14英镑，他做出一张利润预测表，并算出即使不改变营销策略，随之而来的营销组合变化也可以进一步扩大销售量，从而提高利润。

2015年4月，他曾亲自草拟了一份详细的新会计年度预测表，预计利润可翻一倍。他挑选了自认为是很重要的数据——衬衫平均价格与总的直接成本，并将这些数据作为目标分别给营销与生产主管传阅。年终时，每人都自豪地汇报说完成了任务，但新任命的总会计师所算出的利润却远没有达到预定目标。销售量少于预计数且单位成本提高了。

你如何应用学过的定量预测分析方法解决这些决策问题？

4.1 预测分析概述

4.1.1 预测分析的特征

预测是指用科学的方法预计、推断事物发展的必然性或可能性的行为，即根据过去和现在预计未来,是决策的基础和前提。预测分析的主要特征有以下几个方面。

1. 依据的客观性

预测分析是以客观准确的历史资料和合乎实际的经验为依据所进行的分析,而不是毫无根据的、纯主观的臆测。

2. 时间的相对性

预测分析事先应明确规定某项预测对象的时间期限范围。预测分析的时间越短,受不确定性因素的影响越小,预测结果越准确。反之,预测分析的时间越长,受不确定性因素的影响越大,预测结果的精确性就相对差一点。

3. 结论的可检验性

预测分析应考虑到可能产生的误差,且能够通过对误差的检验进行反馈,调整预测程序的方法,尽量减少误差。

4. 方法的灵活性

预测分析可灵活采用多种方法,在选择预测方法时,应事先进行(测试)试点,选择那些简便易行、成本低、效率高的一种或几种方法配套使用,才能达到事半功倍的效果。

4.1.2 预测分析的内容

1. 销售预测

销售预测是其他各项预测的前提,是根据市场调查所得到的有关资料,通过有关因素的分析研究,预测和计算特定产品在一定时期内的市场销售量及变化趋势,进而预测本企业产品未来销售量的过程。

2. 利润预测

利润预测是指在销售预测的基础上,根据企业未来发展目标和其他相关资料,预计、推测或估算未来应当达到和可望实现的利润水平及其变动趋势的过程。

3. 成本预测

成本预测是指根据企业未来发展目标和有关资料,运用专门方法推测与估算未来成本水平及发展趋势的过程。

4. 资金预测

资金预测是指在销售预测、利润预测和成本预测的基础上,根据企业未来发展目标并考虑影响资金的各项因素,运用一定方法预计、推测企业未来一定时期内或一定项目所需要的资金数额、来源渠道、运用方向及其变动趋势的过程。

4.1.3 预测分析的步骤

1. 明确预测目标和要求

预测目标不同,预测的内容和项目所需要的资料以及运用的方法都会有所不同。根据经营活动的需要明确预测的具体要求,并根据具体要求拟定预测项目,制定预测计划,以保证预测顺利进行。

2. 确定预测对象

预测必须首先搞清对什么进行预测,确定预测对象,即确定预测分析的内容、范围,进而有针对性地做好各阶段的工作。

3. 收集整理资料

预测目标确定后，应着手收集有关经济的、技术的、市场的计划资料和实际资料。这是开展经营预测的前提条件。在收集资料的过程中要尽量保证资料的完整全面。在占有大量资料的基础上，对资料进行加工、整理、归集、鉴别、去伪存真、去粗取精，找出各因素之间的相互依存、相互制约的关系，从中发现事物发展的规律，作为预测的依据。

4. 选择预测方法

不同的预测对象和内容，应选择不同的预测方法。对于那些资料齐全、可以建立数学模型的预测对象，应在定量预测方法中选择合适的方法；对于那些缺乏定量资料的预测对象，应当结合以往的经验选择最佳的定性预测方法。

5. 分析预测误差并修正预测值

任何方法的预测不可能完全准确，特别是中、长期预测。尤其是根据数学模型计算出来的预测值可能没有将非计量因素考虑进去，这就需要对其进行修正，使预测值能切实为决策提供科学依据。

4.1.4 预测分析的方法

1. 定性分析法

定性分析法亦称"非数量分析法"。它是一种直观性的预测方法，主要是指依靠预测人员的丰富实践经验以及主观的判断和分析能力（它们必须建立在预测者的智慧和广博的科学知识的基础上），在不用或少量应用计算的情况下，就能推断事物的性质和发展趋势的分析方法。当然这种方法在量的方面不易准确，一般是在企业缺乏完备、准确的历史资料的情况下，首先邀请熟悉该行业经济业务和市场情况的专家，根据他们过去所积累的经验进行分析判断，提出预测的初步意见；然后再通过召开调查会或座谈会的方式，对上述初步意见进行修正补充，并作为提出预测结论的依据。

1）判断分析法

判断分析法是指销售人员根据直觉判断进行预估，然后由销售经理加以综合，从而得出企业总体的销售预测的一种方法。销售人员由于接近和了解市场，熟悉自己所负责区域的情况，因此，用这种方法得出的预测数据比较接近实际情况。另外，采用这种方法，便于确定分配给各销售人员的销售任务，发挥其积极性，激励他们努力完成各自的销售任务。但是，由于受各种因素的影响，销售人员的预测也会出现偏差，因此对销售人员的预测往往需要进行修正。

2）调查分析法

调查分析法是指通过对有代表性顾客的消费意向的调查，了解市场需求的变化趋势，进行销售预测的一种方法。公司的销售取决于顾客的购买，顾客的消费意向是消费预测中最有价值的信息。通过调查，可以了解到顾客明年的购买量，顾客的财务状况和经营成果，顾客的爱好、习惯和购买力的变化等，有助于销售预测更好地进行。

在调查时应当注意以下几点。首先，选择的调查对象要具有普遍性和代表性，调查对象能反映市场中不同阶层或行业的需要及购买需要；其次，调查的方法必须简便易行，使调查对象乐于接受调查；此外，对调查所取得的数据与资料要进行科学的分析，特别要注意去伪存真。只有这样，所获得的资料才具有真实性、代表性，才能作为预测的依据。

凡是顾客数量有限，调查费用不高，每个顾客意向明确又不会轻易改变的，均可以采用调查分析法进行预测。

2. 定量分析法

定量分析法亦称"数量分析法"。它主要是应用现代数学方法（包括运筹学、概率论和微积分等）和各种现代化计算工具对与预测对象有关的各种经济信息进行科学的加工处理，并建立预测分析的数学模型，充分揭示各有关变量之间的规律性联系，最终还要根据计算结果计算出结论。定量分析法按照具体做法不同，又可分为以下两种类型。

1) 趋势预测分析法

即根据预测对象过去的、按时间顺序排列的一系列数据，应用一定的数学方法进行加工、计算，借以预测其未来发展趋势的分析方法，亦称"时间序列分析法"或"外推分析法"。它的实质就是遵循事物发展的"延续性原则"，并采用数理统计的方法，来预测事物发展的趋势。例如，算术平均法、移动加权平均法、指数平滑法、回归分析法、二次曲线法等都属于这种类型。

2) 因果预测分析法

因果预测分析法是根据预测对象与其他相关指标之间相互依存、相互制约的规律性联系，来建立相应的因果数学模型所进行的预测分析方法。它的实质就是遵循事物发展的相关性原则，来推测事物发展的趋势。例如，本量利分析法、投入产出分析法、经济计量法等都属于这种类型。

因果预测分析法最常用的方法是回归分析法。影响预测值的因素很多，既有企业外部因素，也有企业内部因素；既有客观因素，又有主观因素。在这些因素中，有些因素对预测值起着决定性的作用，回归分析法的原理就是找到与预测值相关的主要因素，建立回归方程描述它们之间的规律，利用这种变化规律进行预测。

定性分析法和定量分析法在实际应用中并非相互排斥，而是相互补充、相辅相成的。定量分析法虽然较精确，但许多非计量因素无法考虑，这就需要通过定性分析法将一些非计量因素考虑进去，但定性分析法要受主观因素的影响，因此在实际工作中常常将两种方法结合应用，相互取长补短，以提高实用性。

4.2 销售预测

销售预测又叫作需求量预测，是指根据有关资料，通过对相关因素分析研究，预计和测算特定产品在未来一定时期内的市场销售量水平及变化趋势，进而预测本企业产品未来销售量的过程。销售预测的基本方法可以分为定性分析和定量分析两大类。

4.2.1 销售预测的意义

1. 销售预测是企业经营预测的起点和基础

企业的各项经营活动与商品的销售密切相关。因此，销售预测是经营预测的起点和基础。无论是利润预测、成本预测，还是资金需要量预测，都不可避免地与销售预测的内容和结果紧密相连。销售预测的正确与否，直接或间接地关系到其他各项经营预测的质量。

2. 销售预测为企业经营决策提供最重要的依据

搞好销售预测，不仅有利于提高企业经营决策的科学性，而且此项预测工作直接关系到企业的经济效益。

4.2.2 销售的定性预测分析

定性销售预测是指依靠预测人员丰富的实践经验和知识以及主观的分析判断能力,在考虑政治经济形势、市场变化、经济政策、消费倾向等各项因素对经营影响的前提下,对事物的性质和发展趋势进行预测和推测的分析方法。

定性销售预测方法又分为判断分析法和调查分析法两类。

 实际运用

[例 4-1] 某公司有 A、B、C 共三名销售人员,每个销售人员预计其销售量和概率见表 4-1。

表 4-1 销售人员预计销售量和概率表

	销售量/件	概率	销售量×概率/件
A 销售人员预测:			
最高	520	0.3	156
一般	400	0.5	200
最低	310	0.2	62
平均值			418
B 销售人员预测:			
最高	610	0.2	122
一般	500	0.6	300
最低	380	0.2	76
平均值			498
C 销售人员预测:			
最高	550	0.2	110
一般	450	0.5	225
最低	350	0.3	105
平均值			440

4.2.3 销售的定量预测分析

在实际工作中,企业预测销售量或销售额,可采用的定量预测方法主要有算术平均法、移动平均法、加权平均法、指数平滑法和直线回归分析等方法。

1. 算术平均法

算术平均法又称简单平均法,是根据企业过去按时间顺序排列的销售量(或销售额)的历史数据,计算其平均数,以算术平均数作为销售量预测的一种预测方法。其计算公式为:

$$销售量预测数 = \sum 各期销售量(额) / 期数$$

实际运用

[例 4-2] 某公司 2013 年 1-9 月份产品销售量见表 4-2，用算术平均法预测 10 月份的销售量。

表 4-2　某公司 2018 年 1-9 月份产品销售量　　　　　　单位：千克

月份	1	2	3	4	5	6	7	8	9
销售量	590	560	550	590	590	580	610	620	630

销售量预测数=(590+560+550+590+590+580+610+620+630)/9=591.11（kg）

这种方法的优点是计算简便。但由于它是将不同时期的销售量（额）平均计算，没有考虑远近期实际销售量（额）对预测期销售量的不同影响，其结果往往误差较大，因而一般只适用于常年销售情况比较稳定的产品。

2. 移动平均法

移动平均法是指企业从过去若干时期（n 期）的实际销售资料中选取一组 m 期（$m<n/2$）的数据作为观察值，求其算术平均数，并逐期推移，连续计算观测其平均数，以最后移动期观察值的平均数作为未来销售预测数的方法。其公式为：

$$预测销售量 = 最后 \ m \ 期算术平均销售量$$
$$= \sum 最后 \ m \ 期销售量 / m$$

移动平均法强调了近期的实际销售量（额）对计划期预测数的影响，计算也比较简便。但由于选用了历史资料中的部分数据作为计算依据，因而代表性较差。该法适用于销售情况略有波动的产品。

3. 指数平滑法

指数平滑法是在前期销售量的实际数和预测数的基础上，利用平滑指数预测未来销售量的一种方法。指数平滑法也是加权平均法的一种，是一个以指标本身过去变化的趋势作为预测未来的依据，同时考虑实际值和预测值的影响。其计算公式如下：

$$S_t = \alpha X_{t-1} + (1-\alpha) S_{t-1}$$

式中：S_t——t 期销售预测值；

　　　S_{t-1}——t 期上一期的销售预测值；

　　　X_{t-1}——t 期上一期的销售实际值；

　　　α——平滑系数，$0<\alpha<1$。

平滑系数 α 的取值越大，则近期实际销售量对预测结果的影响越大；取值越小，则近期实际销售量对预测结果的影响越小。一般情况下，如果销售量波动较大或要求进行短期预测，则应选择较大的平滑指数；如果销售量波动较小或要求进行长期预测，则应选择较小的平滑指数。

与其他方法相比，指数平滑法系数设定更加灵活，且在不同程度上考虑了以往所有各期的观察值，避免前后各个时期同等看待的缺点。

4.3 利润预测

利润预测是按照企业经营目标的要求，根据企业未来发展目标和其他相关资料，通过对影响利润变化的成本、产销售量等因素的综合分析，预计、推测或估算未来应当达到或可望实现的利润水平及其变动趋势的过程。它主要是对企业目标利润的预测。

4.3.1 利润预测的意义

1. 有助于规划企业的目标利润

利润预测的主要目的是预测目标利润。目标利润预测是根据企业经营目标的要求，在市场预测基础上，根据企业的具体情况，采用一定的预测方法合理地预测目标利润的过程。科学的利润预测，有利于规划好企业的目标利润。

2. 有利于企业寻求增加盈利的途径

影响利润的变动因素是多方面的，如销售量、价格、成本费用、相关税费等。通过利润预测，认真分析各种因素的影响方向和影响程度，有利于企业在生产经营活动中合理选择增加盈利的途径。

4.3.2 利润预测的方法

1. 比例预测法

比例预测法就是根据各种利润率指标来预测计划期产品销售利润的一种方法。

1）根据销售利润率预测

$$预计产品销售利润 = 预计产品销售收入 \times 销售利润率$$

销售利润率说明了每元的销售收入可以获得多少的利润，可以根据以前年度的销售利润占产品销售收入的比重求得。

2）根据销售成本利润率预测

$$预计产品销售利润 = 预计产品销售成本 \times 成本利润率$$

成本利润率说明了每耗费1元钱的成本取得的利润，可以反映成本升降的经济效果。

3）根据产值利润率预测

$$预计产品销售利润 = 预计产品总产值 \times 产值利润率$$

产值利润率说明了每元工业总产值提供利润的情况，产值利润率可根据以前年度的产品销售利润占产品总产值的比重求得。

4）根据资金利润率预测

$$预计产品销售利润率 = 预计资金平均占用额 \times 资金利润率$$

资金利润率可根据以前年度的产品销售利润率与资金平均占用额的比重求得。

2. 直接预测法

直接预测法是指根据本期的有关数据，直接推算出预测期的利润数额。预测时可根据利润的构成方式，先分别预测营业利润、投资净收益、营业外收支净额，然后将各分部预测数相加，得出利润预测数额。即：

$$利润总额 = 营业利润 + 投资净收益 + 营业外收支净额$$

第4章 预测分析

营业利润是由产品销售利润和其他业务利润组成的,这两部分预测利润的公式分别为:

预测产品销售利润=预计产品销售收入-预计产品销售成本-预计产品销售税金
=预计产品销售数量×(预计产品销售单价-预计单位产品成本-预计单位产品销售税金)

预测其他业务利润=预计其他业务收入-预计其他业务成本-预计其他业务税金

预测企业的投资净收益是根据预计企业向外投资的收入减去预计投资损失后的数额得出的。预测营业外收支净额是用预计营业外收入减去预计营业外支出后的差额。

最后,将所求出的各项预测数额加总,便可计算出下一期间的预测利润总额。

实际运用

[例4-3] 某公司生产A,B,C三种产品,本期有关销售价格、单位成本及下期产品预计销售量如表4-3所示,预测下期其他业务利润的资料为:其他业务收入为20 000元,其他业务成本为14 000元,其他业务税金为4 000元。

表4-3 公司产品明细表 单位:元

产品	销售单价	单位产品		预计下期产品销售量
		销售成本	销售税金	
A	100	50	20	5 000
B	240	170	40	2 000
C	80	50	12	8 000

根据资料,预测下一会计期间的营业利润。

预测各产品销售利润额为:

A产品:5 000×(100-50-20)=150 000(元)
B产品:2 000×(240-170-40)=60 000(元)
C产品:8 000×(80-50-12)=144 000(元)

A产品、B产品和C产品的合计额为354 000元。

预测其他业务利润为:

20 000-14 000-4 000=2 000(元)

所以,预测下一会计期间的营业利润为:

预测营业利润=预测产品销售利润+预测其他业务利润
=354 000+2 000=356 000(元)

3. 因素分析法

因素分析法是在本期已实现的利润水平基础上,充分估计预测期影响产品销售利润的各因素增减变动的可能,来预测企业下期产品销售利润的数额。影响产品销售利润的主要因素有产品销售数量、产品品种结构、产品销售成本、产品销售价格及产品销售税金等。

$$本期成本利润率 = \frac{本期产品销售利润额}{本期产品销售成本} \times 100\%$$

1）预测产品销售量变动对利润的影响

在其他因素不变的情况下，预测期产品销售数量增加，利润额也会随之增加；反之，预测期产品销售数量减少，利润额也会随之下降。其公式为：

因销售量变动而增减的利润额＝（预测下期产品销售成本－本期产品销售成本）×

本期成本利润率

2）预测产品品种结构变动对利润的影响

产品品种结构变动对利润的影响是由于各个不同品种的产品成本利润率是不同的，而预测下期利润时，是以本期各种产品的平均成本利润率为依据的。如果预测期不同成本利润到利率产品在全部产品中所占的销售比重发生变化，就会引起全部产品平均成本利润发生变动，从而影响到利润额的增加或减少。所以，应根据预测的下期产品品种结构变动情况确定下期平均成本利润率，然后通过比较本期和下期成本利润率的差异，计算预测期由于品种结构变动而增加或减少的利润数额。其影响可按以下公式计算：

由于产品品种结构变动而增减的利润＝按本期成本计算的下期成本总额×

（预测期平均成本利润率－本期平均成本利润率）

预测期平均利润率＝$\sum$（各产品本期利润率×该产品下期销售比重）

3）预测产品成本降低对利润的影响

在产品价格不变的情况下，降低产品成本会使利润相应增加。由于成本降低而增加的利润，可根据经预测确定的产品成本降低率求得。其公式为：

由于成本降低而增加的利润＝按本期成本计算的预测期成本总额×产品成本降低率

4）预测产品价格变动对利润的影响

如果在预测期产品销售价格比上期提高，则销售收入也会增多，从而使利润额增加；反之，如果产品销售价格降低，也会导致利润额减少。销售价格增加或减少同样会使销售税金相应地随之增减，这一因素同样要予以考虑。其计算公式为：

由于产品销售价格变动而增减的利润＝预测期产品销售数量×变动前售价×

价格变动率×（1－税率）

5）预测产品销售税率变动对利润的影响

产品销售税率变动直接影响利润额的增减。如果税率提高，利润额减少；如果税率降低，则使利润额增加。其计算公式为：

由于产品销售税率变动而增减的利润＝预测期产品收入×（1±价格变动率）×

（原税率－变动后税率）

4.4 成本预测

成本预测是以现有条件为前提，在历史成本资料的基础上，根据未来可能发生的变化，利用科学的方法，对未来的成本水平及其发展趋势进行描述和判断的成本管理活动。

4.4.1 成本预测的意义

搞好成本预测对提高企业成本管理水平具有重要意义。

1. 成本预测是进行成本决策和编制成本计划的基础

预测是为决策服务的。成本预测是成本决策的前提,成本计划是成本决策的具体化。通过成本预测,可以为成本决策和计划提高科学的依据,使其建立在客观实际的基础上。

2. 搞好成本预测有利于加强成本管理和提高经济效益

搞好成本预测,不仅可以帮助企业选择成本最低、经济效益最好的产品,充分发挥企业的优势,而且便于加强对成本的事前控制,克服盲目性,增强预见性,尽可能消除生产活动中可能发生的损失和浪费因素,达到提高经济效益的目的。

4.4.2 成本预测的方法

1. 定量预测法

定量预测法,是指根据历史资料以及成本与影响因素之间的数量关系,通过建立数学模型来预计推断未来成本的各种预测方法的统称。主要有以下几种方法。

1) 趋势预测法

趋势预测法是指按时间顺序排列有关的历史成本资料,运用一定的数学模型和方法进行加工计算并预测的各类方法。趋势预测法包括简单平均法、平均法和指数平滑法等。

2) 因果预测法

因果预测法是指根据成本与其相关因素之间的内在联系,建立数学模型并进行分析预测的各种方法。因果预测法包括本量利分析法、投入产出分析法、回归分析法等。

2. 定性预测法

定性预测法,是指预测者根据掌握的专业知识和丰富的实际经验,运用逻辑思维方法对未来成本进行预计推断的方法的统称。主要由以下几种方法。

1) 成本预测的高低点法

成本预测的高低点法是指根据企业一定期间产品成本的历史资料,按照成本性态原理和 $y=a+bx$ 直线方程式,选用最高业务量和最低业务量的总成本之差(Δy),同两种业务量之差($\Delta x-y$)进行对比,先求 b 的值,然后再代入原直线方程,求出 a 的值,从而估计推测成本发展趋势。

2) 目标成本预测法

目标成本预测法是指企业以市场为导向,以目标售价和目标利润为基础确定产品的目标成本,从产品设计阶段开始,通过各部门、各环节乃至与供应商的通力合作,共同实现目标成本的成本管理方法。目标成本法一般适用于制造企业成本管理,也可以在物流、建筑、服务等行业应用。

4.5 资金需要量预测

资金需要量预测,就是以预测期企业生产经营规模的发展和资金利用效果的提高等为依据,在分析有关历史资料、技术经济条件和发展规划的基础上,运用数学方法,对预测期资金需要量进行的科学预计和推测。

4.5.1 资金需要量预测的意义

企业持续的生产经营活动，不断地产生对资金的需求，同时，企业进行对外投资和调整资本结构，也需要筹措资金。企业所需要的这些资金，一部分来自企业内部，另一部分通过外部融资取得。由于对外融资时，企业不但需要寻找资金提供者，而且还需要做出还本付息的承诺或提供企业盈利前景，使资金提供者确信其投资是安全的并可获利，这个过程往往需要花费较长的时间。因此，企业需要预先知道自身的财务需求，确定资金的需要量，提前安排融资计划，以免影响资金周转。

4.5.2 资金需要量预测的方法

1. 销售百分比法

销售百分比法是一种在分析报告年度资产负债表有关项目与销售额关系的基础上，根据市场调查和销售预测取得的资料，确定资产、负债和所有者权益的有关项目占销售额的百分比，然后依据计划期销售额及假定不变的百分比关系预测计划期资金需要量的一种方法。

采用这种方法，就是根据资金各个项目与销售额之间的依存关系，按照预测期销售额的增长情况来预测需要相应追加多少资金。具体的计算方法有两种：一种是根据销售总额预计资产、负债和所有者权益的总额，然后确定追加资金需要量；另一种是根据销售增加额预计资产、负债和所有者权益的增加额，然后确定追加资金需要量。

 实际运用

[例4-4] 某企业2017年销售收入1.2亿元，净利润480万元，股利发放率50%，厂房设备利用已呈饱和状态。该企业2017年度简化的资产负债表见表4-4。

表4-4 资产负债表　　　　　　2017年12月31日　单位：万元

资产		负债和所有者权益	
货币资金	120	应付账款	600
应收账款	400	应交税费	300
存货	2 600	长期负债	1 310
固定资产净额	4 800	股本	5 400
无形资产	40	留存收益	350
资产总计	7 960	负债和所有者权益总计	7 960

若该企业2018年销售收入增至1.5亿元，销售净利率与2017年相同，该企业仍按2017年股利发放率支付股利。要求：预测该企业2018年需要追加的资金数额。

解：(1) 根据销售总额确定资金追加量。

第一步，确定销售百分比。

资产项目的销售百分比 = (120+400+2 600+4 800)/12 000 = 7 920/12 000 = 66%

负债项目的销售百分比 = (600+300)/12 000 = 900/12 000 = 7.5%

这一步骤的关键是将资产负债表中预计随销售额变动而变动的项目分离出来,即区分直接随销售额变动的资产、负债项目与不随销售额变动的资产、负债项目。不同企业销售额的变动引起资产、负债变化的项目及比率是不同的,需要根据历史数据逐项研究决定。就本利而言,资产项目除无形资产外,负债项目除长期负债外,其余都随销售额变动而变动。

第二步,计算预计销售额下的资产和负债。

预计资产=预计销售额×资产项目的销售百分比+不随销售额变动的资产项目的金额

预计资产=15 000×66%+40=9 940(万元)

预计不增加借款情况下的负债=15 000×7.5%+1 310=2 435(万元)

第三步,预计留存收益增加额。

留存收益是企业内部融资来源。只要企业有盈利,并且不是全部支付股利,留存收益会使所有者权益自然增长。留存收益可以满足或部分满足企业的资金需求。这部分资金的多少,取决于收益的多少和股利支付率的高低。

留存收益增加额=预计销售额×计划销售净利率×(1-股利支付率)
= 15 000×(480/12 000)×(1-50%)=300(万元)

第四步,计算追加资金需要量。

追加资金需要量=预计资产-预计负债-预计所有者权益
= 9 940-2 435-(5 400+350+300)
= 1 455(万元)

(2) 根据销售增加额确定追加资金需要量。

追加资金需要量=资产增加-负债自然增加-留存收益增加
=(新增销售额×资产项目的销售百分比)-(新增销售额×
负债项目的销售百分比)-[预计销售额×计划销售净利率×
(1-股利支付率)]
=(15 000-12 000)×66%-(15 000-12 000)×7.5%-15 000×
(480/12 000)×(1-50%)
= 1 455(万元)

在实际工作中,运用销售百分比法进行资金需要量预测时,应充分重视市场价格因素以及资产实际运营状况的影响,有必要根据企业内外各种因素的影响对预测结果做出修正,以提高预测的准确性。

2. 资金习性法

所谓资金习性,是指资金占用量与产品产销售量之间的依存关系。按照这种关系,可将占用资金区分为不变资金、变动资金和半变动资金。

不变资金是指在一定的产销规模内不随产量(或销售量)变动的资金,主要包括为维持经营活动展开而占用的最低数额的现金、原材料的保险储备、必要的成品储备和厂房、机器设备等固定资产占用的资金。

变动资金是指随产销售量变动而同比例变动的资金,一般包括在最低储备以外的现金、存货、应收账款等所占用资金。

半变动资金是指虽然受产销售量变动的影响,但不成同比例变动的资金,如一些辅助材料上占用的资金等,半变动资金可采用一定的方法划分为不变资金和变动资金两部分。

相关法规

2017年9月29日《管理会计应用指引第300号——成本管理》。

复习思考题

1. 怎样理解管理会计的预测职能？预测分析有什么特点？
2. 什么是预测分析，简要说明开展预测分析的一般步骤。
3. 预测目标利润时，需要考虑哪些因素？需要经过哪几个步骤？
4. 资金预测的具体内容包括什么？资金预测的常用方法有哪些？

练习题

1. 选择题

（1）下列项目中，属于管理会计定性分析方法的是（　　）。
  A. 算术平均法　　　　　　　　B. 平滑指数法
  C. 回归分析法　　　　　　　　D. 判断分析法

（2）下列各项中，不属于定量分析法的是（　　）。
  A. 判断分析法　　　　　　　　B. 算术平均法
  C. 回归分析法　　　　　　　　D. 平滑指数法

（3）某公司2018年10月份的预测销售量为40 000件，实际销售量为42 000件，若公司选用0.7的平滑系数进行销售预测，则11月份的预测销售量为（　　）。
  A. 414 000件　　　　　　　　B. 39 400件
  C. 40 600件　　　　　　　　D. 57 400件

（4）某汽车厂今年销售汽车的历史资料如表4-5所示。

表4-5　销售汽车的历史资料

季度	1	2	3	4
销售量/万辆	13.5	13.2	13.8	14

则利用算术平均法预测明年1月份的汽车销售量为（　　）。
  A. 13.6　　　B. 13.625　　　C. 13.2　　　D. 13.375

（5）假设某企业测算出其未来年度的销售额为400 000元，每增加1元销售额需要筹资0.5元，若该企业当年未分配利润为100 000元，则来年企业预测需要增加的筹资额为（　　）元。
  A. 100 000　　　B. 150 000　　　C. 110 000　　　D. 200 000

（6）销售百分比法比较适用于（　　）的预测。
  A. 长期筹资量　　　　　　　　B. 目标利润
  C. 近期筹资量　　　　　　　　D. 以上都不是

（7）根据各种利润指标来预测计划期产品销售利润的方法是（　　）。

A. 销售百分比法 B. 比例法
C. 高低点法   D. 回归直线法

2. 计算题

(1) 已知：某企业只生产一种产品，本年销售量为 20 000 件，固定成本为 25 000 元，利润为 10 000 元，预计下一年销售量为 25 000 件（假设成本、单价水平不变）。要求：预测下年的利润额。

(2) 利佳公司 2016 年产品销售收入为 332 600 元，销售成本为 260 000 元，共生产 A、B、C 三种产品，成本利润率分别为 50%、27% 和 16%，销售比重分别为 30%、30% 和 40%。通过市场调查和内部强化控制，预计 2017 年公司经营将出现以下变化：

由于销售量增长，预计销售成本按 2016 年水平计算将增加 10%。

根据市场状况，该公司将 A、B、C 三种产品的比重进行了调整，调整后比重为 40%、40% 和 20%。通过成本挖潜，预计 2017 年产品成本将降低 6%；B 产品 2016 年销售量为 3000 件，同时由于市场的变化，该产品的销售单价由原来的 80 元调整到 100 元。销售税率为 6%。国家将于 2017 年 7 月 1 日调低 B 产品的销售税率，调整后销售税率为 3%。

要求：采用因素分析法确定 2017 年利佳公司的销售利润额。

第5章 经营决策分析

内容概要

1. 经营决策概述
2. 经营决策分析的常用方法
3. 生产决策分析
4. 定价决策分析

引例——海尔集团的经营决策分析

海尔集团借助全面的信息化管理手段，整合全球供应链资源，快速响应市场，因而创造了中国制造企业的一个奇迹——产品零库存（没有积压的产品）。

近年来，海尔推出的"定制冰箱"，所谓定制冰箱，就是消费者需要的冰箱由消费者自己来设计，企业则根据消费者提出的设计要求来定做一种特制冰箱，以最大限度地满足顾客的不同需求。

对于这一举措，定制冰箱十分热销。这样的以销定产方式，减少了库存积压。传统的营销模式中，企业通过追求规模经济，努力降低单位产品的成本和扩大产量，来实现利润最大化，这在卖方市场中当然是很有竞争力的。但随着买方市场的形成，这种大规模的生产产品品种的雷同，必然导致产品的滞销和积压，造成资源的闲置和浪费，定制营销则很好地避免了这一点。因为这时企业是根据顾客的实际订单来生产，真正实现了以需定产，因而几乎没有库存积压，这大大加快了企业资金的周转速度。同时也减少了社会资源的浪费。

当然，定制营销也并非十全十美，它也有其不利的一面。一方面由于定制营销将每一位顾客视作一个单独的细分市场，这固然可使每一位顾客按其不同的需求和特征得到有区别的对待，使企业更好地服务于顾客。但另一方面也将导致市场营销工作的复杂化，经营成本的增加以及经营风险的加大。这就需要管理者综合多方面因素进行经营决策。

思考：海尔集团在经营决策上有哪些优势？
常用的经营决策分析的方法有哪些？

第5章 经营决策分析

5.1 经营决策概述

企业在日常的生产经营活动中,无时无刻不在进行着与生产经营活动有关的决策,在市场竞争非常激烈的今天,一个企业决策的对错直接关系到企业经营的成败,因此企业管理人员对决策工作十分重视,西方企业家有这样的共识:管理的重心在经营,经营的关键在决策。

5.1.1 决策概述

1. 决策分析的含义

决策就是在充分考虑各种可能的前提下,人们基于对客观规律的认识,对未来实践的方向、目标、原则和方法做出决定的过程。

管理会计中的经营决策分析是指:为实现企业的预定目标,在科学预测的基础上,结合企业内部条件和外部环境,对与企业未来经营战略、方针或措施有关的各种备选方案进行成本效益分析的过程。

2. 决策分析的意义

决策是现代企业管理的关键和核心,管理的重心在经营,经营的重心在决策。能否制定正确的经营决策,关系到企业经济效益的好坏甚至成败盛衰,更严重的会影响整个国民经济建设的顺利进行。企业的管理层在生产经营过程中每天都在做出或正或误的决策,正确的决策能引导企业走向良性发展,而错误的决策往往会给企业造成不必要的浪费和损失,使企业财务状况不断恶化甚至危及企业的生存。所以,对企业经营过程中的问题进行决策并做出正确的决策,是企业顺利有效地进行生产经营活动的前提和基础。

从管理会计的角度分析,决策在管理会计的预测、决策、控制、考核中占有极其重要的地位。管理会计的工作重点是面向未来,而决策是事先做出的抉择,因此决策理论和方法是管理会计的核心内容。这种决策不是依靠个人经验和主观判断制定出来的,而是根据多方信息,采取科学的决策分析方法,通过周密的计算与分析,全面衡量得失后做出的最佳选择,因而具有较高的科学性和可靠性。这对促进企业改善经营管理,提高经济效益起着积极的推动作用。

5.1.2 决策的种类

决策分析贯穿于生产经营的始终,涉及的内容比较多,按照不同的标志可将其分为若干不同的种类。

1. 按决策规划时期的长短分类

按此分类,决策可分为短期决策与长期决策。

1)短期决策

短期决策一般是指在一个营运年度或营运周期内能够实现其目标的决策,主要包括生产决策和定价决策等内容。例如,产品零部件自制或外购的决策,产品品种最优组合的决策,亏损产品停产或转产的决策等。

短期决策一般不涉及大量资金的投入,且见效快时间短,一般不考虑货币的时间价值,因而又称为战术性决策。

2）长期决策

长期决策是指在较长时期内（超过一年）才能实现的决策。例如，固定资产的购置决策，更新改造固定资产决策，新产品开发方案决策，扩大生产能力、生产规模决策等。

长期决策涉及企业未来的发展方向，一般需投入大量资金，且见效慢时间长，往往依靠企业外部的资金来源，须考虑货币的时间价值，因而又称为战略性决策。

2. 按决策条件的肯定程度划分

按此分类，决策可分为确定型决策、风险型决策和不确定型决策。

1）确定型决策

这类决策所涉及的各种备选方案的各项条件都是已知的，且一个方案只有一个确定的结果。这类决策比较容易，只要进行比较分析即可。例如，企业手头的一笔钱不论是存入银行还是投资证券，其结果都会取得收益，这时只需比较收益大小即可做出决策。通常对这类决策的选择标准是最大限度地满足预期目的，如利润最大、成本最低、质量最好等。实际中这类决策并不常见。

2）风险型决策

这类决策所涉及的备选方案的各项条件虽然是已知的，但表现出若干种变动趋势，每一方案的执行都会出现两种或两种以上的不同结果，可以依据有关数据通过预测来确定其客观概率。这类决策由于结果的不唯一性，存在一定风险。例如，企业下年度的单位变动成本可能是 10 元，也可能是 9.5 元，或者 11.2 元，其概率分别是 0.7，0.1，0.2，这时就需要运用一定的数学方法按照事先确定的决策标准求得最佳方案。由于结果的不唯一性，这类决策方案实施的结果通常不可能完全符合实际情况。实际中这类决策比较常见。

3）不确定型决策

与风险型决策不同，这类决策所涉及的各种备选方案的各项条件只能以决策者的经验判断确定的主观概率作为依据。做出这类决策难度较大，需要决策人员具有较高的理论知识水平和丰富的实践经验，并根据大量调查研究的资料，经过分析来确定采用的决策标准，然后才能根据经验做出决策。实际中这类决策较少见。

3. 按决策解决的问题内容分类

以此分类，可将决策分为生产决策、定价决策、建设项目决策、新增固定资产决策和更新改造决策等。

决策除按上述标准进行分类外，还可按其他标准进行分类，如按决策者所处的管理层次不同，可分为高层决策、中层决策和基层决策；按决策的侧重点不同，可分为计划决策与控制决策；按决策出现的频率不同，可分为程序性决策和非程序性决策等。

研究决策的分类，是为了从各个不同的侧面认识决策。不同类别的决策常常相互联系，并非彼此独立无关，如短期决策通常属于战术决策，它往往是由中层管理者做出的决策，但有时这类决策也涉及战略问题，并且由高级管理者亲自主持决策。

5.1.3 决策分析的一般程序

决策是一个提出问题、分析问题并解决问题的复杂过程，在这个过程中怎样利用相关信息资料，依据正确的决策标准确定最优方案，是决策者最关心的事情。通常，短期决策和长期决策，都按以下程序进行。

1. 确定经营目标

确定经营目标应以发现并明确经营问题为前提，企业处于不停的运转之中，需要决策的经营问题是很多的。经营目标的制定应尽量做到定量化、具体化，这样有利于进行具体的定量分析。例如，企业扩大生产应采取哪种途径，扩大销售的数额为多少，单位变动成本要降低多少，盈亏临界点是多少。这些最好有明确的量化目标，使许多模糊不清的整体目标变为详细、具体并便于分析的目标。

2. 提出备选方案

确定经营目标后，要有针对性地提出解决问题的各种可供选择的方案，以便从中优选。备选方案的提出，一般要经过形成基本设想，做出初步方案，最后形成备选方案的反复修改的过程。在这个过程中，应充分体现解放思想、鼓励创新和集思广益的精神。备选方案提出后，要深入分析，淘汰不可行的方案，选出可行方案。

3. 收集相关的信息资料

备选方案确定后，要收集诸如成本、收入、利润、产量、价格等多种与之相关的信息资料。与企业经营、投资决策相关的资料是非常广泛的，可以广泛收集，比如人力资源、技术、资金、人口、市场等方面，只要相关均可集中起来运用。同时对这些资料有针对性地使用，避免不相关的信息阻碍决策者对目标的透视。

4. 对备选方案进行评价

利用收集到的信息资料，对其进行整理、分析、计算，逐个对备选方案进行评价。例如，产品的零部件是自制还是外购，可以利用收集到的自制与外购的成本费用资料，与其相关的收入相比较，考察各方案的得失，以便决策者据以做出最佳选择。通常，评价时可结合构造的模型，采用科学、系统的方法对各方案从技术上的先进性、经济上的合理性和客观条件的可行性出发，进行正确可靠的评价。

5. 考虑非计量因素的影响

对于备选方案的评价，首先按照可计量因素进行优劣排序，但许多非计量因素对方案的影响不容忽视，这些非计量因素的范围相当广泛，而且在不同时期表现无规律，如国际国内经济政治形势的变化、消费者心理和消费结构改变、企业信誉状况、时效和季节等。所以决策者应将定量分析与定性分析结合起来，综合考虑有关因素，除了科学的计算分析，还要凭借一定的经验和判断能力，权衡得失利弊，最终做出合理而正确的决策。

6. 选择最优方案

这个步骤是决策的最终目的。在上述考虑计量和非计量因素的基础上，将各种备选方案进行比较，权衡得失，从中选出最理想的方案。这种理想是相对而言的，只要选择的方案是所有备选方案中相对最好的，那么做出的决策就是最优决策。

7. 组织决策方案实施，跟踪反馈

选择最优方案并不是决策的终点。从控制的角度来讲，决策是一个循环往复的过程，在实施方案时，要不断地发现问题，并反馈到原来的方案上，不断改进，反复决策。实施方案时，现实中的条件并不会与评价方案时的条件完全一致，常常会发生一些未预测到的情况，加之人为判断也可能出错，所以在执行过程中会有许多方面不尽如人意。这些信息反馈回来，就可使决策者审时度势，重新建立模型进入下一轮的决策循环，从而不断完善决策机制，力争获得最佳经济效益。

5.1.4 与决策有关的成本概念

成本作为评价经营决策方案优劣程度的一个重要依据，根据与决策方案的相关性，可以分为相关成本和无关成本。

相关成本是指与特定决策方案相联系的、能对决策产生重大影响的、在短期经营决策中必须予以充分考虑的成本，又称有关成本。如果某项成本只属于某个经营决策方案，即若有这个方案存在，就会发生这种成本，若该方案不存在，就不会发生这项成本，那么，这项成本就是相关成本。相关成本包括增量成本、边际成本、机会成本、估算成本、重置成本、付现成本、专属成本、加工成本、可分成本、可延缓成本和可避免成本等。

1. 增量成本

增量成本又称狭义的差量成本，是指单一决策方案由于生产能力利用程度的不同而表现在成本方面的差额。在一定条件下，某一决策方案的增量成本就是该方案的相关变动成本，即等于该方案的单位变动成本与相关业务量的乘积。

在短期经营决策的生产决策中，增量成本是较为常见的相关成本。如在亏损产品的决策、是否转产或增产某种产品的决策和是否接受特殊价格追加订货的决策中，最基本的相关成本就是增量成本。

2. 边际成本

经济学家所说的边际成本，是指成本对业务量无限小变化的变动部分，在数学上可用成本函数的一阶导数来表现。但在实际经济生活中业务量无限小的变化是相对的，只能小到一个经济单位（如一批、一只、一件等）。因此，在管理会计中，边际成本是指当业务量以一个最小经济单位变动时所引起的成本差量。显然，在相关范围内，增量成本、单位变动成本和边际成本取得了一致。

3. 机会成本

决策时，从多种可供选择的方案中选取一种最优方案，必须有一些次优以至更差的方案被放弃。基于这种情况，应把已放弃的次优方案可能取得的利益看作是被选取的最优方案的机会成本。因为企业一定的经济资源，在一定时空条件下又总是相对有限的，用在某一方面，就不能同时用在另一方面，有所得，也一定有所失。只有把已失去的"机会"可能产生的效果也考虑进去，才能对最"优"方案的最终效果进行全面的评价。但由于机会成本并非构成企业的实际支出，所以在财务会计实务中，对机会成本并不在任何会计账户中予以登记。

4. 估算成本

估算成本又叫作假计成本，是机会成本的特殊形式。凡是需要经过假定推断才能确定的机会成本就是估算成本。估算成本的典型形式就是利息。如在货币资金使用的决策中，不论该项资金是借入的还是自有的，也不管其是否真的存入银行，均可将可能取得的存款利息视为该项资金的机会成本，这种假设存在的利息就属于估算成本。

5. 重置成本

重置成本是指目前从市场上重新取得某项现有资产所需支付的成本。在短期经营决策的定价决策以及长期投资决策的以新设备替换旧设备的决策中,需要考虑以重置成本作为相关成本。

6. 付现成本

付现成本又称为现金支出成本。在进行短期经营决策时,付现成本就是动用现金支付的有关成本。当资金紧张时,特别要把现金支出成本作为考虑的重点。在某些情况下,管理部门宁可用现金支出成本最少的方案来取代总成本最低的方案。

7. 专属成本

专属成本是指那些能够明确归属于特定决策方案的固定成本或混合成本。它往往是为了弥补生产能力不足的缺陷,增加有关装置、设备、工具等长期资产而发生的。专属成本的确认与取得上述装置、设备、工具的方式有关。若采用租入方式,则专属成本就是与此相关联的租金成本;若采用购买方式,则专属成本的确认还必须考虑有关装置、设备、工具本身的性质;如果取得的装备等是专用的,即只能用于特定方案,则专属成本就是这些装备的全部取得成本;如果取得的装备等是通用的,则专属成本就是与使用这些装备有关的主要使用成本(如折旧费摊销费等)。

8. 加工成本

这里的加工成本是指在半成品是否深加工决策中必须考虑的、由于对半成品进行深加工而追加发生的变动成本。它的计算通常要考虑单位加工成本与相关的深加工业务量两大因素。至于深加工所需要的固定成本,在经营决策中应当列作专属成本。

9. 可分成本

可分成本是指在联产品或半成品的生产决策中,对于已经分离的联产品或已经产出的半成品进行深加工而追加发生的成本。联产品在分离点之后或半成品在产出后,有些需要进一步加工后才能出售,有些则既可以直接对外销售,也可以进一步加工后出售。可分成本就是进一步加工方案必须考虑的相关成本。

10. 可延缓成本

可延缓成本又称为可递延成本,是指管理部门已决定要实施某方案,但若这一方案推迟实施,对目前的经营活动并不会发生较大的不利影响,那么,与该方案有关的成本即称为可延缓成本。即在短期经营决策中对其暂缓开支不会对企业未来的生产经营产生重大不利影响的那部分成本。如广告费、培训费、职工培训费、管理人员奖金、研究开发费等。可延缓成本是决策中必须考虑的相关成本。

11. 可避免成本

可避免成本是指如果选择某个特定方案就可以消除的成本。例如酌量性成本属于可避免成本。可避免成本通常用于决定是否停止某产品的生产或终止某部门的经营业务等的决策。如果采纳该方案,有些成本就不会再继续发生,因而可以消除;如果不采纳该方案,则这些成本还会继续发生,这类成本也称为可避免成本。

与相关成本相对立的概念是无关成本。凡不受决策结果影响,与决策关系不大,已经发生或注定要发生的成本就是所谓的无关成本。如果无论是否存在某决策方案,均会发生某项成本,那么就可以断定该项成本是上述方案的无关成本。在短期经营决策中,不能考虑无关成本,否则,可能会导致决策失误。因此,了解和区分哪些成本是无关成本是十分必要的。

无关成本主要包括沉没成本、共同成本、联合成本、不可延缓成本和不可避免成本等。

沉没成本又叫作沉入成本或旁置成本,是指由于过去决策结果而引起并已经实际支付过款项的成本。企业大多数固定成本(尤其是其中的固定资产折旧费、无形资产摊销费)均属于沉没成本,但并不是说所有的固定成本或折旧费都属于沉没成本,如与决策方案有关的新增固定资产的折旧费就属于相关成本。另外,某些变动成本也属于沉没成本,如在半成品是否深加工的决策中,半成品本身的成本不仅其固定成本而且其变动成本均为沉没成本。

共同成本是与专属成本相对立的成本,是指应当由多个方案共同负担的注定要发生的固定成本或混合成本。由于它的发生与特定方案的选择无关,因此,在决策中可以不予以考虑,也属于比较典型的无关成本。

联合成本是与可分成本相对立的成本,是指在未分离前的联产品生产过程中发生的、应由所有联产品共同负担的成本。

不可延缓成本是与可延缓成本相对立的成本,是指在短期经营决策中若对其暂缓开支就会对企业未来的生产经营产生重大不利影响的那部分成本。由于不可延缓成本具有较强的刚性,马上就要发生,所以必须保证对它的支付,没有什么选择的余地。

不可避免成本与可避免成本相对应的成本,是指在短期经营决策中若削减其开支就会对企业未来的生产经营产生重大不利影响的那部分成本。约束性成本属于不可避免成本。

5.2 经营决策分析的常用方法

经营决策主要是一年以内的生产经营决策,它与长期决策的最大区别在于不考虑货币的时间价值。因此,短期决策的分析评价总是直接或间接地计算不同方案的差量收入和成本,确认差量收益,即提出现金流量问题的成本效益分析,从而做出理想的决策。从实际工作来看,常用的决策方法有差量分析法、边际贡献分析法、成本无差别点分析法。

5.2.1 差量分析法

差量分析法又称为差别损益法,是指在决策过程中分析两个备选方案的相关收入和相关成本,在确定差量收入和差量成本的基础上,计算两个方案的差量损益,据以判断方案优劣的一种方法。

差量收入是一个备选方案的预期收入与另一个备选方案的预期收入的差额。差量成本是一个备选方案的预期成本与另一个备选方案的预期成本的差额。差量损益是指差量收入与差量成本之间的差额。

如果差量收入大于差量成本,即差量损益为正数,则前一个方案是较优的;反之,如差量收入小于差量成本,即差量损益为负数,则后一个方案是较优的。

实际运用

[例 5-1] 某公司现有生产规模可加工 A 产品和 B 产品,这两种产品的预期销售量、销售单价和单位变动成本如表 5-1 所示。

表 5-1 预期销售量、销售单价和单位变动成本

项目	加工 A 产品	加工 B 产品
预期销售量/件	1 500	1 000
预期销售单价/元	11	15
预期单位变动成本/元	6	8

试根据上述资料做出选择生产 A 产品还是 B 产品的有利决策。

解：利用差量分析法进行计算。

（1）计算差量收入。

加工 A 产品与加工 B 产品的差量收入 = 1 500×11−1 000×15 = 1 500（元）

（2）计算差量成本。

加工 A 产品与加工 B 产品的差量成本 = 1 500×6−1 000×8 = 1 000（元）

（3）计算差量损益。

加工 A 产品与加工 B 产品的差量损益 = 1 500−1 000 = 500（元）

（4）评价。根据上述结果，发现生产 A 产品比生产 B 产品多获利 500 元，应该选择生产 A 产品。

差异分析法广泛应用于各种经营决策，如企业选择出售半成品还是出售产成品，产品零件自制还是外购等。对于这种只有两个备选方案的决策，运用差量分析法比较简单。如果有两个以上的方案，分析评价的过程就比较麻烦，工作量较大，因此对于多个备选方案的决策可结合运用其他分析方法。此外，由于此种方法需要以各个有关方案的相关收入和相关成本作为基本数据，因此一旦相关收入和相关成本的内容界定得不准确、不完整，就会直接影响决策质量，甚至得出错误结论。

5.2.2 边际贡献分析法

在短期经营决策中，由于一般不改变生产能力，则固定成本保持不变，因而只要对产品所创造的边际贡献进行分析，就可确定哪个备选方案最优，即所谓边际贡献法。

边际贡献法又分为单位资源边际贡献法、边际贡献总额分析法、相关损益分析法及相关成本分析法。

1. 单位资源边际贡献法

单位资源边际贡献法是指以有关方案的单位资源贡献边际指标作为决策评价指标的一种方法。当企业生产只受到某一项资源（如某种原材料、人工工时或机器台时等）的约束，并已知备选方案中各种产品的单位贡献边际和单位产品资源消耗额（如材料消耗定额、工时定额）的条件下，可按下式计算单位资源所能创造的贡献边际指标，并以此作为决策评价指标。

单位资源边际贡献 = 单位边际贡献/单位产品的资源消耗定额

单位资源边际贡献是个正指标，根据它做出决策的判断标准是：哪个方案的该项指标大，哪个方案为优。单位资源边际贡献法经常被应用于生产经营决策中的互斥方案决策，如新产品开发的品种决策。

2. 边际贡献总额分析法

边际贡献总额分析法是指以有关方案的边际贡献总额指标作为决策评价指标的一种方

法。当有关决策方案的相关收入不为零,相关成本全部为变动成本时,可以将边际贡献总额作为决策评价指标。

边际贡献总额是一个正指标,根据它做出决策的判断标准是:哪个方案的该项指标大,哪个方案为优。边际贡献总额分析法经常被应用于生产经营决策中不涉及专属成本和机会成本的单一方案决策或多方案决策中的互斥方案决策,如亏损产品决策。

3. 相关损益分析法

相关损益分析法是指在进行短期经营决策时,以相关损益指标作为决策评价指标的一种方法。某方案的相关损益是指该方案相关收入与相关成本之差。

相关损益分析法是边际贡献分析法的一种特例,当决策方案中设计追加专属成本时,就无法继续使用单位资源边际贡献或边际贡献总额指标,而应该使用相关损益指标,相关损益也是一种增量的边际贡献。

相关损益分析法通常也需要编制相关损益分析表,如表5-2所示。

表5-2 相关损益分析表

项目	A 方案	B 方案
相关收入	R_A	R_B
相关成本	C_A	C_B
相关损益	P_A	P_B

相关损益指标是个正指标,根据它做出决策的判断标准是:哪个方案的相关损益最大,哪个方案最优。此种方法比较科学、简单、实用,但一旦各有关方案的相关收入、相关成本的内容确定得不合适,便会影响决策质量,甚至会得出错误结论。因此,必须细致地进行相关分析。另外,对于两个以上的互斥方案只能逐次应用此法,筛选择优,故比较麻烦。

4. 相关成本分析法

相关成本分析法是指在短期经营决策中,当各备选方案的相关收入均为零时,通过比较各方案的相关成本指标,做出方案选择的一种方法。该方法实质上是相关损益分析法的特殊形式。

相关成本是一个负指标,根据它做出决策的判断标准是:哪个方案的相关成本最低,哪个方案最优。

相关成本分析法也可以通过编制相关成本分析表进行决策,其格式如表5-3所示。

表5-3 相关成本分析表

项目	A 方案	B 方案
增量成本	C_{A1}	C_{B1}
机会成本	C_{A2}	C_{B2}
专属成本	C_{A3}	C_{B3}
⋮	⋮	⋮
相关成本合计	$\sum C_A$	$\sum C_B$

5.2.3 成本无差别点分析法

成本无差别点分析法是指在各备选方案的相关收入均为零，相关的业务量为不确定因素时，通过判断不同水平上的业务量与无差别业务量之间的关系，来做出互斥方案决策的一种方法。所谓成本无差别点是指在该业务量水平上两个不同方案的总成本相等，但当高于或低于该业务量水平时，不同方案就具有不同的业务量优势区域。通过应用于业务量不确定的零部件取得方式的决策和生产工艺技术方案的决策，选取成本最低的方案。

成本无差别点分析法要求各方案的业务量单位必须相同，方案之间的相关固定成本水平与单位变动成本恰好相互矛盾（如第一个方案的相关固定成本大于第二个方案的相关固定成本，而第一个方案的单位变动成本又恰恰小于第二个方案的单位变动成本），否则无法应用该法。如图 5-1 所示。

成本无差别点分析法的业务量是指能使两方案总成本相等的业务量，记作 X_0。

设 A 方案的成本为：$Y_1 = a_1 + b_1 x$

B 方案的成本为：$Y_2 = a_2 + b_2 x$

令 $Y_1 = Y_2$

即 $a_1 + b_1 x = a_2 + b_2 x$

解得成本平衡点：$X_0 = \dfrac{a_1 - a_2}{b_2 - b_1}$

当业务量 $X > X_0$ 时，则固定成本较高的 B 方案优于 A 方案；

当业务量 $X < X_0$ 时，则固定成本较低的 A 方案优于 B 方案；

当业务量 $X = X_0$ 时，则两方案的成本相等，效益无差别。

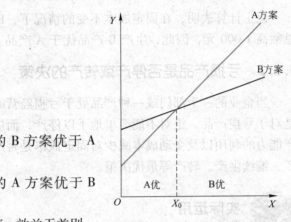

图 5-1 成本无差别点法

5.3 生产决策分析

生产决策是经营决策的一项重要内容，在生产领域中，围绕是否生产、生产什么、怎么生产以及生产多少等方面的问题而展开的决策。

品种决策旨在解决生产什么的问题，例如，新产品投产的决策分析，亏损产品是否停产或转产，零部件自制还是外购，联产品是否需要进一步加工，是否接受特殊价格追加定价等。

5.3.1 新产品投产的决策分析

如果企业有剩余的生产能力可供使用，在有几种新产品可供选择而每种新产品都不需要增加专属固定成本时，应选择提供边际贡献总额最多的方案。

实际运用

[例 5-2] 某公司现有 A，B 两种新产品可投入生产，但剩余生产能力有限，只能生产一种新产品，两种产品的资料如表 5-4 和表 5-5 所示。

表5-4 A，B两种产品相关资料

	销售量/件	售价/元	单位变动成本/元	固定成本总额/元
A产品	300	60	30	
B产品	400	45	20	8 000

表5-5 边际贡献总额计算表

	A产品	B产品
销售量/件	300	400
售价/元	60	45
单位变动成本/元	30	20
单位边际贡献/元	30	25
边际贡献总额/元	9 000	10 000

以上计算表明，在固定成本不变的情况下，B产品的边际贡献总额比A产品的边际贡献总额高1 000元，因此，生产B产品优于A产品。

5.3.2 亏损产品是否停产或转产的决策

当企业的一个部门或一种产品处于亏损经营时，管理者就应当考虑是否停产的问题。但是对于亏损产品，绝对不能简单地予以停产，而应该综合考虑企业各种产品的经营状况、生产能力的利用以及变动成本减少对固定成本是否产生影响等有关因素。在此基础上，做出停产、继续生产、转产等最优决策。

实际运用

[例5-3] 某公司本年生产销售A，B，C三种产品，有关资料如表5-6所示。

表5-6 A，B，C三种产品的相关资料

项目	A产品	B产品	C产品
产销售量/件	2 000	1 000	3 000
销售单价/元	50	80	100
单位变动成本/元	30	60	80
单位产品生产工时/时	15	30	10
固定成本/元	90 000（按各产品生产工时分配）		

年终按完全成本法计算三种产品的损益后，公司经理认为B产品为亏损产品，应当停产以增加公司的盈利水平。但这样的决定太过于简单，以下运用边际贡献分析法做出有关亏损产品是否停产或转产的决定。根据上述资料编制边际贡献和营业利润计算表，如表5-7所示。

表5-7 边际贡献和营业利润计算表   单位：元

项目	A产品	B产品	C产品	合计
销售收入	100 000	80 000	300 000	480 000

续表

项目	A产品	B产品	C产品	合计
变动成本	60 000	60 000	240 000	360 000
边际贡献	40 000	20 000	60 000	120 000
固定成本	30 000	30 000	30 000	90 000
营业利润	10 000	−10 000	30 000	30 000

其中

A产品生产工时 = 2 000×15 = 30 000（小时）
B产品生产工时 = 1 000×30 = 30 000（小时）
C产品生产工时 = 3 000×10 = 30 000（小时）

固定成本分配率 = $\dfrac{90\,000}{30\,000+30\,000+30\,000}$ = 1

A产品负担固定成本 = 30 000×1 = 30 000（元）
B产品负担固定成本 = 30 000×1 = 30 000（元）
C产品负担固定成本 = 30 000×1 = 30 000（元）

从表5-7可以看出，B产品全年亏损10 000元，为了增加企业盈利，似乎应该停产B产品。但是应用边际贡献分析法可以看出，B产品本身有边际贡献20 000元，之所以亏损是因为它分担的固定成本30 000元大于其所创造的边际贡献。如果盲目将B产品停产，不但不能使企业增加利润反而会使其损失更多利润，损失额相当于该亏损产品所能提供的边际贡献，其结果如表5-8所示。

表5-8　边际贡献和营业利润计算表　　　　　　　　　　　单位：元

项目	A产品	C产品	合计
销售收入	100 000	300 000	400 000
变动成本	60 000	240 000	300 000
边际贡献	40 000	60 000	1 000 000
固定成本	45 000	45 000	90 000
营业利润	−5 000	15 000	10 000

由此可见，停止生产B产品，企业不但没有增加利润，反而使整个企业的利润减少了20 000元，正好是B产品所创造的边际贡献。

由此得出以下结论。

（1）当亏损产品的生产能力无法转移时，只要亏损产品能提供边际贡献就不应当停产。本例中B产品能提供边际贡献20 000元，故不应停产。

（2）如果亏损产品的生产能力可以转移，即亏损产品停产后其闲置下来的生产能力可以转向生产其他产品，只要转产产品所创造的边际贡献大于亏损产品所创造的边际贡献，那么这项转产方案就是可行的。相反，如果转产产品所创造的边际贡献小于亏损产品所创造的边际贡献，就不应当转产而应继续生产亏损产品。

在实际工作中，对于亏损产品是否应该停产的决策需要考虑许多因素。除了上述重点阐述的成本因素外，还应考虑其他因素。如亏损产品停产是否对客户关系造成损害，是否对企业产品配套问题造成不利影响,如由于钢材涨价,自行车制造厂生产车轮无利可图,但车轮是自行车必不可少的配件,因此必须照样生产。除此之外,还得考虑企业的产品结构和社会效益的需要等因素。

5.3.3 自制还是外购的决策

对于那些具有机械加工能力的企业而言,常常面临所需零配件是自制还是外购的决策问题。由于所需零配件的数量对自制方案或外购方案都是一样的,因而这类决策通常只需考虑自制方案和外购方案的成本高低,在相同质量并保证及时供货的情况下,就低不就高。

影响自制或外购的因素很多,因而所采用的决策分析方法也不尽相同,但一般都采用增量成本分析法。

1. 外购不减少固定成本的决策

如果企业可以从市场上买到现在由企业自己生产的某种零配件,而且质量相当,这时一般都会考虑是否停产外购。在由自制转为外购,而且其剩余生产能力不能利用(固定成本并不因停产外购而减少)的情况下:当自制单位变动成本大于购买价格时,应该外购;自制单位变动成本小于购买价格时,应该自制。

实际运用

[例5-4] 某公司生产甲产品每年需要A零件58 000件,由车间自制时每件成本为78元,其中单位变动成本为60元,单位固定成本为18元。现市场上销售的A零件价格为每件65元,而且质量更好、保证按时送货上门。该公司应该自制还是外购?

由于自制单位变动成本<外购单位价格65元,所以应选择自制。这时每件A零配件的成本将降低5元,总共降低290 000元。但如果停产外购,则自制时所负担的一部分固定成本(外购价格与自制单位成本的差额)将由其他产品负担,此时企业将减少利润:

$$（58\ 000×18）-（78-65）×58\ 000=290\ 000（元）$$

2. 自制增加固定成本的决策

在企业所需零配件由外购转为自制时需要增加一定的专属固定成本(如购置专用设备而增加的固定成本),或由自制转为外购时可以减少一定的专属固定成本的情况下,自制方案的单位增量成本不仅包括单位变动成本,而且包括单位专属固定成本。因此,当外购增量成本大于自制增量成本,应该自制;反之,应该外购。

实际运用

[例5-5] 某公司每年需要用甲零件1 000件,以前一直外购,购买价格每件9元。现该公司有无法移作他用的多余生产能力可以用来生产甲零件,但将增加专属固定成本2 400元,自制变动成本6元。

设外购增量成本为 y_1,自制增量成本为 y_2,甲零件的年需求量为 x,则

外购增量成本 $y_1 = 9x$

自制增量成本 $y_2 = 2\ 400 + 6x$

外购增量成本与自制增量成本相等时的年需求量，即成本分界点为：
$9x = 2\,400+6x$
$x = 800$（件）
所以，成本分界点的公式为：

$$成本分界点 = \frac{自制增加的专属固定成本}{购买价格-自制单位变动成本}$$

当年需求量>800 件时，外购增量成本>自制增量成本，应该自制；
当年需求量<800 件时，外购增量成本<自制增量成本，应该外购。

3. 外购时有租金收入的决策

在零配件外购时，如果出租剩余生产能力能获得租金收入，将自制方案与外购方案对比时，就必须将租金收入作为自制方案的一项机会成本。当自制方案的变动成本与租金收入之和大于外购成本时，应该外购；反之，应该自制。

实际运用

[例 5-6] 某公司每年需要 C 零件 5 000 件，若要自制，则自制单位变动成本为 10 元；若要外购，则外购单位价格为 12 元。若外购 C 零件，则腾出来的生产能力可以出租，每年租金收入为 3 200 元。

在计算、比较外购和自制这两个方案的增量成本时，应将租金收入 3 200 元作为自制方案的机会成本，如表 5-9 所示。

表 5-9　增量成本对比表　　　　　　　　　　　　　　　　单位：元

项目	自制增量成本	外购增量成本
外购成本		12×5 000＝60 000
自制变动成本	10×5 000＝50 000	
外购时租金收入	3 200	
合计	53 200	60 000
自制收益	60 000−53 200＝6 800	

计算结果表明，选择自制方案是有利的，比外购方案减少成本 6 800 元。

5.3.4 联产品是否需要进一步加工

联产品是指用同一种原料，经过同一个生产过程，生产出两种或两种以上的不同性质和用途的产品。有的联产品可在分离后直接销售，有的则需要在分离后进一步加工后再销售。分离点前发生的成本称为联合成本或共同成本。联产品是否进一步加工不会引起联合成本的变化，因此联合成本属于决策无关成本。联产品在分离后进一步加工而支付的成本称为可分成本。可分成本是与决策相关的成本，决策时应予以考虑。

联产品是否进一步加工，可按下列公式计算。

1. 应进一步加工

进一步加工后的销售收入−分离后的销售收入>可分成本

2. 分离后即出售

进一步加工后的销售收入-分离后的销售收入<可分成本

实际运用

[例5-7] 某企业生产的甲产品在继续加工的过程中，可分离出 A，B 两种联产品。甲产品售价200元，单位变动成本140元。A 产品分离后即予以销售，单位售价160元；B 产品单位售价240元，可进一步加工成子产品销售，子产品售价360元，需追加单位变动成本62元。

(1) 分离前的联合成本按 A，B 两种产品的售价分配。

A 产品分离后的变动成本 $=\dfrac{140}{160+240}\times 160=56$（元）

B 产品分离后的变动成本 $=\dfrac{140}{160+240}\times 240=84$（元）

(2) 由于 A 产品分离后的售价大于分离后的单位变动成本104元（160-56），故分离后销售是有利的。

(3) B 产品进一步加工成子产品的可分成本为62元，进一步加工后的销售收入为360元，而分离后 B 产品的销售收入为240元，则

差异收入 = 360-240 = 120(元)

差异收入大于可分成本58元（120-62），可见，B 产品进一步加工成子产品出售是有利的。

5.3.5 是否接受特殊价格追加订货的决策

所谓特殊价格追加订货，是指在企业尚有一定剩余生产能力可以利用的情况下，如果外单位要求以低于正常价格甚至低于计划产量的平均单位成本的特殊价格追加订货，企业是否可考虑接受这种条件苛刻的追加订单，主要应该分以下几种情况考虑。

1. 只利用剩余生产能力且剩余生产能力无法转移，也不影响正常销售

当追加订货不冲击正常订货，又不要求追加专属成本而且剩余能力无法转移时，只要特殊订货单的单价大于该产品的单位变动成本，就可以接受该追加订货。此时企业的固定成本已由正常销售的产品负担，则特殊订货带来的边际贡献将全部形成额外利润。

实际运用

[例5-8] 某企业生产甲产品，最大生产能力1 200台，正常销售1 000台，剩余生产能力200台，正常价格为1 000元/台，固定成本总额为300 000元，单位变动成本为600元/台。现有客户订货200台，最高只能出价800元/台，请问是否接受此订货？

该订货只是利用剩余生产能力，只要特殊订货价格高于单位变动成本，就会为企业提供边际贡献。该例中，特殊订货价格800元高于单位变动成本600元，因此可以接受此追加订货，由此可多获利润：(800-600)×200 = 40 000（元）。

2. 利用剩余生产能力且剩余生产能力无法转移，但会减少部分正常销售

若特殊订货会妨碍企业原有计划任务的完成，因而减少部分正常销售。应将因减少正常销售而损失的边际贡献作为追加订货方案的机会成本。当追加订货的边际贡献额足以补偿这部分机会成本且有剩余时，则可以接受订货，即

（特殊订货价格−单位变动成本）×特殊订货数量＞因减少正常销售而损失的边际贡献

特殊订货价格＞单位变动成本+因减少正常销售而损失的边际贡献/特殊订货数量

实际运用

[例 5-9] 假设上例中，企业接到的特别订单是 500 台，这时必须减少正常销售 300 台，才能接受这批订货，那么企业的特别订货价格为多少，才能为企业增加利润呢？

特殊订货价格＞单位变动成本+因减少正常销售而损失的边际贡献/特殊订货数量

特殊订货价格＝600+（1 000−600）×300/500

＝840（元/台）

企业的特殊订货价格必须在 840 元/台以上，接受特殊订货才能增加企业利润。此时特殊订货价格为 800 元/台，相关损益分析如表 5-10 所示。

表 5-10 相关损益分析表　　　　　　　　　　　　　　　　　　　单位：元

项目	接受特殊订货	拒绝特殊订货
相关收入	800×500=400 000	0
相关成本	420 000	0
其中：变动成本	600×500=300 000	
机会成本	（1 000−600）×300=120 000	0
相关损益	−20 000	0

在此情况下，接受特殊订货的相关损益为−20 000 元，所以不接受此追加订货。

3. 利用剩余生产能力且剩余生产能力无法转移，但要追加专属成本

若特殊订货要求追加专属成本，如需要增添部分设备、工具等，则接受此追加订货方案的可行条件是：该特殊价格追加订货的边际贡献大于专属成本。

实际运用

[例 5-10] 仍续例 5-9，假设特殊订货量为 200 台，接受特殊订货需要从企业外部租入一台设备，年租金为 30 000 元，企业是否该接受此特殊订货？

编制相关损益分析如表 5-11 所示。

表 5-11 相关损益分析表　　　　　　　　　　　　　　　　　　　单位：元

项目	接受特殊订货	拒绝特殊订货
相关收入	800×200=160 000	0

续表

项目	接受特殊订货	拒绝特殊订货
相关成本	150 000	0
其中：变动成本	600×200=120 000	0
专属成本	30 000	0
相关损益	10 000	0

由上表可见，接受特殊订货的相关损益为 10 000 元，因此应该接受此追加订货。

4. 企业有关的剩余生产能力可以转移

当企业有关的剩余生产能力可以转移时，则应将与此有关的可能收益作为追加订货方案的机会成本综合考虑，当特殊价格追加订货的边际贡献大于机会成本时，则可接受订货。

 实际运用

[例 5-11] 续例 5-10，假设特殊订货量为 200 台，接受特殊订货需要从企业外部租入一台设备，年租金为 30 000 元，但不接受特殊订货，剩余生产能力可以对外出租，获取年租金 20 000 元，是否应该接受追加订货？

剩余生产能力对外出租获取的租金收入为 20 000 元，是追加订货方案的机会成本，也是接受特殊订货的相关成本。编制相关损益分析表，如表 5-12 所示。

表 5-12 相关损益分析表　　　　　　　　　　　单位：元

项目	接受特殊订货	拒绝特殊订货
相关收入	800×200=160 000	0
相关成本	170 000	0
其中：变动成本	600×200=120 000	0
专属成本	30 000	0
机会成本	20 000	0
相关损益	−10 000	0

由上表可知，不应该接受特殊订货。接受特殊订货的相关损益比拒绝特殊订货的相关损益少 10 000 元。

5.3.6 产品生产工艺决策

生产工艺是指加工制造产品或零件所使用的机器、设备及加工方法的总称。同一种产品或零件，往往可以按不同的生产工艺进行加工。当采用某一种生产工艺时，可能固定成本较高，但单位变动成本却较低；而采用另一种生产工艺时，则可能固定成本较低，但单位变动成本却较高。于是，采用何种工艺能使该产品或零件的总成本最低，就成为实际工作中必须解决的问题。

通常，生产产量较大时最好选择单位变动成本较低的工艺方案，但其固定成本一般较高;生产产量较小时最好选择固定成本较低的工艺方案,但其单位变动成本一般较高。这时,只要确定不同生产工艺的成本分界点(不同生产工艺总成本相等时的产量点),就可以根据产量确定选择何种生产工艺最为有利。

实际运用

[例5-12] 某公司生产甲产品,有A,B,C三种方案可供选择,其成本资料如表5-13所示。

表5-13 某公司成本资料　　　　　　　　　　　　　　　单位:元

项目	专属固定成本	单位变动成本
A	1 000	4
B	600	6
C	500	10

根据表5-13所示的资料,绘制图5-2。

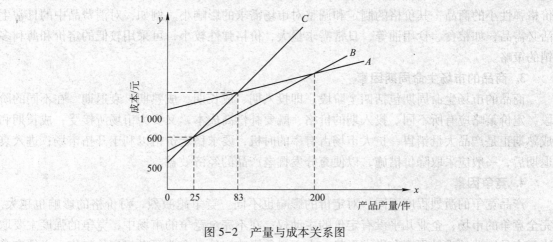

图5-2 产量与成本关系图

设 X_{ac},X_{bc},X_{ab} 三个成本分界点的产量分别为 x_1,x_2,x_3,则三个成本分界点可计算如下。

$$1\,000 + 4x_1 = 500 + 10x_1 \qquad x_1 \approx 83 \text{(件)}$$
$$600 + 6x_2 = 500 + 10x_2 \qquad x_2 = 25 \text{(件)}$$
$$1\,000 + 4x_3 = 600 + 6x_3 \qquad x_3 = 200 \text{(件)}$$

于是,整个产量区域被划分为0~25件、25~83件、83~200件、200件以上四个区域。从图5-2可以看出,当产品预计产量不足25件时,C方案成本最低,为最优方案;当产品预计产量在25~200件时,B方案成本最低,为最优方案;当产品预计产量超过200件时,A方案成本最低,为最优方案。

5.4 定价决策分析

5.4.1 影响价格的基本因素

一种产品价格制定得适当与否，往往决定了该产品能否被市场接受，并且直接影响该产品的市场竞争地位和市场占有率。一般来讲，影响价格制定的基本因素包括如下几个方面。

1. 成本因素

成本是影响定价的最基本因素。从长期来看，产品价格应等于总成本加上合理的利润，否则企业无利可图，将会停止生产；从短期来看，企业应根据成本结构确定产品价格，即产品价格必须高于平均变动成本，以便掌握盈亏情况，减少经营风险。

2. 需求因素

市场需求与价格的关系可以简单地用市场需求潜力与需求价格弹性来反映。市场需求潜力是指在一定的价格水平下，市场需求可能达到的最高水平。需求价格弹性是指在其他条件不变的情况下，某种商品的需求量随其价格的升降而变动的程度，它用需求变化率与价格变化率之比来表示。需求价格弹性大的商品，其价格的制定和调整对市场需求影响很大；需求价格弹性小的商品，其价格的制定和调整对市场需求的影响小。例如，对消费品中的日常生活必需品，如粮食、食用油等，日常需求量大，价格弹性较小，可采用较低的定价和薄利多销的策略。

3. 商品的市场生命周期因素

商品的市场生命周期包括四个阶段，即投入期、成长期、成熟期、衰退期。在不同的阶段，定价策略应有所不同。投入期的价格，既要补偿高成本，又要为市场所接受；成长期和成熟期正是产品大量销售、扩大市场占有率的时机，要求稳定价格以利于开拓市场；进入衰退期后，一般应采取降价措施，以便充分发掘老产品的经济效益。

4. 竞争因素

产品竞争的激烈程度不同，对定价的影响也不同。竞争越激烈，对价格的影响也越大。完全竞争的市场，企业几乎没有定价的主动权；在不完全竞争的市场中，竞争的强度主要取决于产品制造的难易程度和供求形势。由于竞争影响定价，企业要做好定价工作，必须充分了解竞争者的情况：主要竞争对手来自何方，主要竞争对手的实力如何，以及主要竞争者的定价策略如何。

5. 科学技术因素

科学发展和技术进步在生产中的推广和应用必将导致新产品、新工艺、新材料代替老产品、老工艺、旧材料，从而形成新的产业结构、消费结构和竞争结构。例如，化纤工业的兴起和发展形成对传统棉纺织工业和丝绸工业的巨大竞争压力。这种科学技术因素对销售价格的影响必须予以考虑。

6. 相关工业产品的销售量

某些产品的销售量往往取决于相关工业产品的销售，如纺织业与服装业、轮胎业与汽车业、玻璃业与建筑业等，基本上是后者的销售决定前者的销售，因此，前者的销售价格的制定可以根据后者的预测数据进行。

7. 国家的价格政策

价格政策是国家管理价格的有关措施和法规，它是国家经济政策的组成部分。企业应在国家规定的定价范围之内自由决定产品的价格。比如，国家一般都对农产品实行补贴，而对某些行业（烟、酒行业等）征税。一般来说，政府对产品实行补贴就可以使产品的价格维持在一定的水平。政府对产品征税，生产者就会将部分税收转嫁给消费者，从而提高价格。因此，企业应很好地了解本国及所在国关于物价方面的政策和法规，并以其作为定价策略的依据。

除上述几个方面以外，产品的质量、产品的比价、差价与价格体系、消费者的支付能力与心理状态等，也是影响产品价格的重要因素。

5.4.2 产品定价决策

1. 以成本为基础的定价决策

成本是企业生产和销售产品所发生的各项费用的总和，是构成产品价格的基本因素，也是价格的最低经济界限。以成本为基础制定产品的价格，不仅能保证生产中的耗费得到补偿，而且能保证企业必要的利润。凡是新产品的价格制定，都可以采用以成本为基础的定价决策方法。

1）完全成本加成定价法

完全成本加成定价法是指在产品的全部成本基础上，加上一定百分比的销售利润，以此确定产品的销售价格。其定价模型为：

$$产品单价 = 预计单位全部成本 \times (1 + 利润加成率)$$

实际运用

[例 5-13] 假定某企业正在研究制定甲产品的售价，有关的估计成本资料如下：

甲产品的单位成本（元）：

直接材料	12
直接人工	8
变动性制造费用	6
固定性制造费用	14
变动性销售和管理费用	4
固定性销售和管理费用	2

假定该企业经过研究在制造成本的基础上加成 50% 作为甲产品的目标销售价格。分析如下：

甲产品的单位制造成本 = 12+8+6+14+4+2 = 46（元）

甲产品的目标售价 = 46×(1+50%) = 69（元）

完全成本法是大多数公司所采用的方法。一方面，产品的完全成本在企业对外报告的现成资料中，收集信息的成本较低；另一方面，从长期来看，产品或劳务的价格必须补偿全部成本并应获得正常利润。但是，由于完全成本不是以成本特性分类为基础，所以不便于进行本量利分析，很难预测价格和销售量的变动对利润的影响。

2）变动成本加成定价法

变动成本加成定价法是以单位产品的变动成本为成本基数，加上一定利润加成率，来确定产品的销售价格。虽然全部固定成本不包括在成本基数之内，但是它们却是考虑加成的基础。因此，"加成"必须充分弥补这些成本，并为企业提供满意的利润。即，"加成"内容包括全部的固定成本及目标利润。该变动成本不仅包括变动生产成本，还包括变动销售及管理费用，在此基础上考虑一定的边际贡献，作为产品的销售价格。

实际运用

[例5-14] 以例5-13的数据为数据来源，假定该企业经过研究确定在变动成本的基础上加成100%作为甲产品的销售价格。

分析如下：

直接材料　　　　　　　　　12
直接人工　　　　　　　　　8
变动性制造费用　　　　　　6
变动性销售和管理费用　　　4

甲产品的单位变动成本 = 12+8+6+4 = 30（元）
目标销售价格 = 30×(1+100%) = 60（元）

2. 以需求为基础的定价决策

以成本为基础的价格决策方法着重考虑企业的成本情况，而基本不考虑需求情况，因而产品价格的制定从企业取得最大产销收入或利润的角度上，不一定是最优价格。最优价格应该是企业取得最大利润或产销收入时的价格。为此，必须考虑市场需求状况与价格弹性，分析销售收入、成本利润与价格之间的关系，从中寻找最优价格点。

1）弹性定价法

市场供求关系的变化是影响企业产品价格的一个重要因素，因此，企业制定价格最需要考虑的因素是价格弹性。价格弹性，又称需求价格弹性，是指需求数量变动率与价格变动率之比，反映价格变动引起需求变动的方向和程度。市场上的各种产品都存在价格对需求的影响，但不同的产品影响程度不同，即需求价格弹性不同。需求价格弹性的大小取决于产品的需求程度、可替代性和费用占消费者收入的比重等。一般来说，必需品的弹性小于奢侈品，低档产品的弹性小于高档产品。

需求价格弹性的大小可用下列公式计算：

$$E_P = \frac{\Delta Q/Q}{\Delta P/P}$$

式中：E_P——需求价格弹性系数；

　　　Q——基期需求量；

　　　ΔQ——需求变动量；

　　　P——基期单位产品价格；

　　　ΔP——价格变动数。

当企业掌握了某种产品的需求价格弹性后，就可以利用弹性来预测价格变动的最优方向和幅度。在经济学上，价格弹性的绝对值可以反映需求与价格变动水平的关系。

（1）价格弹性的绝对值大于1，弹性大，表明价格以较小幅度变动时，可以使需求量产生较大幅度的变动。

（2）价格弹性的绝对值小于1，弹性小，表明即使价格变动幅度很大，需求量的变动幅度也不会太大。

（3）价格弹性的绝对值等于1，表明需求量受价格变动影响的幅度完全与价格本身变动幅度一致。

因此，就某一种产品的不同时期及不同销售量基础而言，弹性变化程度都会有所不同。弹性大，则价格下降会促使商品需求量大大提高，因此对于弹性大的商品应采取适量调低价格的方法，薄利多销。弹性小的商品，当价格变动时，需求量的相应增减幅度很小，这类商品可以考虑在适当范围内调高价格。

实际运用

[例5-15] 某公司计划年度预计生产并销售A产品20 000件，上年每件销售价格是380元，销售量是16 000件，该产品的需求价格弹性大约为-3.5，请问，计划单位产品价格掌握在什么水平对公司最为有利？

分析：设 P_1 为计划年度销售价格，Q_1 为计划年度销售量，则

$$\Delta P = \frac{\Delta Q \times P}{Q \times E_P} = \frac{(Q_1 - Q) \times P}{Q \times E_P}$$

$$P_1 - P = \frac{(Q_1 - Q) \times P}{Q \times E_P}$$

移项得

$$P_1 = \frac{(Q_1 - Q) \times P}{Q \times E_P} + P$$

$$= \frac{(20\ 000 - 16\ 000) \times 380}{16\ 000 \times (-3.5)} + 380$$

$$= 352.9\ （元/件）$$

2）反向定价法

反向定价法，是指企业根据产品的市场需求状况，通过价格预测和试销、评估，先确定消费者可以接受和理解的零售价格，然后倒推批发价格和出厂价格的定价方法。这种定价方法的依据不是产品的成本，而是市场的需求定价，力求使价格为消费者所接受。其计算公式如下：

$$单位批发价格 = 市场可销零售价 - 批零差价$$

$$= \frac{市场可销零售价}{1 + 批零差价率}$$

$$单位出厂价格 = 批发价格 - 进销差价$$

$$= \frac{批发价格}{1 + 进销差价率}$$

$$单位生产成本 = 出厂价格 - 利润 - 税金$$
$$= \frac{出厂价格 \times (1 - 税率)}{1 + 利润率}$$

反向定价的实质是在价格确定上贯彻以销定产的要求,其优点是既能适应市场需求,促进销售,又能促进企业降低成本,提高产品竞争力;其缺点是市场可销零售价格难以预测。该方法适用于需求弹性大、品种更新快的商品价格制定。

实际运用

[例5-16] 某公司计划生产甲产品,经市场调查,甲产品的市场单位零售价格为250元,批发环节的批零差价率一般为25%,进销差价率为10%,甲产品的销售税率为10%,利润率要求达到15%。

$$单位批发价格 = \frac{250}{1 + 25\%} = 200 （元）$$

$$单位出厂价格 = \frac{200}{1 + 10\%} \approx 181.8 （元）$$

$$单位生产成本 = \frac{181.8 \times (1 - 10\%)}{1 + 15\%} \approx 142.3 （元）$$

3. 其他定价策略

1) 心理定价策略

每一件产品都能满足消费者某一方面的需求,其价值与消费者的心理感受有着很大的关系,这就为心理定价策略的运用提供了基础。常用的方法主要有以下几种。

2) 尾数定价策略

尾数定价,也称零头定价或缺额定价,即给产品定一个零头数结尾的非整数价格。大多数消费者在购买产品时,尤其是购买一般的日用消费品时,乐于接受尾数价格。如0.99元、9.98元等。消费者会认为这种价格经过精确计算,购买不会吃亏,从而产生信任感。同时,价格虽离整数仅相差几分或几角钱,但给人一种低一位数的感觉,符合消费者求廉的心理愿望。这种策略通常适用于基本生活用品。

3) 声望定价策略

声望定价即针对消费者"便宜无好货、价高质必优"的心理,对在消费者心目中享有一定声望,具有较高信誉的产品制定高价。不少高级名牌产品和稀缺产品,如豪华轿车、高档手表、名牌时装、名人字画、珠宝古董等,在消费者心目中享有极高的声望价值。购买这些产品的人,往往不在于产品价格,而最关心的是产品能否显示其身份和地位,价格越高,心理满足的程度也就越大。

4) 习惯定价策略

有些产品在长期的市场交换过程中已经形成为消费者所适应的价格,成为习惯价格。企业对这类产品定价时要充分考虑消费者的习惯倾向,采用"习惯成自然"的定价策略。对消费者已经习惯了的价格,不宜轻易变动。降低价格会使消费者怀疑产品质量是否有问题,提高价格会使消费者产生不满情绪,导致购买的转移。在不得不需要提价时,应采取改换包装或品牌等措施，减少抵触心理，并引导消费者逐步形成新的习惯价格。

5）折扣定价策略

折扣定价是指对基本价格做出一定的让步，直接或间接降低价格，以争取顾客，扩大销售量。其中，折扣的形式有数量折扣、现金折扣、季节性折扣、间接折扣等。

数量折扣这是一种按照购买者购买数量的多少给予的价格折扣。购买数量越多，折扣越大；反之，则越小。它鼓励购买者大量或集中地向本企业购买。数量折扣又分为累计数量折扣和一次性数量折扣两种类型。累计数量折扣是对一定时期内累计购买超过规定数量或金额给予的价格优惠，目的在于鼓励顾客与超市建立长期固定的关系，减少超市卖场的经营风险。一次性数量折扣又称为"非累计性数量折扣"，是对一次购买超过规定的数量或金额时给予的价格优惠，目的在于鼓励顾客增大每份订单购买量，便于超市卖场组织大批量进货而获得进价优势。

现金折扣，又称销售折扣，是为督促顾客尽早付清货款而提供的一种价格优惠。现金折扣的表示方式为："2/10，1/20，n/30"（即10天内付款，货款折扣2%；20天内付款，货款折扣1%，30天内全额付款）。现金折扣发生在销货之后，是一种融资性质的理财费用，因此销售折扣不得从销售额中减除。

所谓季节性折扣，是指生产季节性商品的公司企业，对销售淡季来采购的买主所给予的一种折扣优待。这种价格折扣是企业给那些过季商品或服务的顾客的一种减价，使企业的生产和销售在一年四季保持相对稳定。

相关法规

2017年9月29日《管理会计应用指引第401号——本量利分析》；《管理会计应用指引第403——边际分析》。

复习思考题

1. 阐述决策及其一般程序。
2. 与决策有关的成本概念有哪些？
3. 经营决策分析常用的方法有哪些？
4. 产品定价有哪些方法？

练习题

1. 选择题

（1）按决策条件的确定性，决策分析可分为（　　）。
  A. 确定型决策   B. 风险型决策
  C. 战略决策   D. 不确定型决策

（2）在确定决策目标时，应考虑以下因素（　　）。
  A. 可以计量其成果   B. 可以确定其数量
  C. 可以规定其时间范围   D. 确定其责任

(3) 下列属于相关成本的是（　　）。
　　A. 机会成本　　　　　　　　　　B. 边际成本
　　C. 付现成本　　　　　　　　　　D. 差量成本
(4) 下列属于无关成本的是（　　）。
　　A. 重置成本　　　　　　　　　　B. 共同成本
　　C. 沉没成本　　　　　　　　　　D. 不可延缓成本
(5) 半成品是否进一步加工的决策应考虑的差量成本有（　　）。
　　A. 半成品进一步加工的变动成本
　　B. 半成品进一步加工的机会成本
　　C. 半成品进一步加工的专属成本
　　D. 半成品自制成本
(6) 下列方法中，属于进行短期经营决策常用方法的有（　　）。
　　A. 差别成本分析法　　　　　　　B. 利润总额分析
　　C. 成本无差别点法　　　　　　　D. 投资报酬率定价法

2. 计算题

(1) 假定光大公司原来生产老产品甲，现拟利用现有生产能力开发新产品 A 或新产品 B。若开发新产品 A，老产品甲需减产三分之一，并需追加专属成本 8 000 元；如开发新产品 B，老产品甲需减产五分之二。这三种产品的产量、售价和成本资料列示如表 5-14 所示。

表 5-14　三种产品的产量、售价和成本资料

产品名称	老产品甲	新产品 A	新产品 B
生产量/件	6 000	2 000	2 500
销售单价/元	300	400	365
单位变动成本/元	200	280	255
固定成本总额/元	200 000		

要求：根据上述资料为该公司做出以开发哪种新产品较为有利的决策分析。

(2) 已知：某企业只生产一种产品，全年最大生产能力为 1 200 件。年初已按 100 元/件的价格接受正常任务 1 000 件，该产品的单位完全生产成本为 80 元/件（其中，单位固定生产成本为 25 元），现有一客户要求以 70 元/件的价格追加订货。

要求：请考虑以下不相关情况，用差别损益分析法为企业做出是否接受低价追加订货的决策，并说明理由。

① 剩余能力无法转移，追加订货量为 200 件，不追加专属成本；

② 剩余能力无法转移，追加订货量为 200 件，但因有特殊要求，企业需追加 1 000 元的专属成本；

③ 同①，但剩余能力可用于对外出租，可获租金收入 5 000 元；

④ 剩余能力无法转移，追加订货量为 300 件；因有特殊要求，企业需追加 900 元专属成本。

第6章

存货决策分析

内容概要

1. 存货决策概述
2. 存货批量决策
3. 存货日常管理

引例——沃尔玛零存货管理案例

沃尔玛是一家美国的世界性连锁企业,主要涉足零售业。沃尔玛曾连续四年占据《财富》世界企业500强的榜首,之所以能有今天如此之高的成就,在于其找到了适合自己的独特的存货管理模式,开启了"零存货"管理模式的新纪元。沃尔玛能够天天平价,在于它善于控制成本,能够使商品快速周转,有效地做到了"零存货"。其实,零存货作为一种特殊的存货概念,它并不等于不要储备或企业没有储备,而是指物料在采购、生产、销售、配送等一个或几个经营环节中,不以仓储存货的形式存在,皆处于流动周转的状态。它并不是指以仓库储存形式的某种或某些物品的储存数量真正为零,而是通过实施特定的存货控制策略,实现存货量的最小化。

沃尔玛实现零存货管理主要表现在以下四个方面:①天天平价。平日里,沃尔玛竭心尽力寻找能降低价格的方法,力求让自己的商品价格低于其他所有竞争对手价。②完美的物流配送体系。沃尔玛其近90%的商品全部由自己的物流中心负责配送,而其他竞争对手的配送量甚至连一半都没有达到。③先进的计算机通信技术。沃尔玛逐步创立了UPC条形码、EDI数据交换、无线扫描枪等技术,这些先进高效的计算机通信技术使得沃尔玛的管理更趋近于完美。④满意的服务。沃尔玛企业之所以拥有如此多的回头客,关键在于不断挖掘顾客需要,能够设身处地地为顾客着想。

沃尔玛之所以能有今天如此之高的成就,在于其找到了适合自己的独特的存货管理模式,开启了"零存货"管理模式的新纪元。

思考:零存货管理的思想是什么?我们应把零存货作为管理方法还是作为管理理念?

(资料来源:顾莹睿. 沃尔玛零存货管理的启示[J]. 合作经济与科技,2014(16):88-89.)

6.1 存货决策概述

6.1.1 存货的含义

存货是指企业日常生产经营过程中为生产或销售而储备的物资,包括材料、燃料、低值易耗品、在产品、半成品、产成品等。

在企业中,各种存货不仅品类繁多,而且所占用的资金数量也很大,一般可能达到企业资金总量的30%~40%。因此,企业占用物资材料上的资金,其利用效果如何,对企业的财务状况与经营成果将有很大的影响。这样,加强存货的计划与控制,在存货的功能与成本之间进行利弊权衡,运用科学的方法来确定并保持存货的最优水平,以使这部分资金得到最经济合理的使用,就成为企业经营管理必须研究的重要问题。企业的任务就在于如何恰当地控制存货水平,在保证销售和耗用正常的情况下,尽可能节约资金、降低存货成本。

存货控制就是按照一定标准和方法,通过一定程序对企业的库存材料存货、在产品存货和产成品存货的批量及成本所进行的控制。它属于日常控制的范畴。

6.1.2 存货成本的基本概念

1. 采购成本

采购成本又称购置成本、进货成本。存货的采购成本包括购买价款、相关税费、运输费、装卸费、保险费以及其他可归属于存货采购成本的费用。其总额取决于采购数量和单位采购成本。由于单位采购成本一般不随采购数量的变动而变动,因此,在采购批量决策中,存货的采购成本通常属于无关成本,但当供应商为扩大销售而采用数量折扣等优惠方法时,采购成本就成为与决策相关的成本了。

2. 订货成本

订货成本是指为订购货物而发生的各种成本,包括采购人员的工资、采购部门的一般性费用(如办公费、水电费、折旧费、取暖费等)和采购业务费(如差旅费、邮电费、检验费等)。订货成本可以分为两大部分:为维持一定的采购能力而发生的各期金额比较稳定的成本(如折旧费、水电费、办公费等),称为固定订货成本;随订货次数的变动而成比例变动的成本(如差旅费、检验费等),称为变动订货成本。

3. 储存成本

储存成本是指为存储存货而发生的各种费用,通常包括两大类:一是付现成本,包括支付给储运公司的仓储费、按存货价值计算的保险费、报废损失、年度检查费用以及企业自设仓库发生的所有费用;二是资本成本,即由于投资于存货而不投资于其他可盈利对象所形成的机会成本。储存成本也可以分为两部分:凡总额稳定,与储存存货数量的多少及储存时间长短无关的成本,称为固定储存成本;凡总额大小取决于存货数量的多少及储存时间长短的成本,称为变动储存成本。

订货成本、储存成本中的固定部分和变动部分,可依据历史成本资料,采用高低点法、散布图法或最小二乘法等方法进行分解。分解确定的固定订货成本和固定储存成本属于存货决策中的无关成本,可不予考虑。

4. 缺货成本

缺货成本是由于存货数量不能及时满足生产和销售的需要而给企业带来的损失。例如，因停工待料而发生的损失（如无法按期交货而支付的罚款、停工期间的固定成本等），由于商品存货不足而失去的创利额，因采取应急措施补足存货而发生的超额费用等。缺货成本大多属于机会成本，由于单位缺货成本往往大于单位储存成本，因此，尽管其计算比较困难，也应采取一定的方法估算单位缺货成本（短缺一个单位存货一次给企业带来的平均损失），以供决策之用。

在允许缺货的情况下，缺货成本是与决策相关的成本，但在不允许缺货的情况下，缺货成本是与决策无关的成本。

6.2 存货批量决策

企业中存货的总成本由存货的采购成本、订货成本、储存成本和缺货成本构成，存货的订货次数和每批订货的数量影响每种成本的变化。在实际应用中，要通过存货管理的经济订货批量模型确定订货批量。

6.2.1 基本经济订货批量模型

1. 基本假设

基本的经济订货批量模型是存货管理中最简单的一个，用来辨识持有库存的年储存成本与订货成本之和最小的订货批量。在这个模型中，涉及以下几个假定：

（1）只涉及一种产品；
（2）年需求量既定；
（3）订货到达间隔时间固定不变，且全部一次到达；
（4）不考虑数量折扣；
（5）不考虑允许缺货的情况。

在这个模型中，因为不存在数量折扣，在年需求一定的情况下，年采购成本也是既定的，与订货批次的多少无关；同时不允许缺货，所以缺货成本也是决策无关成本。因此，最后进入模型的只有订货成本与储存成本。即

$$年存货相关总成本 = 年订货成本 + 年储存成本$$

2. 基本经济订货批量模型与最优订货批量点的确定

当订货批量变化时，一种成本上升同时另一种成本下降。当订货批量比较小时，平均库存就会比较低，储存成本也相应较低。但是，小批量必然导致经常性的订货，又会迫使年订货成本上升（如图6-1所示）。因此，基本经济订货批量模型必须在持有存货的储存成本与订货成本之间取得平衡，订货批次既不能特别少次大量又不能特别多次少量。

设 Q 代表每批订货量，H 代表单位储存成本，D 代表年需求总量，S 代表每次订货的成本。则

$$年存货相关总成本\ TC = 年储存成本 + 年订货成本 = \frac{Q}{2}H + \frac{D}{Q}S \tag{6-1}$$

其中，年储存成本 $=\dfrac{Q}{2}H$ 是一个关于 Q 的线性函数，与订货批量 Q 的变化成正比，如图 6-2（a）所示；另一方面，年订货成本 $=\dfrac{D}{Q}S$，订货次数 D/Q 随 Q 上升而下降，则年订货成本与订货批量反向相关。如图 6-2（b）所示，则年总成本如图 6-2 中的虚线所示，最低点 A 即为最优订货批量点。

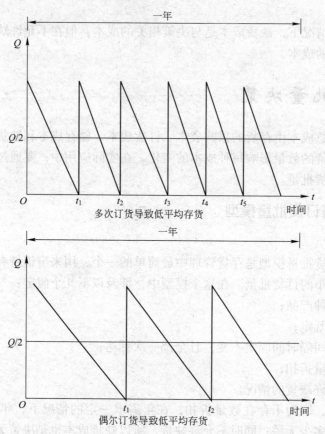

图 6-1 平均库存水平与年订货次数反向相关：一个升高则另一个降低

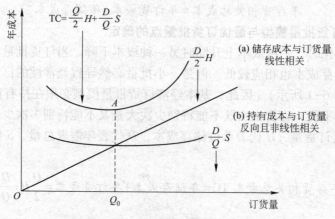

图 6-2 最优订货批量点的确定

运用微积分，将 $TC = \dfrac{Q}{2}H + \dfrac{D}{Q}S$ 对 Q 求导，并令导数为零，则有

$$\frac{dTC}{dQ} = \frac{H}{2} - \frac{DS}{Q^2} = 0$$

得到最优订货批量 Q_0 的表达式如下：

$$Q_0 = \sqrt{\frac{2DS}{H}} \tag{6-2}$$

代入式（6-1）可以得到

$$\text{年订货批次} = \frac{D}{Q} = \frac{D}{\sqrt{\dfrac{2DS}{H}}} = \sqrt{\frac{DH}{2S}} \tag{6-3}$$

$$\text{年最低相关总成本} = \frac{Q}{2}H + \frac{D}{Q}S = \sqrt{\frac{2DS}{H}} \times \frac{H}{2} + \frac{DS}{\sqrt{\dfrac{2DS}{H}}} = \sqrt{2DSH} \tag{6-4}$$

实际运用

[**例 6-1**] 某公司全年需用某材料 880 千克，单位采购成本为 5 元，每次订货成本为 28 元，年储存成本为每年每千克 90 元。试求该公司的最优经济订货批量，年最低相关总成本及年订货批次。

解： 依题由 $D = 880$ 千克，$S = 28$ 元，$H = 90$ 元，则根据公式有最优订货批量

$$Q_0 = \sqrt{\frac{2DS}{H}} = \sqrt{\frac{2 \times 880 \times 28}{90}} \approx 23.40 \text{（千克/次）}$$

全年订货批次为：

$$\frac{D}{Q} = \sqrt{\frac{DH}{2S}} = \sqrt{\frac{880 \times 90}{2 \times 28}} = 38 \text{（次）}$$

全年的最低相关总成本为：

$$TC = \frac{Q}{2}H + \frac{D}{Q}S = \sqrt{2DSH} = \sqrt{2 \times 880 \times 28 \times 90} = 2\,106 \text{（元）}$$

6.2.2 基本经济订货批量模型的扩展

在实际工作中，由于各种因素的影响，需要对前述基本数学模型进行扩展，以确定不同状况下的经济订购批量，从而降低成本。

1. 边进边耗用模型

在实际生产中，每次订购的货物不一定是一次全部到达，有可能分批陆续到达；同时企业内生产经营也不是等到货物全部运抵仓库后才开始耗用，而是边补充边耗用。在这种情况下，可以将一个订货周期（本次订货开始收到点到下次订货开始收到点间的这段时间）分成两个阶段：第一阶段为库存形成期，是指从订货开始收到点到货物全部运抵仓库这段时

间,此段时间内,存货的进库速度通常大于出库速度(耗用速度),当货物全部运抵仓库时,有最高的库存量;而第二阶段就是从货物全部运抵到下次订货开始收到点,此时,有关存货将只出不进,其经常储备不断下降,在存货经常储备下降到零时,下一批订货又将开始分批陆续到达,如此循环往复(如图6-3所示)。在边进货边耗用的情况下,存货的库存周期、库存期间消耗量和存货实际库存量等多种因素及其变化会影响存货经济订货批量的确定,因此管理者要综合考虑各方因素,正确制定边进库、边耗用条件下的存货决策,科学计算边进库、边耗用条件下的经济订货批量。

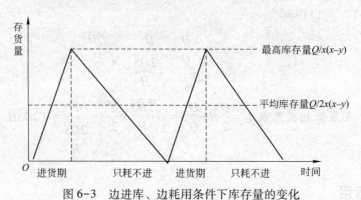

图6-3 边进库、边耗用条件下库存量的变化

在边进货、边耗用的模型中,决策相关成本包括订货成本和储存成本。其中,储存成本又与存货的每日进库量和每日消耗量相关。

设 x 代表存货每日进库量,y 代表每日消耗量,每次订货成本为 S,单位储存成本为 H,则有:

库存形成周期 $T=\dfrac{Q}{x}$

入库期间总消耗量 $=Ty=\dfrac{Q}{x}\cdot y$

每日增加净库存量 $=x-y$

最高库存量 $=Q-\dfrac{Q}{x}y$

$=\dfrac{Q}{x}(x-y)$

平均库存量 $=\dfrac{1}{2}\left(Q-\dfrac{Q}{x}y\right)$

$=\dfrac{Q}{2x}(x-y)$

订货成本 $=\dfrac{D}{Q}S$

储存成本 = 平均库存量×单位储存成本 $=\dfrac{Q}{2x}(x-y)\times H$

存货相关总成本 $=\dfrac{DS}{Q}+\dfrac{Q}{2x}(x-y)\times H$

即

$$TC = TC_a + TC_t = \frac{DS}{Q} + \frac{Q}{2x}(x-y) \times H \qquad (6-5)$$

以 Q 为自变量，对 TC 求导，并令其为零，应有

$$\frac{dTC}{dQ} = \frac{-DS}{Q^2} + \frac{x-y}{2x}H = 0$$

$$Q^2 = \frac{2DS}{H} \times \frac{x}{x-y}$$

$$Q_0 = \sqrt{\frac{2DS}{\frac{x-y}{x} \times H}}$$

同时可以得到

$$全年订货次数 = \frac{D}{Q} = \sqrt{\frac{x-y}{x} \times \frac{DH}{2S}} \qquad (6-6)$$

$$年最低相关总成本 = \frac{DS}{Q} + \frac{Q}{2x}(x-y) \times H = \sqrt{2\left(\frac{x-y}{x}\right)DSH} \qquad (6-7)$$

实际运用

[**例 6-2**] 假设某企业生产某产品，全年需用 A 零件 10 000 件，每次订购成本为 100 元，每个 A 零件年储存成本为 1.2 元。该零件在供应周期内每日进库量为 200 件，每日耗用量为 80 件。为使存货相关成本达到最低值，该企业应如何确定 A 零件的经济订货量？

解：代入数据，则

$$Q_0 = \sqrt{\frac{2 \times 10\,000 \times 100}{\frac{200-80}{200} \times 1.2}} \approx 1\,667（个）$$

结果表明，某企业在现有边进库、边消耗的条件下，A 零件的经济订货量应为 1 667 个，此时该种零件的相关总成本达最低值。

$$全年订货次数 = \frac{D}{Q} = \frac{10\,000}{1\,667} \approx 6（次）$$

$$年最低相关总成本 = \frac{DS}{Q} + \frac{Q}{2x}(x-y) \times H$$
$$= \frac{10\,000 \times 100}{1\,667} + \frac{1\,667}{2 \times 200} \times (200-80) \times 1.2$$
$$\approx 1\,200（元）$$

2. 数量折扣模型

所谓数量折扣，是指当企业每批（次）购买某种货物的数量达到或超过一定限度时，供应商在价格上给予的优惠。对于供应商而言，给予一定的数量折扣可以鼓励买方大量购货，从而扩大自己的销售量，增强自己在市场上的声誉和地位。对购货方而言，实行数量折

扣制度，可以获取商品降价的收益，但也存在着增加储存费用、占压资金、多付利息等不利因素的影响。此时，企业管理者应该全面权衡接受数量折扣的利弊得失，为保障企业的经济利益制定正确的存货数量折扣决策。

当存在数量折扣时，货物的采购成本随折扣的增加而减少，此时的存货经济批量模型就不只包括订货成本和储存成本，还应该包括采购成本。即

$$TC = 采购成本 + 订货成本 + 储存成本$$
$$= PD + \left(\frac{D}{Q}\right)S + \left(\frac{Q}{2}\right)H$$

式中：P——折扣后的货物单价；
D——年需求总量；
S——每次订货的成本；
H——单位储存成本；
Q——每批订货量。

在数量折扣模型下，随着每次订货批量的增加，企业获得更低的价格折扣，同时也降低年总采购成本，但平均库存水平的上升会造成存货储存成本的上升。对数量折扣决策一般采用成本比较法，即对不接受数量折扣、仅按经济订货量购货的存货总成本与接受数量折扣条件下的存货总成本进行比较，从中选取成本较低者为决策行动方案的一种经济分析方法。

实际运用

[例 6-3] 某企业全年需用 A 零件 1 500 个，每件每年储存成本 0.5 元，每次订货费用 81.67 元。供应商规定：每次订货量达到 750 个时，可获 2% 的价格优惠；不足 750 个时，单价为 50 元。

决策分三步进行。

（1）计算没有数量折扣时的经济订货批量。因为按一般原则，当有可能获取数量削价时，最优订货量可由经济订货批量 Q 来决定。

$$Q_0 = \sqrt{\frac{2 \times 1\,500 \times 81.67}{0.5}} \approx 700 \text{（个）}$$

最优订货量必然是 700 个或者 750 个，没有其他订货数量比这两个数量更经济。

（2）计算不考虑数量折扣时的年成本合计。

$$采购成本 = 1\,500 \times 50 = 75\,000 \text{（元）}$$
$$订货成本 = \frac{1\,500}{700} \times 81.67 \approx 175 \text{（元）}$$
$$储存成本 = \frac{700}{2} \times 0.5 = 175 \text{（元）}$$

年成本合计 = 75 000 + 175 + 175 = 75 350（元）

（3）计算考虑数量折扣时的年成本合计。

$$采购成本 = 1\,500 \times 50 \times (1 - 2\%) = 73\,500 \text{（元）}$$
$$订货成本 = \frac{1\,500}{750} \times 81.67 = 163.34 \text{（元）}$$

储存成本 $= \dfrac{750}{2} \times 0.5 = 187.5$（元）

年成本合计 $= 73\,500 + 163.34 + 187.5 = 73\,850.84$（元）

由订购 700 个与 750 个时的年成本合计可知，接受数量折扣可使存货成本降低 1 499.16 元（75 350－73 850.84），因此应该选择接受数量折扣的方案。

在实际工作中，需要考虑的因素较多，这时可采用的方法也较多，应灵活加以运用。

3. 允许缺货条件下的经济订货批量模型

经济订货批量基本模型的前提之一是不允许出现缺货现象。但在实际生活中，经常会因为供货方或运输部门的问题导致所采购的材料无法及时到达企业，发生缺货损失的现象。在这种情况下就需要将缺货成本作为控制的相关成本之一来考虑。

所谓缺货成本是指因材料供应发生短缺，无法及时满足生产经营的正常需要而造成的损失。它包括停工待料损失、因客户延期交货而支付的违约罚金、因采取临时性补救措施而发生的额外采购支出，以及企业因失去及时供货信用而损失的商誉（如失去未来客户、减少销售机会）等内容。

在允许缺货条件下，企业对经济订货批量的确定，除了要考虑订货成本与储存成本以外，还需对可能发生的缺货成本加以考虑，即能使三项成本总和最低的批量是经济订货批量。

设 U 代表缺货量，Q 代表最优订货批量，S 代表每次订货的订货成本，H 代表单位年储存成本，K_U 代表单位年缺货成本，d 代表存货日消耗量，T_1 代表不缺货的天数，T_2 代表缺货的天数，则一个购货周期 $T = T_1 + T_2$，如图 6-4 所示。

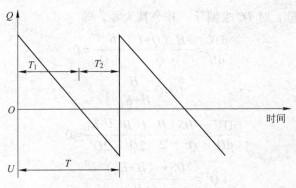

图 6-4　允许缺货条件下库存量的变化

由图可知：T 时间段内最高库存量为 $(Q-U)$；T_1 时间内平均库存为 $\dfrac{Q-U}{2}$；T_2 时间内平均库存为 $\dfrac{U}{2}$，则

$$T_1 = \dfrac{Q-U}{d}$$

$$T_2 = \dfrac{U}{d}$$

$$T = T_1 + T_2 = \dfrac{Q-U}{d} + \dfrac{U}{d} = \dfrac{Q}{d}$$

由此得到

$$\text{平均库存量} = \frac{T_1 \frac{Q-U}{2}}{T} = \frac{\frac{Q-U}{d} \times \frac{Q-U}{2}}{\frac{Q}{d}} = \frac{(Q-U)^2}{2Q}$$

$$\text{平均缺货量} = \frac{T_2 \frac{U}{2}}{T} = \frac{\frac{U}{d} \times \frac{U}{2}}{\frac{Q}{d}} = \frac{U^2}{2Q}$$

则

$$\text{订货成本} = \frac{D}{Q}S$$

$$\text{储存成本} = \frac{(Q-U)^2}{2Q}H$$

$$\text{缺货成本} = \frac{U^2}{2Q}K_U$$

此时，有

存货总成本 = 订货成本 + 储存成本 + 缺货成本

即
$$TC = TC_a + TC_c + TC_s = \frac{DS}{Q} + \frac{QH}{2} - UH + \frac{U^2H + U^2K_U}{2Q} \tag{6-8}$$

以 U 和 Q 为自变量，对 TC 求偏导，并令其为零，即

$$\frac{dTC}{dU} = \frac{-H(Q-U)}{Q} + \frac{K_U U}{Q} = 0$$

$$U = Q\frac{H}{H+K_U} \tag{6-9}$$

$$\frac{dTC}{dQ} = \frac{-DS}{Q^2} + \frac{H}{2} - \frac{U^2H}{2Q^2} - \frac{U^2K_U}{2Q^2} = 0$$

$$Q^2 = \frac{2DS + (H+K_U)U^2}{H} \tag{6-10}$$

将式（6-9）代入式（6-10），整理得

$$Q^2 = \frac{2DS}{H} \times \frac{H+K_U}{K_U}$$

$$Q = \sqrt{\frac{2DS}{H} \times \frac{H+K_U}{K_U}} \tag{6-11}$$

 实际运用

[例6-4]　某制造公司全年需用某种材料 40 000 千克，按经验数据每次订货的变动性订货成本为 25 元，单位材料年平均变动性储存成本为 8 元。企业允许缺货，因采取补救措

施而发生的单位缺货年均成本的经验数据为 24.8 元。

要求：计算不存在商业折扣，每批订货均能一次到货，但允许出现缺货现象情况下的经济采购批量以及允许最大缺货量。

解：代入上述数据，则允许缺货条件下的经济订货批量为：

$$Q = \sqrt{\frac{2 \times 25 \times 40\,000}{8} \times \frac{8+24.8}{24.8}} \approx 575 \text{（千克）}$$

允许缺货量为：

$$U = \sqrt{\frac{2 \times 25 \times 40\,000}{24.8} \times \frac{8}{8+24.8}} \approx 140 \text{（千克）}$$

6.2.3 一般再订货点模型

经济订货批量模型解决了每次订购多少货的问题，但还没有回答何时订货，以及在何时必须清货的问题。在存货管理和控制过程中，通常会遇到发出订单与接收到货物不在一个时点的情况，一般是发出订单若干天后，才会陆续到货。因此必须对再订货点进行确认。

在存货管理和控制过程中，通常会遇到发出订单与接收到货物不在一个时点的情况。从发出订单到接收到货物中间这段时间称为提前期。再订货点（ROP）则是发出新订单的时点，通常是根据提前期倒推算出来的。

再订货点模型是根据库存数量和提前期来确定再订货点（ROP）的一个函数模型：一旦库存数量降至某一事先确定的数量，就会发生再订货。再订货的库存数量取决于以下四个因素：

（1）平均日耗用量（通常是基于预测的需求率）；
（2）生产提前期；
（3）需求范围与生产提前期的变化量；
（4）月管理者可以接受的缺货风险程度。

1. 需求确定条件下的再订购点

如果需求与生产提前期都是常数，再订货点为：

$$ROP = d \times LT$$

式中：d——平均日耗用量（通常是基于预测的需求率）；

　　　LT——生产提前期天数或周数。

例如，某车间 C 存货平均日耗用量为 50 件，每次订货 4 天后才收到货物。此时 C 存货的再订货点为：

$$ROP = 50 \times 4 = 200 \text{（件）}$$

因此，当 C 存货还有 200 件时开始再订货，如图 6-5 所示。

2. 需求不确定条件下的再订购点

一旦需求或生产提前期发生变化，实际需求就有可能超过期望需求。因此，为减少生产提前期内用光库存的风险，企业一般会建立保险储备。保险储备的实施是在企业存货管理中增加一个安全库存量。此时，再订购点就为：

$$ROP = \text{生产提前期内的期望需求} + \text{安全库存量}$$
$$= \text{（平均日耗用量} \times \text{提前期）} + \text{安全库存量}$$

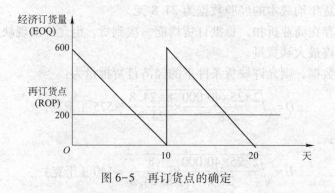

图 6-5 再订货点的确定

例如，如果生产提前期内期望需求为 200 单位，想要的安全库存量为 60 单位，再订货点就是 260 单位。

6.3 存货日常管理

6.3.1 ABC 存货管理

对某些大中型企业，如果其存货品种繁多，数量、价格上差别较大时，其存货可以考虑实施 ABC 分类管理法进行管理。ABC 管理法认为，企业中的某些存货尽管品种不多，数量也很少，但每件存货的金额相当巨大，管理稍有不善，会给企业造成极大的损失。相反，有的存货虽然品种繁多，数量巨大，但其总金额在存货总占用资金量中的比重较低，对于这类存货即使管理当中出现一些问题，也不至于对企业产生较大的影响。因此，从经济角度和人力、财力、物力的有限性角度看，企业应该对不同的存货给予不同程度的关注。ABC 分类管理的目的即在于使企业分清主次，突出重点，以提高存货资金的管理效果。

ABC 分类管理法的具体操作通常分为以下步骤。首先按一定的标准将企业的存货分类。分类的标准主要有金额标准（主要是年平均耗用总额）和品种数量标准。其中金额标准是最基本的，品种数量标准仅作为参考。例如，先将企业各种存货按其单位分为成本、数量、年平均耗用总额排序（其中，年平均耗用总额＝全年平均耗用量×单位成本），然后按照一定金额标准把它们分成 A、B、C 三类。其中，A 类存货单位价值大、数量少，这类存货一般只占用年耗用总数量的 10%，但其价值占年耗用金额的 70%；B 类存货金额一般，品种数量相对较多；C 类存货品种数量繁多，但是价值金额很小，金额比重只占年耗用金额的 10%，但占年耗用总数量的 70%。如一个拥有上万种商品的百货公司，精品服饰、皮具、高档金饰、手表、家用电器等商品的数量并不很多，价值却相当大。大众化的服装、鞋帽、文具用品等商品数量较多，但价值相对 A 类商品要小得多。对于各种日用百货等小百货品种数量非常多，但所占的金额很小。

ABC 各类存货的分类划定以后，就可以针对不同存货实行分品种重点管理、分类别一般控制和按总额灵活掌握的存货管理方法。由于 A 类存货占用企业绝大多数的资金，只要能控制好 A 类存货，基本上不会出现较大的问题，因此必须对 A 类存货实行分品种重点管理，即对每一种存货都列出详细的数量、单价情况，严格按照事先计算确定的数量和时间进行订货，使日常存量达到最优水平，同时对每件存货的订购、收入、发出、结余情况都详细登记。由于 B 类存货的品种数量远远多于 A 类存货，企业通常没有能力对每一具体品种进行控制，因此可以通过划分类别的方式管理，即将 B 类存货中相似的存货归类，以这些类别来控制存货收发的数量和金额。尽管 C 类存货品种数量繁多，但其所占金额很小，对此，企业只要把握一个总金额就可以了。

6.3.2 零存货管理

1. 零存货管理概述

存货管理是指为了保证企业生产经营的正常运行、降低存货成本、增加获利能力，对存货进行决策、规划、控制等工作的总称。企业持有存货的原因一方面是为了保证生产或销售的经营需要，另一方面是出自价格的考虑，零购物资的价格往往较高，而整批购买物资在价格上有优惠。但是，过多的存货要占用较多资金，并且会增加包括仓储费、保险费、维护费、管理人员工资在内的各项开支，因此，存货管理的目标，就是在保证生产或销售经营需要的前提下，最大限度地降低存货成本。具体包括以下几个方面。

（1）保证生产正常进行。生产过程中需要的原材料和在产品，是生产的物质保证，为保障生产的正常进行，必须储备一定量的原材料；否则可能会造成生产中断、停工待料的现象。尽管当前部分企业的存货管理已经实现计算机自动化管理，但要实现存货为零的目标实属不易。

（2）有利于销售。一定数量的存货储备能够增加企业在生产和销售方面的机动性和适应市场变化的能力。当企业市场需求量增加时，若产品储备不足就有可能失去销售良机，所以保持一定量的存货是有利于市场销售的。

（3）便于维持均衡生产，降低产品成本。有些企业产品属于季节性产品或者需求波动较大的产品，此时若根据需求状况组织生产，则可能有时生产能力得不到充分利用，有时又超负荷生产，这会造成产品成本的上升。为了降低生产成本，实现均衡生产，就要储备一定的产成品存货，并应相应地保持一定量的材料存货。

（4）降低存货取得成本。一般情况下，当企业进行采购时，进货总成本与采购物资的单价和采购次数有密切关系。而许多供应商为鼓励客户多购买其产品，往往在客户采购量达到一定数量时，给予价格折扣，所以企业通过大批量集中进货，既可以享受价格折扣，降低购置成本，也因减少订货次数，降低了订货成本，使总的进货成本降低。

（5）防止意外事件的发生。企业在采购、运输、生产和销售过程中，都可能发生意料之外的事故，保持必要的存货保险储备，可以避免和减少意外事件的损失。

2. 零存货管理可能存在的问题

零存货管理的思想来自适时制的要求，适时制与传统存货管理产生差异。传统存货管理承认存货存在的合理性，要求按照各种模型制定的计划引入存货，提倡持有一定的存货，以达到相关成本最低；而零存货管理的思想则要求企业按需要引入存货，并努力减少存货、降低存货成本，最终目的是消灭存货，以达到总成本最低。但零存货管理也有很大的局限性，如下所述。

（1）一旦供应链被破坏，或企业不能在很短的时间内根据客户需求调节生产，企业生产经营的稳定性将会受到影响，经营风险加大。

（2）为了保证能够按照合同约定频繁小量配送，供应商可能要求额外加价，企业因此丧失了从其他供应商那里获得更低价格的机会收益（也就是折扣）。

零存货是一种特殊的库存概念，其对工业企业和商业企业来讲是一个重要分类概念。零库存的含义是指以仓库储存形式的某种或某些种物品的储存数量很低的一个概念，甚至可以为"零"，即不保持库存。

应该注意的是，零存货在本质上可以说是一种思想，而非数学模型。我们应学习的是适时制下努力降低库存、提高质量、不断改进的精髓，将这种先进的管理思想与企业的实际情况结合起来，达到提高经济效益的目的。不顾企业管理水平和企业外部环境，盲目生搬硬套零存货管理方式是很危险的。在实践中究竟应将企业的存货保持在多少为最优，需视企业外部经营环境和内部管理水平而定。

相关法规

2017年9月29日《管理会计应用指引第400号——营运管理》；《管理会计应用指引第300号——成本管理》。

复习思考题

1. 存货决策中需要考虑的相关成本有哪些？
2. 存货的作用有哪些？
3. 请列举经济订货批量的基本假设。
4. 经济订货批量模型有哪些扩展？
5. 什么是ABC存货管理？
6. 零存货管理的思想是什么？我们应把零存货作为管理方法还是作为管理理念？

练习题

1. 选择题

（1）下列各项中，与再订货点无关的是（　　）。
　　A. 经济订货量　　　　　　　　B. 日耗用量
　　C. 交货日数　　　　　　　　　D. 保险储备量

（2）下列各项中，与经济订货量无关的是（　　）。
　　A. 每日消耗量　　　　　　　　B. 每日供应量
　　C. 储存变动成本　　　　　　　D. 订货提前期

（3）下列各项中，不属于订货成本的是（　　）。
　　A. 采购部门的折旧费　　　　　B. 检验费
　　C. 按存货价值计算的保险费　　D. 差旅费

（4）某公司使用材料A，一次订购成本为2 000元，每单位成本为50元，经济订购批量为2 000元，单位资本成本率为10%，全年用量为8 000个单位。该材料单位储存成本中的付现成本是（　　）元。（提示：储存成本通常包括两大类：一是付现成本，二是资本成本。)

  A. 8   B. 3   C. 4   D. 5

(5) 数量折扣视为机会成本时是指放弃可获得的最大订购量折扣而形成的机会成本，等于( )。

  A. 最大订购量折扣
  B. 该公司拟选订购政策的折扣
  C. 最大订购量折扣与该公司拟选订购政策的折扣之间的差额
  D. 最大订购量折扣与该公司拟选订购政策的折扣之和

(6) 某种商品的再订货点为 680 件，安全库存量为 200 件，采购间隔日数为 12 天，假设每年有 300 个工作日，则年度耗用量是( )件。

  A. 11 000   B. 10 000   C. 12 000   D. 13 000

(7) 在存货决策中，( )可以不考虑。

  A. 订货成本   B. 固定订货成本
  C. 变动订货成本   D. 变动储存成本

(8) 下列各项中不属于储存成本的是( )。

  A. 企业自设仓库的水电费、空调费   B. 按存货价值计算的保险费
  C. 陈旧报废损失   D. 采购人员的检验费

(9) 由于存货数量不能及时满足生产和销售的需要而给企业带来的损失，称为( )。

  A. 储存成本   B. 缺货成本   C. 采购成本   D. 订货成本

(10) 储存成本中，凡总额大小取决于存货数量的多少及储存时间长短的成本，称为( )。

  A. 固定储存成本   B. 变动储存成本
  C. 资本成本   D. 无关成本

2. 计算题

(1) F 制造公司全年需用某种材料 40 000 千克，按经验数据每次订货的变动性订货成本为 25 元，单位材料年平均变动性储存成本为 8 元。就下列各不相关的条件分别计算经济采购批量，并计算出各情况下最低相关总成本。

① 不存在商业折扣，不允许出现缺货现象，每批订货均能一次到货。

② 供货方规定，当一次采购量小于或等于 640 千克时，单价为 11 元；采购批量不低于 640 千克时，单价为 10 元；采购批量不低于 10 000 千克时，单价为 9.5 元。其他条件同①。

(2) 某企业全年需要材料 24 000 千克，规定不允许缺货，每千克材料一个月所需的储存费为 0.1 元，每采购一批材料所需的采购费用为 350 元，一年工作日为 300 天。要求：

① 计算每批采购多少材料最为经济；
② 该材料正常订货提前期为 5 天，若不考虑安全储备，则其订货点为多少？
③ 如果材料提前期可能长达 8 天，计算订货点又为多少？
④ 如果材料提前期为 9 天，每天耗用量为 100 千克，计算其订货点又为多少？

投资决策分析

内容概要

1. 投资决策分析概述
2. 投资决策分析的基本方法
3. 投资决策分析的具体应用

引例——新疆 JKCS 集团投资分析

新疆 JKCS 集团是于 2001 年 3 月正式创立的一家民营公司,采用农村包围城市的经营策略,经过十年的发展,将一个在新疆石河子市创办起家的小小超市快速地发展成为在新疆家喻户晓的超市连锁集团。公司以销售大众化实用品为主,将超市和折扣商场的经营优势合为一体,有十家全资子公司(超市),总营业面积为 59 600 平方米,是新疆唯一一家跨区域经营的连锁超市。JKCS 集团自开业以来坚持实施"稳健经营,持续发展"的经营战略,着力提升公司的核心竞争力,取得了不错的成效。但是超市行业目前正处于行业成熟期,由于行业在技术上趋于成熟,竞争对手的产品差异化减少,同质化严重,竞争的焦点主要集中在价格和服务等方面,价格战成为竞争的普遍手段,公司面临的市场竞争较为激烈。

JKCS 准备再投资建设一个 1 万多平方米的大型综合超市,超市选址在新疆南疆地区和田市,预计总投资 600 万元,其中固定资产投资 500 万元(预计装修工程 100 万元、设备购置 350 万元、其他购置费用 50 万元),垫支流动资金 100 万元。该项目资金来源为自有资金加延长供应商账期信用借款。根据前期市场调研及合同签订情况,店铺租期 10 年(含筹建期),计划第一年为市场培育期,以薄利多销,市场培育为主,销售收入按 5 000 万元测算,第二、三年预计收入每年增长 10%,第四年进入稳定发展期,预计收入年增长 5%。营运期内产品销售收入、成本费用均采用平均预测固定价格,并考虑一定的涨价因素,税收按现行规定取值。

(1)对收入及税金的测算。销售收入市场培育期为 1 年,按预计日均到客数为 4 000人、每客消费 35 元计,全年按 365 天计算第一年销售收入 5 110.00 万元,取整数按 5 000万元概算,其他业务收入为招商收入(卖场出租收入),第一年为零,第二年以后市场较为成熟稳定，招商收入与卖场房屋租金持平。

销售税金及附加，商品增值税率为17%。进销项相抵后的增值税整体平均税负为1.5%，并按此为基数缴纳城建税7%、教育费附加3%。公司所得税享受西部大开发优惠三年免税，免税期满后按25%计征公司所得税。

（2）对成本费用的测算。销售成本估算：公司目前在乌鲁木齐市的商品销售毛利率平均为15%，在二级城市预计可达17%~20%，第一年按15%毛利率概算，其他年按17%计算；

房租及综合管理费（含仓库、卖场、办公区），合同租期10年，年均租金支出90万元。

人工成本（含管理人员及经营人员）：人均工资按照当地1 140元/月计算，店内计划员工180人，全年人工成本2 462 500.00元，按260万元统算，暂不考虑增长因素。

暖气费按新疆冬季供热标准每年22.5元/米^{2}计算，每年10 037.27平方米×22.5＝225 838.58元；

固定资产设备按10年折旧，5%残值计算，装修及其他按5年折旧，5%残值计算；

其他费用：剔除房租、人工成本、暖气费、折旧等固定费用，其他费用按照年销售收入的2.5%控制支出总额。其中：水电等能源费用控制在收入总额的1%；存货损失第一年投入32万元，以后每年损耗率控制在收入总额的0.5%；业务招待费第一年投入50万元，以后每年控制在收入的0.5%；广告宣传费第一年投入75万元，以后每年控制在销售收入的0.5%。

（3）折现率的选择。考虑货币时间价值，假设折现率12%。

公司要在三个月内完成项目计划方案，时间上非常紧张，这是一项重要的工作，也是一项着急的工作，公司决策分析、预测和制定方案时间短，可供公司思考决策的时间更短，问：该项目是否具有可行性？公司该如何决策？

（资料来源：根据龚巧莉的教学案例"竞争环境下的艰难抉择——新疆JKCS集团投资分析"改编而成）

7.1 投资决策分析概述

前面章节已经详细介绍了短期的经营决策分析方法，本章所讲的投资决策主要涉及的是企业的长期投资决策的内容。长期投资决策对企业来说具有长远的战略意义，它会在比较长的时间内对企业的经营产生影响，所以企业在做出长期投资决策时要充分考虑各方面影响因素。

7.1.1 投资决策的含义

《管理会计应用指引第500号——投融资管理》中对投资管理的定义为：投资管理是指企业根据自身战略发展规划，以企业价值最大化为目标，对将资金投入营运进行的管理活动。本章所讲的投资决策是指运用一定的科学理论、方法和手段，运用一定的程序，对企业面临的多个投资方案进行分析、评价和选择，最终确定出最佳的投资方案的过程。长期投资是指企业需要投入大量资金，以增加企业的生产经营能力并期望在未来获取收益的经济活动。长期投资一般投资期间涵盖的时间跨度大，要长于一年，一般投资所需要的资金量大，所面临的风险也大，投资的回收期较长，比如厂房和设备购建、更新等。广义上的长期投资，既包括固定资产的投资，也包括无形资产、长期流动资产或者长期有价证券的投资，狭义的长期投资通常只涉及固定资产的投资，因为在长期资产中，固定资产往往占有很大的比重。

总而言之，企业的长期投资决策是指企业对各种长期投资方案的投资支出和投资收入进行比较、分析、判断和评价，以做出决定和投资选择，即从备选方案中选择最优方案的过程。

由于长期投资资本性支出的特性，它对企业未来的可持续发展具有重大的影响。长期投资的决策正确与否，与企业的长期获利能力也有着紧密的联系。企业应建立健全投资管理的制度体系，根据组织架构特点，设置能够满足投资管理活动所需的，由业务、财务、法律及审计等相关人员组成的投资委员会或类似决策机构，对重大投资事项和投资制度建设等进行审核，有条件的企业可以设置投资管理机构，组织开展投资管理工作。企业一般按照制定投资计划、进行可行性分析、实施过程控制和投资后评价等程序进行投资管理。本章投资决策分析主要是针对一项长期投资项目的可行性分析（即项目是否值得投资），企业在做决策时通常会采用一些具体的分析方法，下面一一介绍。

7.1.2 投资决策分析需要考虑的因素

长期投资决策的投资风险大，对企业的现阶段状况以及未来的发展具有重大的影响，因此，企业在进行长期投资决策时，要对影响长期投资项目经济效益的一些因素进行慎重考虑，这些因素包括投资回收期、风险与报酬、货币的时间价值、资本成本和现金流量。

7.1.3 投资回收期

在进行长期投资决策时，投资回收期是必不可少的一个考虑因素。由于市场存在着各种不确定性因素，一般来说，投资回收期越长，投资项目所面临的风险就越大。在考虑投资回收期时，一般也要考虑投资项目涉及的固定资产的可使用寿命，投资回收期不能长于固定资产的使用寿命，否则投资具有较大的风险。

7.1.4 风险与报酬

企业进行投资就是为了获得一定的报酬，但进行投资就一定伴随着一定程度的风险，因为企业处在一个极其复杂的市场环境中，面临着各种不确定因素的干扰和威胁。企业无法获得预期报酬的可能性称之为风险。企业承受着投资的风险想要获得的超过货币的时间价值的额外的报酬，称之为风险报酬。一般来说，投资项目的风险与报酬存在着一定程度上的正比关系，一般风险越大，所要求的报酬就越高，报酬低的项目其风险也会较低，否则没有人愿意进行投资。

7.1.5 货币的时间价值

进行长期投资决策时，货币的时间价值是必须要考虑的重要因素，它揭示了一定时空条件下流动中的货币具有增值性的规律。

货币的时间价值是指货币经过一段时间的投资和再投资所增加的价值，是在不考虑风险报酬和通货膨胀因素的情况下的真实报酬。它是指资金会随着时间的推移而增加的价值,即一定量的资金在不同的时点上具有不同的价值,其实质是资金周转使用后的增加额。

货币时间价值有绝对数和相对数两种表现形式,一般用利息、利率或者折现率的形式来体现。货币时间价值的绝对数表示的是使用货币的机会成本,也就是所说的利息。货币时间价值的相对数形式表示的是,货币的时间价值率,即增值额与投入的本金之比,是在排除风险报酬和通货膨胀因素之后的社会平均资本利润率或者是平均报酬率,在一定的条件下可视为存款利率。在实际生活中,货币的时间价值通常用相对数来表示。

货币资金之所以具有时间价值,是因为它的循环使用和周转,这是货币在作为资本使用的过程中才存在的现象,而且只有在生产经营的周转使用过程中才能产生。对于企业来说,它的资金循环和周转使用的起点是投入货币资金,企业用它来购买生产经营需要的资源,然后利用所购买的资源进行生产活动,生产出可以出售的产品,将这些产品销售出去,销售产品所得到的资金量会大于起始时点投入的资金量。因此,在商品经济中,货币必然具有时间价值。

要进行货币的时间价值相关的计算,首先要弄明白一些基础的概念和计算的方法。

现值,也称为本金,指的是在以后某期收到或者付出的资金在当前时点的价值,可以将其看作是未来的现金流在零期的价值,可以简单地理解为,现值就是在当前时点收到的款项或者付出的款项的价值。

终值,也就是通常所说的本利和,又称为将来值,是指现在一定量的资金在将来某个时点上的价值。

年金是指等期、等额的系列收支款项。它的特征有以下几点:每笔款项发生的时间间隔相同,每笔款项发生的数额相同,流入、流出的方向一致。生活中常见的年金有消费时的分期付款、领取养老金、分期偿还借款等。

货币时间价值的计算还需要区分单利和复利两种计息情况。

单利是指计算利息的基础只包括本金,不对利息计算利息。

复利是指在计算本期的利息时以上期的本利和为基础。

在计算时,通常使用符号来代替有关的概念,其含义如下:

P 为现值;F 为终值;A 为年金;i 为利率;n 为期数。

1. 单利的相关计算

(1) 以单利方式计息,其终值的计算公式为:

$$F = P \times (1 + n_i) \tag{7-1}$$

实际运用

[例7-1] A企业将10 000元存入银行,定期三年,假定银行的年利率为10%,那么,这些资金三年后的终值是多少?

这些资金三年后的终值为:

$$F = 10\,000 \times (1 + 3 \times 10\%) = 13\,000 \text{(元)}$$

(2) 在单利计息方式下,根据其终值计算公式,变形后可以得到其现值计算公式:

$$P = F / (1 + n_i) \tag{7-2}$$

实际运用

[例7-2] 假定银行利率为10%，A企业现在想存入一笔款项到银行，三年后想得到10 000元，那么A企业现在需要存入多少元？

$$P = 10\,000/(1+3\times10\%) = 7\,692.31\;(元)$$

在实际生活中，货币时间价值不采用单利的方式来表示，而一般都用复利来表示，因为企业获得了收益之后往往会重新投资到生产经营中的资金使用和周转中去，而不是让收益闲置下来，这与复利的原理相似。

2. 复利的相关计算

（1）复利终值是指当前时点一定数额的本金（现值）按照复利计算方法计算出来的、将来某一时点的本利和（终值）。复利终值的计算公式如下：

$$F = P\times(1+i)^n$$

在上面公式中，$(1+i)^n$ 通常用 $(F/P,\;i,\;n)$ 的形式来表示，公式可写成

$$F = P\times(F/P,\;i,\;n) \tag{7-3}$$

其中，$(F/P,\;i,\;n)$ 为复利终值系数，其数值可以通过查找复利终值系数表得到。

从复利终值的计算公式可以看出，复利计算方法下的利息是以指数的形式增长的，增长的速度会越来越快。

 实际运用

[例7-3] A企业用10 000元进行一项投资，该投资项目的投资报酬率为10%，那么，三年后，A企业可以得到的终值为多少？

三年后终值为：

$$\begin{aligned}F &= P\times(F/P,\;i,\;n)\\&= 10\,000\times(F/P,\;10\%,\;3)\\&= 10\,000\times1.331\\&= 13\,310\;(元)\end{aligned}$$

$(F/P,\;10\%,\;3)$ 数值可以通过 $i=10\%$，$n=3$ 查复利终值系数表得到，也可以通过计算 $(1+10\%)^3$ 得到。

（2）根据复利终值的计算公式，经过变形可以得出复利现值的计算公式：

$$P = F/(1+i)^n$$

同样地，上式中的 $1/(1+i)^n$ 可以用 $(P/F,\;i,\;n)$ 来表示：

$$P = F\times(P/F,\;i,\;n) \tag{7-4}$$

$(P/F,\;i,\;n)$ 称为复利现值系数，它的值可以通过查复利现值系数表得到。

 实际运用

[例7-4] 假定A企业计划现在投资一个项目，该项目的投资报酬率为10%，投资期

为3年，如果A企业在3年期满时可以收回10 000元，那么，该投资项目的价值是多少？

该投资项目的价值等于其未来带来的现金净流量的现值：

$$P = F \times (P/F, i, n)$$
$$= F \times (P/F, 10\%, 3)$$
$$= 10\,000 \times 0.7513$$
$$= 7\,513（元）$$

3. 年金的相关计算

年金根据形式的不同可以分为普通年金、预付年金、递延年金和永续年金这四种形式。

（1）普通年金的终值和现值的计算。普通年金，也叫作后付年金，是指在各期的期末等额收付的款项，这是年金最典型的形式。普通年金终值是指一定期间每期期末等额的系列收付款项的终值之和。

普通年金终值的计算公式如下：

$$F = A \times \frac{(1+i)^n - 1}{i}$$
$$= A \times (F/A, i, n) \tag{7-5}$$

其中 F 为普通年金终值，$(F/A, i, n)$ 叫作普通年金终值系数，可以通过查普通年金终值系数表得到。

实际运用

[例7-5] 假定A企业计划现在投资一个项目，该项目的投资报酬率为10%，投资期为3年，如果A企业在3年期满时可以收回10 000元，该投资项目的价值是多少？

该投资项目的价值等于其未来带来的现金净流量的现值：

$$P = F \times (P/F, i, n)$$
$$= F \times (P/F, 10\%, 3)$$
$$= 10\,000 \times 0.751\,3$$
$$= 7\,513（元）$$

[例7-6] A企业连续三年向银行中存入10 000元，假定利率为10%，那么三年后其本利和为多少？

三年期满本利和为：

$$F = A \times (F/A, i, n)$$
$$= 10\,000 \times (F/A, 10\%, 3)$$
$$= 10\,000 \times 3.310$$
$$= 33\,100（元）$$

[例7-7] A企业三年后要还借款10 000元，假定银行存款利率为10%，那么从现在开始，A企业每年年末要存入多少元？

根据公式（7-5）$F = A \times (F/A, i, n)$ 可得

$$A = F/(F/A, i, n)$$
$$= 10\,000/(F/A, 10\%, 3)$$

$$= 10\ 000/3.310$$
$$= 3\ 021.15\ (元)$$

$1/(F/A, i, n)$ 是普通年金终值系数的倒数，又叫作偿债基金数，例7-5的计算为偿债基金的计算，它表示为了将来可以偿还借款每年要等额存入多少款项。

普通年金现值为一定时期内每期期末等额系列收付款项的现值之和。其计算公式如下：

$$P = A \times \left(1 - \frac{(1+i)^{-n}}{i}\right)$$
$$= A \times (P/A, i, n) \tag{7-6}$$

其中，P 为普通年金现值，$(P/A, i, n)$ 为普通年金现值系数，其数值可以通过普通年金现值系数表查到。

实际运用

[例7-8] A企业想要现在在银行存入一笔款项，在以后的5年中，每年年末等额取出1 000元，假定银行存款利率为10%，那么A企业现在应该存入多少钱？

A企业现在要存入的金额为

$$P = A \times (P/A, i, n)$$
$$= 1\ 000 \times (P/A, 10\%, 5)$$
$$= 1\ 000 \times 3.791$$
$$= 3\ 791\ (元)$$

[例7-9] A企业从银行借入10 000元，定期5年，假定银行贷款利率为10%，银行要求A企业在5年内每年年末等额偿还，那么，A企业每年年末的还款金额为多少元？

根据公式（7-6）$P = A \times (P/A, i, n)$ 变形可得

$$A = P/(P/A, i, n)$$
$$= 10\ 000/(P/A, 10\%, 5)$$
$$= 10\ 000/3.791$$
$$= 2\ 637.83\ (元)$$

$1/(P/A, i, n)$ 为普通年金现值系数的倒数，又称为投资回收系数，例7-8为资本回收额的计算，它表示收回一笔现在进行的投资以后期间必须等额收回多少款项。

（2）预付年金的终值和现值的计算。预付年金又叫先付年金，它是在每期期初进行收付的年金，它在普通年金的基础上多复利一次。预付年金的终值是指在复利计息方式下，一定时期内每期期初等额收付的款项的终值之和。其计算公式为

$$F = A \times \frac{(1-i)^n - 1}{i} \times (1+i)$$
$$= A \times \left[\frac{(1+i)^{n+1} - 1}{i} - 1\right]$$
$$= A \times [(F/A, i, n+1) - 1] \tag{7-7}$$

其中，F 为预付年金终值，A 表示预付年金，$[(F/A, i, n+1) - 1]$ 为预付年金终值系数。对比公式（7-5）与公式（7-7）可以发现，预付年金终值系数与普通年金终值系数之

间有一定的关系。普通年金终值系数中的期数加 1、系数减 1 得到的结果就是预付年金终值系数。因此，预付年金终值系数在查年金终值系数表时，要查 $n+1$ 期的数值，然后将查到的系数值减去 1，这样得到预付年金终值系数值。

实际运用

[例 7-10] A 企业在未来的第三年中于每年年初在银行存入 10 000 元存款，假定银行存款利率为 10%，那么，三年后 A 企业可以得到多少款项？

三年后 A 企业可以得到的金额为

$$\begin{aligned}F &= A \times [(F/A, i, n+1) - 1] \\ &= 10\,000 \times [(F/A, 10\%, 3+1) - 1] \\ &= 10\,000 \times [4.641 - 1] \\ &= 36\,410 \text{（元）}\end{aligned}$$

预付年金现值是指在复利计息的方式下，一定时期内每年年初等额收付的款项的现值之和。其计算公式为

$$\begin{aligned}P &= A \times \frac{1-(1+i)^{-n}}{i} \times (1-i) \\ &= A \times \left[\frac{1-(1+i)^{-(n-1)}}{i} + 1\right] \\ &= A \times [(P/A, i, n-1) + 1]\end{aligned} \tag{7-8}$$

其中，P 为预付年金现值，A 为预付年金，$[(P/A, i, n-1)+1]$ 为预付年金现值系数，对比公式（7-6）与公式（7-8）可以看出，预付年金现值系数与普通年金现值系数存在一定的关系。将普通年金现值系数的期数减去 1、系数加上 1 即可得到预付年金现值系数。因此，预付年金现值系数可以通过查年金现值系数表得 $n-1$ 期的系数值再加上 1 得到。

实际运用

[例 7-11] A 企业想要在未来三年内每年年初都能从银行取出 10 000 元现金，假定银行存款利率为 10%，那么 A 企业应该在第一年年初存入多少资金？

A 企业应该在第一年年初存入银行的资金金额为

$$\begin{aligned}P &= A \times [(P/A, i, n-1) + 1] \\ &= 10\,000 \times [(P/A, 10\%, 3-1) + 1] \\ &= 10\,000 \times 2.736 \\ &= 27\,360 \text{（元）}\end{aligned}$$

（3）递延年金终值与现值的计算。递延年金是指第一次收付款项发生在第二期或者第二期以后的年金。其计算终值的方法与普通年金的计算方法相类似，递延年金在有收付款项活动的期限内可以将其看作是普通年金，递延年金的终值就是收付期的普通年金的终值，与递延的期数无关。但对于递延年金现值的计算，确定递延的期数则十分重要。

递延期数用 m 表示。计算递延年金现值一般有三种方法。

方法一：将递延年金看作收付期内（n 期）的普通年金，利用普通年金现值的计算方法计算出递延期期末的现值，然后将递延期末的现值折现到第一期期初。计算公式为

$$P = A \times (P/A, i, n) \times (P/F, i, m) \quad (7-9)$$

方法二：其原理与方法一类似，都是将递延年金看作收付期内（n 期）的普通年金，利用普通年金终值的计算方法计算出期末的终值，然后将期末的终值折现到第一期期初。计算公式为

$$P = A \times (F/A, i, n) \times (P/F, i, n+m) \quad (7-10)$$

方法三：假定包括递延期在内的整个期间都进行年金的收付，首先根据普通年金现值的计算方法求出年金现值，然后将实际不进行收付的递延期扣除。其计算公式为

$$P = A \times [(P/A, i, n+m) - (P/A, i, m)] \quad (7-11)$$

实际运用

[例 7-12] A 企业从银行取得一笔借款，定期 5 年，假定银行贷款利率为 10%，前两年不用还款，从第三年年末开始分 3 期等额偿还 10 000 元，那么，A 企业还款额的现值是多少？

A 企业还款额的现值计算如下。

方法一：$P = A \times (P/A, i, n) \times (P/F, i, m)$
　　　　　$= 10\ 000 \times (P/A, 10\%, 3) \times (P/F, 10\%, 2)$
　　　　　$= 10\ 000 \times 2.487 \times 0.826$
　　　　　$= 20\ 542.62$（元）

方法二：$P = A \times (F/A, i, n) \times (P/F, i, n+m)$
　　　　　$= 10\ 000 \times (F/A, 10\%, 3) \times (P/F, 10\%, 3+2)$
　　　　　$= 10\ 000 \times 3.310 \times 0.621$
　　　　　$= 20\ 555.1$（元）

方法三：$P = A \times [(P/A, i, n+m) - (P/A, i, m)]$
　　　　　$= 10\ 000 \times [(P/A, 10\%, 3+2) - (P/A, 10\%, 2)]$
　　　　　$= 10\ 000 \times [3.791 - 1.736]$
　　　　　$= 20\ 550$（元）

（4）永续年金现值的计算。永续年金是指无限期等额收付的年金。由于永续年金不存在终止的时间，因此永续年金不存在终值的计算，只能计算现值。永续年金现值的计算公式可以参照普通年金现值的计算公式：$P = A \times \dfrac{1-(1+i)^{-n}}{i}$

因为永续年金无限期，因此当 $n \to \infty$ 时，$(1+i)^{-n} \to 0$，公式变成如下形式

$$P = A/i \quad (7-12)$$

实际运用

[例 7-13] A 企业想要建立起一项永久的奖金发放制度，希望在未来每一年的年末都

可以从银行取出 10 万元来奖励业绩最好的工作人员，假设银行存款利率为 10%，那么企业想要一直维持该制度，现在需要一次性存入银行多少款项？

A 企业现在需要一次性存入的款项金额为

$$P = A/i = 10/10\% = 100\text{（万元）}$$

一般地，企业在进行长期投资决策分析时，必须把货币的时间价值考虑进来，因为将货币换算到相同的时间点上，是货币量比较的基础。考虑货币的时间价值之后，对投资所做出的分析才能更合理，做出的投资决策才能更趋于准确。如果处于通货膨胀期，还要将通货膨胀的影响考虑进来，因为它也会对货币的价值产生影响。

7.1.6 资本成本

资本成本是指企业筹集或者使用资本所要付出的代价。资本的来源不同，所要付出的资本成本也会不同。

1. 个别资本成本

个别资本成本指的是通过各种融资方式筹得资金付出的成本，主要有借款资本成本、债券资本成本、普通股资本成本、优先股资本成本以及留存收益资本成本。

（1）借款资本成本。借款资本成本的计算公式为

$$K = \frac{I(1-t)}{p(1-f)} = \frac{i(1-t)}{1-f} \tag{7-13}$$

式中：K——借款资本成本；
　　　I——借款利息；
　　　p——借款总额；
　　　t——所得税税率；
　　　f——借款筹资费率；
　　　i——借款利息率。

实际运用

[例 7-14] A 企业从银行取得 5 年期借款 50 万元，年利率为 10%，筹资费率为 0.1%，每年年末付息，到期一次偿还本金。A 企业使用的所得税税率为 25%，现要求，计算 A 企业该笔长期借款的资本成本。

A 企业借款的资本成本率为：

$$K = (10\% \times (1-25\%))/(1-0.1\%) = 7.51\%$$

（2）债券资本成本。债券资本成本的计算公式为

$$K = \frac{I(1-t)}{p(1-f)} = \frac{B \cdot i(1-t)}{p(1-f)} \tag{7-14}$$

式中：K——债券资本成本；
　　　I——债券年利息；
　　　p——债券筹资总额；
　　　t——所得税税率；

f——债券筹资费率；

B——债券面值总额；

I——债券年利率。

  实际运用

[例7-15] A企业通过发行债券筹集100万元资金，面值100元，发行价格110元，债券的票面利率为10%，发行筹资费率为1%，所得税税率为25%，计算A企业的债券资本成本。

A企业的债券资本成本率为

$$K=(100\times10\%\times(1-25\%))/(110\times(1-1\%))=6.89\%$$

（3）普通股资本成本。普通股资本成本的计算公式为

$$K=\frac{D}{P(1-f)}+G \qquad (7-15)$$

式中：K——普通股资本成本；

D——预计第一年普通股股利；

P——普通股筹资总额；

f——普通股筹资费率；

G——普通股股利增长率。

  实际运用

[例7-16] A企业通过发行普通股筹集资金，每股面值1元，发行价格每股5元，筹资费率3%，第一年年末预计股利10%，预计以后每年的股利增长率为2%，现要求计算A企业普通股资本成本。

A企业普通股资本成本率为

$$K=(1\times10\%)/(5\times(1-3\%))+2\%=4.06\%$$

（4）优先股资本成本。优先股资本成本的计算公式如下

$$K=\frac{D}{P(1-f)} \qquad (7-16)$$

式中：K——普通股资本成本；

D——优先股股利；

P——优先股筹资总额；

F——优先股筹资费率。

  实际运用

[例7-17] A企业通过发行优先股股票进行筹集资金活动，每股发行价格10元，每年支付优先股股利2元，发行费率为2%，计算A企业的优先股资本成本率。

A企业的优先股资本成本率为:
$$K = 2/(10\times(1-2\%)) = 20.41\%$$

(5) 留存收益资本成本。留存收益资本成本计算公式如下:

$$K = \frac{D}{P} + G \qquad (7-17)$$

式中: K——留存收益资本成本;

D——预计第一年年末普通股股利;

P——普通股筹资总额;

G——预计普通股股利增长率。

实际运用

[例7-18] 接例7-16,假定A企业留存收益为100万元,计算A企业的留存收益资本成本。

A企业的留存收益资本成本率为:
$$K = (1\times10\%)/5 + 2\% = 4\%$$

2. 综合资本成本

综合资本成本,又叫作加权平均资本成本,它是以各种资本占全部资本的比重为权数,对个别资本成本进行加权平均计算得出的,其计算公式为:

$$K_W = \sum W_J K_J \qquad (7-18)$$

式中: K_W——加权平均资本成本;

W_J——某种方式筹资总额占全部资本总额的比重;

K_J——该种方式筹资的资本成本。

实际运用

[例7-19] 假定A企业的全部资本中,银行借款占20%,债券占20%,普通股占30%,优先股占10%,留存收益占20%,它们的资本成本分别为10%,10%,5%,4%和4%。计算A企业的综合资本成本率。

A企业的综合资本成本率为:
$$K_W = 20\%\times10\% + 20\%\times10\% + 30\%\times5\% + 10\%\times4\% + 20\%\times4\% = 6.7\%$$

资本成本在进行项目投资决策时也是一个必须考虑的重要因素。如果一个投资项目预计可以获得的投资报酬大于进行该项投资所要付出的资本成本,那么该项目有利可图,可以进行投资;但如果投资项目的预计投资报酬小于资本成本,也就是说,投资项目的收益弥补不了所付出的资本成本,那么投资该项目的方案就不可行。

7.1.7 现金流量

现金流量是指企业一定时期的现金和现金等价物的流入和流出的数量。投资项目所引起的现金流入量和现金流出量是在进行投资决策时要考虑的一个重要因素,因为投资项目的支出和收回一般都是以现金的支出和收入为基础的。从项目投资开始到收回投资的整个投资过程中，投资项目的现金流量通常由三个部分组成。

（1）初始投资现金流量，指的是项目开始投资到开始投入使用（即建设期）发生的现金流量，一般包括在固定资产上的投资、流动资产的投资以及相关的各项费用等。

（2）营业现金流量，指的是在项目投入使用后，在其生命周期内由于生产经营活动带来的现金流入量减去现金流出量，计算公式为

$$营业现金流量=营业收入-付现成本-所得税 \qquad (7-19)$$

或者，

$$营业现金流量=税后利润+折旧 \qquad (7-20)$$

（3）终结现金流量，指的是投资项目寿命完结时发生的现金流量，主要包括原来垫支的流动资金的收回以及固定资产的残值收入或变价收入。

实际运用

[例7-20] A企业计划投资一个项目，该项目购买固定资产需要花费100万元，可以使用5年，预计净残为值0。采用直线法折旧，另外需要垫支流动资金20万元。购买的设备不需要安装，可以立即投入使用。该项目每年可以带来100万元的收入，第一年的付现成本为40万元，因维修费用的存在，以后每年的付现成本都会比前一年增加2万元。企业使用的所得税税率为25%。要求：计算A企业该投资项目的现金流量。

① 初始投资现金流量=-100-20=-120（万元）

② 营业现金流量：

$$年折旧额=100/5=20（万元）$$

各年营业现金流量计算如表7-1所示。

表7-1 各年营业现金流量表　　　　　　　单位：万元

项目	第一年	第二年	第三年	第四年	第五年
营业收入	100	100	100	100	100
付现成本	40	42	44	46	48
税前现金流量	60	58	56	54	52
折旧	20	20	20	20	20
应税收入	40	38	36	34	32
所得税	10	9.5	9	8.5	8
税后现金流量	50	48.5	47	45.5	44

③ 终结现金流量=20万元。

该项目的现金流量情况如表7-2所示。

表 7-2　投资项目现金流量表　　　　　　　　　　　　　　单位：万元

	第一年初	第一年末	第二年末	第三年末	第四年末	第五年末
初始投资现金流量	-120					
营业现金流量		50	48.5	47	45.5	44
终结现金流量						20
项目现金流量	-120	50	48.5	47	45.5	64

7.2　投资决策分析的基本方法

企业在进行长期投资决策时，评价和分析一个投资项目是否值得投资的方法有好多种，根据这些方法是否考虑货币的时间价值可以分为两类：一类是不考虑货币的时间价值的静态分析法，一类是考虑货币的时间价值的动态分析法。本章只介绍几种较常用的分析方法。

7.2.1　静态分析法

静态分析法是指不考虑货币的时间价值，直接计算投资项目带来的现金流量来分析、评价投资项目是否具有可行性的分析方法。常用的投资决策静态分析法主要有投资回收期法和投资报酬率法两种。

1. 投资回收期法

投资回收期是指以投资项目带来的现金流量来回收初始投资额所需要的时间，一般用年来表示。一般来说，投资回收期越短，收回投资用时越短，投资项目所承担的风险就越小；反之，投资回收期越长，收回投资用的时间也就越长，所面临的不确定性因素就越多，投资项目所承担的风险也就越大。

关于投资回收期的计算问题，首先讲述简单化的处理方式。如果一个投资项目每年带来的现金净流量数额都相等，那么投资回收期的计算可以使用公式

$$投资回收期 = 投资总额 / 年现金净流量 \qquad (7-21)$$

但一般来说，投资项目每年带来的现金净流量不会巧合地每年都相等，大多数都是年现金净流量不相等的情况，其投资回收期的计算利用下面例题来进行相关说明。

实际运用

[例 7-21]　A 企业面临一项五年期的投资项目，所需要的投资总额为 100 万元，资金投入立即可以得到回报，每年预计可带来的现金净流量分别为 22 万元、24 万元、29 万元、32 万元、35 万元。要求：计算 A 企业该投资项目的投资回收期。

要计算 A 企业该投资项目的投资回收期，首先要计算该投资项目的现金流量，如表 7-3 所示。

表 7-3　投资项目现金流量计算表　　　　　　　　　　单位：万元

年份	年现金净流量	累计现金净流量
0	-100	-100
1	22	-78
2	24	-54
3	29	-25
4	32	7
5	35	42

从表中数据可以看出，该投资项目的累计现金净流量在第四年由负值变为正值，因此，投资回收期是在第三年到第四年之间。第三年累计现金净流量为-25万元，第四年的年现金净流量为32万元，因此，该项目的投资回收期为3+25/32=3.78（年）。

进行投资回收期的计算，很容易将一个投资项目收回投资总额所需要的期限计算出来，将其与行业投资项目的投资回收期做比较，可以简要判断该投资项目是否可以考虑进行投资。

2. 投资报酬率法

投资报酬率是指投资项目投产后，正常生产经营期的年息税前利润与投资总额的比值。在投资项目的生产期内，各年的年息税前利润的变化可能较大，这时的投资报酬率指的是生产期内年平均息税前利润占投资总额的比率。

投资报酬率的计算公式为

$$投资报酬率 = 年（平均）息税前利润/投资总额 \qquad (7-22)$$

 实际运用

[**例 7-22**]　假定 A 企业某投资项目投资总额为 100 万元，预计 5 年生产期内的年息税前利润分别为 15 万元、20 万元、18 万元、22 万元、19 万元，要求计算 A 企业该投资项目的投资报酬率。

年平均息税前利润 = (15+20+18+22+19)/5 = 18.8（万元）

A 企业该投资项目的投资报酬率 = 18.8/100 = 18.8%

投资报酬率可以将投资 1 元所能带来的年息税前利润很直观地反映出来，易于比较不同投资项目所带来的经济效益。

投资回收期法与投资报酬率法这两个静态分析方法，在计算指标时都没有把货币的时间价值考虑进来，因此它们只能作为分析投资方案的辅助工具，与其他分析方法结合起来使用会取得更好的效果。

7.2.2　动态分析法

管理会计应用指引将长期投资决策的动态分析方法称为贴现现金流法，包括净现值法、现值指数法和内含报酬率法三种基本方法。根据《管理会计应用指引第 501 号——贴现现金流法》，贴现现金流法是指一种以明确的假设为基础，选择恰当的贴现率对预期的各期现金流入、流出进行贴现，通过贴现值的计算和比较，为财务合理性提供判断依据的价值评估方法，它是投融资管理领域常用的管理会计工具方法。它适用于在企业日常经营过程中，与投融资管理相关的资产价值评估、企业价值评估和项目投资决策等。

企业应用贴现现金流法，一般按以下程序进行。

（1）估计贴现现金流法的三个要素，即贴现期、现金流、贴现率。

（2）在贴现期内，采用合理的贴现率对现金流进行贴现。

（3）进行合理性判断。

（4）形成分析报告。

应用贴现现金流法最重要的一个方面是贴现期、现金流、贴现率的确定。企业应充分考虑标的特点、所处市场因素波动的影响以及有关法律法规的规定等，合理确定贴现期、现金流和贴现率。贴现期可采用项目已有期限，尤其要注意标的资产的技术寿命期限对合同约定期限或者法定使用期限的影响；现金流需要充分考虑并分析项目的资本结构、经营状况、发展前景、影响项目运行的市场行业因素和宏观经济因素后做出合理预测；贴现率应根据市场回报率和标的项目本身的预期风险来确定，要与贴现期、现金流相匹配。

1. 净现值法

净现值（NPV）指的是将投资方案在未来期间所获得的各种报酬，按照一定的折现率折算的总现值，与初始投资额折成现值之间的差额。用净现值的大小来分析评价一个投资项目的方法叫作净现值法。净现值法的关键问题是如何确定计算时使用的折现率，一般采用以下几种方式来确定折现率：一是根据企业进行项目投资时所要求的最低的投资报酬率来确定；二是根据投资的资本成本来确定；三是以行业平均资金收益率作为折现率。

一个投资项目如果其净现值大于0，那么说明该投资项目可以获得的投资报酬率大于选定的折现率，投资于该项目的方案是可行的；如果净现值小于0，则表明该投资项目可得到的投资报酬率小于选定的折现率，投资于该项目的方案是不可行的。

实际运用

［例7-22］ A企业拟进行一个投资项目，5年期，需要原始投资100万元购买设备，于初始投资时点一次性投入，无需安装，投入后即可使用。设备可使用年限为5年，无残值，采用直线法计提折旧。该投资项目每年可带来净利润25万元。A企业采用的折现率为10%。要求：

（1）计算A企业投资期内每年的净现金流量；

（2）计算A企业该投资项目的净现值，并判断该投资方案是否可行。

（1）A企业投资期内每年的净现金流量为

第0年净现金流量=-100（万元）

第1~5年的净现金流量=25+100/5=45（万元）

（2）A企业该投资项目的净现值为

$NPV=-100+45×(P/A,10\%,5)=-100+45×3.7908=70.59$（万元）

从上面计算结果来看，A企业该投资项目的净现值为70.59万元，大于0，因此该投资项目可行。

在利用净现值法进行投资决策时，企业面临多个相同投资额的投资项目的，应该要选择几个投资项目中净现值较大的进行投资。但各个投资项目的初始投资额不相同时，净现值法则不能将其进行比较。

2. 现值指数法

现值指数是指投资方案的未来净现金流量的现值与初始投资总额现值之间的比值，也叫作获利指数（PI）。其计算公式为：现值指数＝未来净现金流量现值/初始投资额现值，它反映的是每1元的初始投资所带来的按照预定的折现率折现后的净收益。利用该指标进行投资项目分析来评价投资方案的优劣，这种方法就叫作现值指数法。

利用现值指数进行投资决策时，要将现值指数与1进行比较。如果一个投资项目的现值指数大于1，那么该投资项目的投资报酬率大于所选定的折现率，该投资项目方案是可行的；如果一个投资项目的现值指数小于1，那么该投资项目的投资报酬率小于所选定的折现率，该投资项目方案不可行。

 实际运用

[例7-23] A企业面临着甲、乙两项投资项目的决策问题，它们带来的现金流量情况如表7-4所示。A企业使用行业的平均资金收益率10%作为投资项目的折现率。

表7-4 甲、乙项目有关现金流量情况表　　　　　　单位：万元

年份	0	1	2	3	4	5
甲项目现金流量	-200	42	50	56	50	48
乙项目现金流量	-250	76	80	72	70	60

要求：运用现值指数法分析甲、乙两个项目的可行性。

甲、乙两个项目的现值指数计算如下：

甲项目现值指数＝（42×0.909 1+50×0.826 4+56×0.751 3+50×0.683 0+48×0.620 9）/200
　　　　　　　＝185.53/200＝0.93

乙项目现值指数＝（76×0.909 1+80×0.826 4+72×0.751 3+70×0.638 0+60×0.620 9）/250
　　　　　　　＝271.21/250＝1.08

根据对甲、乙两个项目现值指数的计算可以看出，甲项目的现值指数小于1，甲项目不可行；乙项目的现值指数大于1，乙项目可行。

从现值指数的定义和公式可以看出，现值指数是一个相对数，其优点是可以在具有不同投资额的多个投资项目之间进行比较。当多个投资项目的现值指数均大于1时，企业要选择现值指数大的项目进行投资。

观察净现值法和现值指数法可以发现，它们反映的是投资项目的效果和效率，而对于投资项目带来的报酬率的高低，两种方法均不能做出反映。因此，需要另一种方法——内含报酬率法，来反映投资获得的报酬率。

3. 内含报酬率法

内含报酬率（IRR）是指使未来现金流入量现值等于未来现金流出量现值的折现率，也

就是说,内含报酬率是净现值等于 0 时的贴现率。根据内含报酬率对投资项目进行分析的方法就是内含报酬率法。

对于一个投资项目来说,如果其内含报酬率大于预定的贴现率,那么该投资项目可行;如果其内含报酬率小于预定的贴现率,那么该投资项目不可行。

通常,计算一个投资项目的内含报酬率时采用插值法。首先,估计一个贴现率以此来计算项目的贴现值,如果得到的结果大于 0,说明估计的贴现率比项目实际的内含报酬率小,此时要选一个更大的贴现率,再一次计算项目的贴现值;如果开始使用的估计的贴现率计算出的贴现值小于 0,说明估计的贴现率大于项目实际的内含报酬率,此时要减小贴现率重新计算贴现值。经过多次计算贴现值,找到使贴现值由正变为负(或者由负变为正)的两个相邻的贴现率,根据两对贴现率和贴现值,采用插值法,求出使贴现值为 0 的贴现率,该贴现率即为所求的投资项目的内含报酬率。

实际运用

[例 7-24] 接例 7-23,求 A 企业甲、乙两个项目的内含报酬率。
(1)当选定 7%的贴现率进行计算时,
甲项目的贴现值=42×0.934 6+50×0.873 4+56×0.816 3+50×0.762 9+48×0.713 0-200
　　　　　　　=201.01-200=1.01(万元)>0
然后提高贴现率,用贴现率 8%进行计算,
甲项目的贴现值=42×0.925 9+50×0.857 3+56×0.793 8+50×0.735 0+48×0.680 6-200
　　　　　　　=195.62-200=-4.38(万元)<0
使用插值法计算甲项目的内含报酬率:

$$\frac{7\%-8\%}{IRR-8\%}=\frac{1.01+4.38}{4.38}$$

解得,IRR=7.19%。
(2)当预计贴现率选为 14%进行计算时,
乙项目的贴现值=76×0.877 2+80×0.769 5+72×0.675 0+70×0.592 1+60×0.519 4-250
　　　　　　　=249.44-250=-0.56(万元)<0
然后降低贴现率,选择 13%进行计算,
乙项目的贴现值=76×0.885 0+80×0.783 1+72×0.693 1+70×0.613 3+60×0.542 8-250
　　　　　　　=255.31-250=5.31(万元)>0
使用插值法计算乙项目的内含报酬率:

$$\frac{13\%-14\%}{IRR-14\%}=\frac{5.31+0.56}{0.56}$$

解得,IRR=13.90%。

从计算结果可以看出,甲项目的内含报酬率低于行业平均资金收益率,甲项目不可行;乙项目的内含报酬率高于行业的平均资金收益率,乙项目可行。

使用内含报酬率分析投资项目,可以正确反映出投资项目所能带来的投资报酬率,因此,它是评价投资项目时非常重要的指标。它不仅可以在投资额相同的几个项目之间进行比

较，也可以在投资额不同的多个投资项目之间进行比较，当多个投资项目方案都可行时，企业应该选择其中内含报酬率较高的项目进行投资。

从动态分析法的几个指标可以看出，与静态分析法相比，其优势是将货币的时间价值考虑进来，其指标的结果比静态分析法下的指标值更可靠，更具有决策的参考性。但是，并不是说根据动态分析法下计算的指标进行投资决策就一定正确，因为在进行投资决策时，除了上面所讲的内容要考虑之外，还有其他的诸多要素需要进行考虑，比如投资面临的宏观市场环境、发展前景、相关资源的利用等，要综合多方面因素，进行全面分析，正确衡量投资的风险和报酬，合理地进行投资活动。企业也可以建立相关的投资决策机制，严格执行，防范投资失误。

7.3 投资决策分析的具体应用

7.3.1 固定资产购买或租赁决策

企业在生产经营过程中往往会遇到生产能力不足的问题，通常要扩大生产规模以提升生产能力，这就涉及新增生产机器设备的问题。添加机器设备的方法通常有租赁和购置两种方式，当企业面临需要新增机器设备的情况时，需要做出租赁还是购置设备的决策。科技飞速发展，设备更新换代速度快，购买新设备不仅需要占用企业的资金，而且可能会在短时间内过时，设备使用时的磨损也会造成企业资源的无形损耗；租赁设备也可以满足企业的生产需要但又要付出一定的资金，所以企业要通过科学的决策方式做出购买还是租赁设备的决策。

 实际运用

[例7-25] A企业为了占领市场，需扩大生产力，现需新加入一台固定资产设备，以满足生产需要。A企业面临两种选择，一个是选择购买固定资产设备，需要花费200万元，设备使用寿命为10年，净残值为10万元；另一种选择是租赁设备，每年的租赁费用为32万元，赁期为10年。企业使用的所得税税率为25%，最低投资报酬率为10%。现要求：帮助A企业做出决策，是选择购买设备还是租赁设备。

假定A企业选择购买设备，
(1) 购买设备支付价款=200（万元）
(2) 每年折旧抵税=(200-10)/10×25%=4.75（万元）
(3) 设备残值变现收入=10（万元）
购买设备现金流出现值=200-4.75×(P/A, 10%, 10)-10×(P/F, 10%, 10)
　　　　　　　　　=200-4.75×6.144 6-10×0.385 5=166.96（万元）

假定A企业选择租赁设备，
(1) 每年支付租赁费用=32（万元）
(2) 每年租赁费用抵税=32×25%=8（万元）
租赁设备现金流出现值=32×(P/A, 10%, 10) -8×(P/A, 10%, 10)
　　　　　　　　　=32×6.144 6-8×6.144 6=147.47（万元）

计算结果表明，A 企业选择租赁设备的现金流出量现值为 147.47 万元，小于购买设备的现金流出量 166.96 万元，所以 A 企业应该选择租赁设备。

7.3.2 固定资产更新或修理决策

当前科技飞速发展，机器设备更新频率加快，先进的产设备不仅可以提高生产效率，还可以提升产品的质量，增强企业竞争能力，但更新设备需要投入一定的资金，企业做出这种投资在经济上是否合理，要通过科学的决策方法加以判断。

实际运用

[例 7-26] A 企业的一台固定资产生产设备已经使用 1 年，现在 A 企业正在考虑是否要更新此设备，新的生产设备与现有旧设备的生产能力相同。新旧设备的相关资料如 7-5 所示。A 企业适用的所得税税率为 25%，最低投资报酬率为 10%。要求：A 企业应该继续使用旧设备还是应该购买新设备。

表 7-5　A 企业新旧设备相关数据　　　　　　　　　　　　单位：元

项　目	旧设备	新设备
原价	600 000	600 000
税法规定的残值	60 000	60 000
税法规定使用年限	5	4
已使用年限	1	0
尚可使用年限	4	4
每年营运成本（付现成本）	200 000	150 000
两年后大修费用	200 000	0
实际报废残值	50 000	100 000
目前变现价值	400 000	
每年折旧额（直线法）	108 000	135000

新旧设备的现金流量现值计算如表 7-6 所示。

表 7-6　新旧设备现金流量现值计算表　　　　　　　　　　单位：元

项　目	现金流量计算	年次	折现系数	现值
继续使用旧设备：				
每年营运成本（付现）	−200 000×(1−25%) = −150 000	1~4	3.169 9	−475 485
每年折旧抵税	108 000×25% = 27 000	1~4	3.169 9	85 587.3
两年后大修费用	−200 000×(1−25%) = −150 000	2	0.826 4	−123 960
残值变现收入	50 000	4	0.683 0	34 150
残值变现收入少纳税	(60 000−50 000)×25% = 2 500	4	0.683 0	1 707.5
合计				−478 000.2
购买新设备：				

续表

项目	现金流量计算	年次	折现系数	现值
旧设备变现价值	400 000	0	1	400 000
旧设备变现损失减税	(600 000−108 000−40 000)×25%=23 000	0	1	23 000
设备投资	−600 000	0	1	−600 000
每年营运成本（付现）	−150 000×(1−25%)=−112 500	1~4	3.169 9	−356 613.75
每年折旧抵税	135 000×25%=33 750	1~4	3.169 9	106 984.13
残值变现收入	100 000	4	0.683 0	683 00
残值变现收入多纳税	(60 000−100 000)×25%=−10 000	4	0.683 0	6 830
合计				−351 499.62

注：表中数据正数为现金流入量，负数为现金流出量。

计算结果表明，继续使用旧设备的现金流出现值为 478 000.20 元，购买新设备的现金流出现值为 351 499.62 元，继续使用旧设备的现金流出现值大于购买新设备的现金流出现值，因此，A 企业应该选择购买新设备。

在例 7-26 中，新旧设备的生产能力和未来可使用的年限都是相同的，两个方案的优劣可以通过计算其现金流出量的现值进行比较判断。当新旧设备的未来可使用年限不相同时，就要通过计算并比较固定资产的平均年成本来判断两个方案的优劣，企业应考虑选择固定资产平均年成本较低的方案。所谓固定资产平均年成本是指未来使用年限内现金流出量现值与年金现值系数的比值，也就是平均每年的现金流出。

实际运用

[例 7-27] A 企业目前面临这一项固定资产的更新决策，新旧设备的相关情况如表 7-7 所示。A 企业适用的所得税税率为 25%，最低投资报酬率为 10%。要求：A 企业应该继续使用旧设备还是应该购买新设备。

表 7-7 新旧设备情况表   单位：元

项目	旧设备	新设备
重置成本	80 000	
设备投资		200 000
残值	0	20 000
使用年限	5	8
已使用年限	1	0
尚可使用年限	4	8
每年营运成本（付现）	60 000	50 000
两年后大修成本	40 000	0
每年折旧额（直线法）	20 000	22 500

从表中数据可以看出，新旧设备的未来可使用年限不同，因此需要计算比较新旧设备的

平均年成本，以做出决策。

继续使用旧设备：

(1) 重置成本=80 000（元）

(2) 两年后大修成本现值=40 000×(1−25%)×(P/F, 10%, 2)
 = 40 000×(1−25%)×0.826 4=24 792（元）

(3) 折旧抵税现值=20 000×25%×(P/A, 10%, 4)
 = 20 000×25%×3.169 9=15 849.5（元）

(4) 营运成本现值=60 000×(1−25%)×(P/A, 10%, 4)
 = 60 000×(1−25%)×3.169 9=142 645.5（元）

旧设备平均年成本=现金流出总现值/年金现值系数
 =（80 000+24 792−15 849.5+142 645.5）/(P/A, 10%, 4)
 =231 588/3.169 9=730 58.46（元）

购买新设备：

(1) 购买新设备支付价款=200 000（元）

(2) 折旧抵税现值=22 500×25%×(P/A, 10%, 8)
 = 22 500×25%×5.334 9=30 008.81（元）

(3) 营运成本现值=50 000×(1−25%)×(P/A, 10%, 8)
 = 50 000×(1−25%)×5.334 9=200 058.75（元）

(4) 残值变现现值=20 000(P/F, 10%, 8)=20 000×0.466 5=9 330（元）

新设备平均年成本=现金流出总现值/年金现值系数
 =（200 000−30 008.81+200 058.75+933 0）/(P/A, 10%, 8)
 =379 379.94/5.334 9=71 112.85（元）

从计算结果可以看出，继续使用旧设备其平均年成本为73 058.46元，购买新设备其平均年成本为71 112.85元，购买新设备的平均年成本小于继续使用旧设备的平均年成本，因此，A企业应该考虑购买新设备。

7.3.3 固定资产购置时分期付款还是一次性付款的决策

企业购置固定资产时往往可以自由选择分期付款或者一次性付款，只需要比较分期付款时付出的现金总现值与一次性付款的金额就可以做出决策。

实际运用

[例7-28] A企需要购置固定资产，分期付款每年年末支付100万元，需要6年付清，假设资本成本率为12%；现在一次性付款需要420万元。要求：选择一种对A企业更为有利的购买方式。

分期付款额现值=100×(P/A, 12%, 6)=411.14（万元）

一次性付款现值=420万元

可以看出，对于A企业来说，选择分期付款的方式更为有利。

相关法规

2017年9月29日《管理会计应用指引第500号——投融资管理》；《管理会计应用指引第501号——贴现现金流法》；《管理会计应用指引第502号——项目管理》。

复习思考题

1. 投资决策分析需要考虑哪些因素？
2. 如何计算单利和复利？
3. 投资项目的现金流量由哪几个部分组成，其计算方法是什么？
4. 投资决策分析常用的静态分析法有哪几个，其指标计算方法是什么？
5. 投资决策分析常用的动态分析法有哪几个，其指标计算方法是什么？
6. 与静态分析法相比，动态分析法具有哪些优点？

练习题

1. A企业将10万元存入银行2年，年利率为10%。
（1）如果以单利计息，2年后A企业可得到本利和为多少？
（2）如果以复利计息，2年后A企业可得到的本利和是多少？

2. A企业5年后需要10 000元用于投资，打算在5年内每年年末存入等额的款项获得。假定银行存款的年利率为10%，A企业每年年末应存入多少资金？

3. A企业进行一项项目投资，建设期为2年，每年年初需投资50万元，从第3年开始到第5年每年年末可以带来30万元的净现金流量，从第6年开始到第12年每年年末可以带来50万元的净现金流量。

现要求：计算A企业该投资项目的静态投资回收期。

4. A企业的生产经营需要一套固定资产设备，若选择租用，每年的租金费用为6.5万元，租赁期为10年；如果A企业自行购买，需要支付价款40万元，该设备使用寿命为10年，预计净残值为2万元。假定A企业使用的贴现率为10%，适用的所得税税率为25%。

现要求：帮助A企业做出决策，是选择租赁设备还是购买设备。

第 8 章

全面预算

内容概要

1. 全面预算概述
2. 全面预算编制的流程和方法
3. 全面预算编制案例

引例——国投预算管理的实施与效果

国家开发投资公司（简称"国投"）成立于1995年5月5日，是国务院批准设立的国家投资控股公司和中央直接管理的国有重要骨干企业之一，注册资本194.7亿元。作为一家投资控股集团，国家开发投资公司的业务范围复杂多样，包括实业、金融服务业、国有资产经营三大业务类型，涉及煤炭、电力、港口、机轻、化肥、基金、保险等诸多业务领域。

基于前期的业务设计基础，国家开发投资公司在预算管理系统中设计了"集团通用、板块通用、板块专用"三类预算模板，分别用于满足集团总部、各板块间及板块内的预算管理需求。预算管理从业务预算出发，按照业务部门的专业条块管理内容，覆盖包括投资、人力资源、固定资产管理、资金预算、IT专项支出等业务预算，由业务预算形成财务预算指标的全面预算管理内容。

同时，预算系统内的组织架构体系覆盖了从集团总部到二级投资企业，以及三级投资企业的组织层级，体现预算管理的全面性、全员性及业务驱动性。此外，在年度预算编制的基础上，国家开发投资公司根据管理需求的深入不断优化完善预算管理体系，先后实现季度滚动预测、预算调整、预算与实际数据的集成分析、预算控制、预算编制数据校验功能等内容，形成全过程的预算管理闭环。

截至2012年末，资产总额达3 115亿元，员工8万多人。2012年实现经营收入891亿元，利润112亿元。在国务院国资委年度业绩考核中，连续10年获得A级，并在连续三个任期考核中成为"业绩优秀企业"。

（资料来源：徐龙建. 国投预算支撑战略落地[J]. 新理财，2012(10)：78-79.）

8.1 全面预算概述

预算最早出现于20世纪早期,是西方杜邦、通用汽车、西门子等大型企业管理成本和控制现金流的一种工具。到20世纪中后期,预算越来越流行,并逐渐演变成绩效考评的一种手段与企业的激励措施结合发挥着作用。我国在20世纪末才把预算作为一种有效的管控方式引进国内企业。1999年,国家经贸委首次提出了在企业中推行全面预算管理的要求;2006年,财政部在《企业财务通则》中明确了全面预算管理的总体目标;2008年,财政部、证监局、审计署、保监会和银监会联合颁布的《企业内部控制基本规范》中明确要求企业实施全面预算管理制度;2010年,《企业内部控制应用指引》专门针对预算管理制定了第15号指引在上市公司施行;财政部《管理会计应用指引》中也对预算管理的应用进行了指导。一系列行政规章的实施代表着全面预算管理作为一种现代化管理控制方式在国内企业中广泛应用。

8.1.1 全面预算的含义

根据《管理会计应用指引第200号——预算管理》定义的全面预算管理,是对企业内部进行管理控制的一种方法,是指企业以战略目标为导向,通过对未来一定期间内的经营活动和相应的财务结果进行全面预测和筹划,科学、合理地配置企业各项财务和非财务资源,并对执行过程进行监督和分析,对执行结果进行评价和反馈,指导经营活动的改善和调整,进而推动实现企业战略目标的管理活动,对现代企业的发展与进步起着巨大的推动作用。

从全面预算管理的方法开始运用以来,它就成为一种标准的作业方法为很多大型企业所运用。最初,全面预算管理在企业中发挥着计划和协调的作用,随着全面预算的发展,它已经成为企业内部管理控制中的核心内容,成为同时兼顾控制、激励、评价等多重作用的综合贯彻企业经营发展战略的管理工具,是一种能把企业所有关键问题纳入一个体系的管理控制方法。

全面预算是指在企业的内部管理控制中,对企业一定时期内与经营相关的各项经营活动、财务表现以及投资活动等方面做出的总体预测。预算是企业计划、协调以及控制等职能得以实现的有效手段,是为企业编制全面预算并为其设定完成预算的方式,可以把涉及企业整体目标的所有内部单位和经济活动连接起来,以保证企业战略目标更好地实现。例如,企业内部销售部门根据预测做出预算销售数量,在保证产品质量的同时节约产品成本,保证销售部门预算利润的实现;生产部门根据销售部门的预算销售量进行本期生产计划;采购部门根据生产部门的产品生产数量制定并实施材料采购计划以满足产品生产的需要;财务部门根据预算安排合理的足够数目的资金以满足各部门对资金的需求。

8.1.2 全面预算的作用

全面预算的作用主要有以下几个方面。

(1)全面预算将企业的战略目标具体化,明确了各部门的工作。它把企业的战略目标转化成能够量化的具体目标,并经过分解落实为企业内部各部门单位的目标。它把宏观上的企业战略与微观上的具体企业经济活动联系起来,可以促使企业内部各部门单位明确自己应该达到的经营水平，并根据目标安排具体的经营活动，确保企业整体目标的完成以保证企业战略目标的实现。

（2）通过实行全面预算，可以使得企业内部的管理更加规范和科学，全面预算也是企业进行管理控制的标准。全面预算一旦制定就要在企业的经营中实施，企业可以通过采取一定的管理控制措施保证经济活动按照预算进行。在按照预算计划执行的过程中，企业内部各部门单位要将实际执行情况的计量和记录与预算进行对比分析，寻找执行与计划的差异及其原因，必要时采取适当的措施加以纠正，以将经济活动控制在预算计划范围内。

（3）全面预算是协调各部门工作的重要方式。企业内部各部门的经济活动都存在着各自的最优化方案，但是每一个局部的最优化并不一定能达到企业整体经济活动的最优化。这时，就需要全面预算在各部门之间的协调作用。企业整体预算并不是局部预算的简单相加，而是要协调各部门各方面的工作以寻求最佳组合，实现企业整体利益的最大化。

（4）便于企业合理进行业绩考核。全面预算将针对企业的经济活动制定的计划以数量和货币的形式表现出来，它是对企业经济活动所设定的要完成的目标，因此它还可以作为企业内部考核业绩的重要依据，便于企业制定量化的考核标准和奖惩制度。

（5）全面预算可以帮助企业进行自我控制。预算是企业为进行自我控制而制定的一根"标杆"，它使得企业内每一个预算执行的主体清楚地知道自己的目标是什么、如何去完成预算目标、预算目标的完成与自身利益间的联系等，能够对预算执行的主体起到自我约束和自我激励的作用。

8.1.3 全面预算的内容

全面预算是企业未来一定时期内各项经济活动实施计划与目标的数量说明，它以货币作为主要的计量单位，对企业相关的未来销售、生产、成本、现金收支等经济活动进行规划和反映。它是由一系列的预算按照其经济内容和相互关系有序排列组成的有机体，一个完整的全面预算应该包括经营预算、财务预算和专门决策预算三大类。

1. 经营预算

经营预算是指与企业日常事务直接相关的、具有实质性的基本业务活动的一系列预算，也叫作业务预算，通常其与企业利润表的计算相关。它主要包括：销售预算、生产预算、直接材料预算、直接人工预算、制造费用预算、产品成本预算、期末存货预算、销售及管理费用预算，反映的都是收入和费用的构成情况。

2. 财务预算

财务预算是指企业在计划期内反映有关现金收支、经营成果和财务状况的预算。财务预算实际上就是对企业整体的预算，即总预算，各种业务预算和专业预算就称为分预算。财务预算主要包括现金预算、预计利润表、预计资产负债表这三种。

3. 专门决策预算

专门决策预算是指企业重大的或不经常发生、需要根据特定决策编制的预算，包括与企业投资活动或者筹资活动等相关的各种预算。

在企业的全面预算体系中，各种预算相互对应、前后衔接，构成了一个完整的预算体系，它们之间的关系图如图8-1所示。

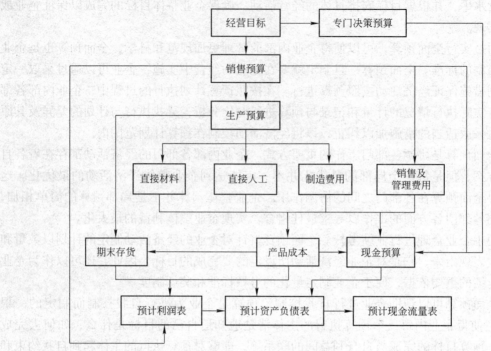

图 8-1　全面预算内容结构图

8.1.4　全面预算的本质

1. 预算不是通常意义上的预测

预测只是进行预算的基础，预算是根据预测的结果提出的应对方案，它针对预测结果预先做出风险防御措施。换句话说，预测是预算的前提，没有预测就没有预算。有效的预算是企业防范风险的重要措施。

2. 预算也不等同于财务计划

从内容来看，企业内部做出的财务计划不是企业全面预算的全部，只是全面预算的一部分，全面预算是包含各个方面的计划，是全方位的。

从预算的形式来看，预算既可以使用货币的形式加以表现，又可以通过实物的形式表现出来，而财务计划则是通过价值形态将其表现出来。

从涉及范围来看，预算是一个综合性的管理系统，它涉及企业的每一个部门，涵盖了企业运营的每一个方面，而财务计划只涉及企业的财务，主要是由企业的相关财务部门进行计划、执行和控制。

3. 预算管理是一种全面管理机制

预算管理，其根本点就在于通过预算来进行自动管理，它不仅仅是一种单纯的管理方法。作为一种管理机制，预算管理既与市场机制相结合，将市场作为管理的起点，又结合了企业内部管理组织和运行机制。

预算管理适应于公司治理结构，它是一种战略管理，体现着企业的战略目标。

8.2 全面预算编制的流程和方法

8.2.1 全面预算机构设置

预算管理机构是承担预算编制、控制、调整、考核等一系列预算管理活动的责任主体，是企业可以有效开展预算管理的组织基础。在实际的预算管理工作中，要根据企业的组织结构，结合企业的具体管理制度来设置企业的预算管理机构。总体来说，企业设置的预算管理机构包括预算管理决策机构、预算管理工作机构、预算管理执行机构三个主要部分。

1. 预算管理决策机构

预算管理决策机构在企业预算管理中处于最高层的地位，拥有企业预算管理的领导权和决策权，主导企业的预算管理工作，对企业的重大预算事项做出决策。企业可以根据自身情况决定是否设立预算管理委员会：一般来说，上市公司要设立专门的预算管理委员会，负责企业的预算管理决策工作；非上市企业可以设置预算管理委员会，中小企业也可以不设置预算管理决策机构而直接由企业的负责人或者由相关权限的高层做出决策。预算管理决策机构的主要职责是审批预算管理制度、审议年度预算草案或者预算调整草案、监控与考核预算执行情况、决定预算管理过程中的重大问题等。

2. 预算管理工作机构

预算管理工作机构是企业内负责预算编制、审核、协调、调整、分析、考评等具体预算管理工作的部门，主要包括预算管理办公室和预算归口管理部门。预算管理办公室负责为企业编制全面预算、过程控制、预算分析及反馈落实等工作，它常常需要与企业的财务部门联合办公。因此，企业可以设置单独的预算管理办公室，也可以直接由财务部门或者在财务部门成立专门的团队负责预算管理办公室的工作。但需要注意的是，预算管理办公室职能不仅包括企业的财务，还应包涵经营和投资等方面，因此预算管理办公室的人员组成要包括各方面的专业人员。预算归口管理部门则是因具体项目所需的专业技能不同而分别设置的、负责预算工作的部门，这种设置不仅有利于各部门专业能力的发挥，也有利于各个部门预算控制责任的明确。

3. 预算管理执行机构

预算管理执行机构是企业内预算执行情况的第一责任人，直接承担本组织的预算编制、预算执行和预算报告工作，一般为企业内分层级、权责利相结合设置的各预算责任中心，比如车间、部门、班组等，可以具体划分为成本中心、利润中心、投资中心（9.2 节具体介绍）。

全面预算的编制是一项涉及范围广、操作复杂、时间性强、工作量大的任务，为了保证企业预算编制时的工作有序进行，提高预算编制的工作效率，企业内部一般要专门设立预算管理委员会等预算管理机构，赋予其预算编制的相关职责，设计预算工作程序并监督实施。预算管理委员会通常是由总经理和采购、生产、销售，以及财务等部门的高级管理人员共同组成。由预算相关执行单位的管理人员参与预算的编制工作，才能制定出他们愿意执行并努力完成的预算目标。

8.2.2 全面预算的编制期与编制流程

1. 全面预算的编制期

一般地，为了便于将执行结果与预算进行比较分析，经营预算和财务预算的预算期间与会计期间保持一致，通常为 1 年期。年度预算通常又可以按照季度分解为每一个季度的预算，季度预算在相应的季度到来之前又可分解，做出月份的预算，为了预算执行的方便，月度预算还可以进一步按照旬或者周分解。专门决策预算则要根据相关决策的具体要求制定。

生产经营的全面预算通常在预算期开始前 3 个月根据预算编制程序开始编制工作，预算期开始前完成编制工程，以便于下个年度生产经营工作的顺利开展。

2. 全面预算的编制流程

全面预算的编制流程与编制方法的选择应与企业现有管理模式相适应。企业一般按照分级编制、逐级汇总的方式，采用自上而下、自下而上、上下结合或多维度相协调的流程编制预算，经过反复修正和完善，最后由相关部门综合平衡之后，以书面形式自上而下传达，将制定完善的预算落实到企业内部各预算执行单位实施。一般来讲，企业的全面预算由上级单位根据以前年度预算的制定和完成情况下达初步的预算指标，然后各预算执行单位根据上级单位下达的指标，结合自身的实际情况，向预算管理委员会申报反映计划的预算指标，预算管理委员会就各预算执行单位申报的预算与各预算执行单位进行反复沟通协调，最后预算管理委员会制定出一个确定的预算方案，报董事会批准后下达。

企业的全面预算编制的基本程序为如下。

(1) 启动预算编制，检视更新战略规划。预算管理委员会总结上年预算执行情况，结合预算期的经济形势和企业未来发展的战略进行初步评估预测，在此基础上提出企业在预算期的预算目标，同时确定编制预算的政策和方法，将预算目标和政策下达至企业内部各个执行预算的主体。

(2) 业务计划与预算编制。企业内部各个预算执行单位根据下达的预算目标和政策，综合考虑自身特点，结合对未来发展的预测，进一步制定出本预算执行单位在预算期内的预算执行方案。

(3) 对上报的预算方案进行衡量和审查。企业的预算管理办公室根据各预算执行单位上报的预算方案进行审查、汇总、考虑分析，在综合各个方案的基础上进行平衡，确定最终各预算执行单位的预算方案建议。

(4) 审议批准。企业的预算管理办公室督促各预算执行单位对预算方案的进一步调整和修改，经过不断的修订和完善，企业的预算管理办公室最终确定并编制正式的企业年度预算草案，并将其提交预算管理委员会进行审议批准。

(5) 下达预算并执行。企业预算管理委员会审议批准的企业年度预算方案由财务部门对其进行分解，一般在次年 3 月底前完成分解，形成一系列执行的指标，由预算管理委员会将其逐级下达至各预算执行单位。

8.2.3 全面预算的编制方法

1. 固定预算与弹性预算

按照预算的状态进行划分，预算可以分为固定预算和弹性预算。

1) 固定预算

固定预算也叫作静态预算，是以预算期内正常的、可能完成的某一业务量（比如生产量、销售量）水平为固定基础，不考虑可能发生的变动因素而编制预算的方法。固定预算是最传统、最基本的编制预算的方法，它是按照预算期内企业可能实现的经营活动水平确定相应的固定预算数，并以此为依据来编制企业的全面预算的方法。它适用于经营活动水平比较稳定的企业或者是非营利性的企业或者组织编制全面预算。

2) 弹性预算

弹性预算又被称为变动预算、滑动预算，它与固定预算相对应，是在变动成本法的基础上，即在分析业务量（业务量是指企业销售量、产量等与预算项目相关的弹性变量）与预算项目之间数量依存关系的基础上，分别确定不同业务量及相对应的预算项目所耗资源，进而形成企业整体预算的预算编制方法。由于使用此方法编制的预算可以随着经营活动水平的不同而变化，具有一定的伸缩性，因此被称为弹性预算。弹性预算法编制预算适用于随着经营活动水平的变化而变化的项目支出，比如企业的原材料的采购数量，主要被市场、产能等存在较大不确定性的企业所采用。在管理会计中，弹性预算主要用来编制成本预算和利润预算。

固定预算和弹性预算的优缺点如表 8-1 所示。

表 8-1 固定预算和弹性预算的优缺点

	固定预算	弹性预算
优点	编制时需要考虑的因素较少，简便易行	（1）能够适用于不同经营活动水平的变化，使得预算更具有适用性，避免了因实际情况发生变化而需要不断修改预算。 （2）具有可比性
缺点	（1）机械呆板。由于采用固定预算方法制定企业的全面预算时要先假定一个经营活动水平，无论预算期内企业的经营活动发生什么变化，都将假定的经营活动水平作为编制预算的基础。 （2）可比性差。如果实际达到的经营活动水平与预算编制时假定的经营活动水平差距较大，有关预算指标的实际数和预算数会因为实际业务量基础的不同而失去可比性。因此，使用固定预算法编制全面预算不利于准确控制、考核和评价企业预算的执行情况	使用该方法编制预算在考核评价实际成本时，往往需要用插补法来计算"实际业务量的预算成本"，比较麻烦

2. 增量预算与零基预算

按照预算编制基础来划分，可以将预算分为增量预算和零基预算。

1) 增量预算

增量预算又称为调整预算，是指以历史期实际经济活动及其预算为基础，结合预算期经济活动及相关影响因素的变动情况，通过调整历史期经济活动项目及金额形成预算的预算编制方法，这是一种传统的预算编制方法。

增量预算法的使用是有前提条件的：

① 现有的经营活动是合理且必需的，由于未来是现在的发展和继续，考虑企业的未来时必须以现在为依据；

② 现有的经营活动在未来还会继续下去；

③ 现有的各种费用在未来发展中依然会存在和发生；

④ 在未来增加或者减少预算是根据实际需要并且值得的。

有了历史时期的预算作为参考，预算的编制可能会变得更加简单，更加符合实际需要。增量预算法存在一些不足：本期预算受到基期费用项目和数额的限制，可能会造成一些不合理，因为增量预算往往会不加分析就使用基期项目和数据，可能会使得基期存在的一些不合理的项目和数额继续得到延用，产生一些不合理的费用开支，造成资源的不合理配置甚至是浪费，滋养预算制定人员工作简单化的恶习。另外，这种预算编制方法不利于调动企业内部各部门单位相关负责人员降低费用开支的积极性，不利于企业整体的发展。使用增量预算的方法编制预算，可能会使得在预算期出现新情况时一些费用项目的预算不足，从而影响企业正常的运营。

2) 零基预算

零基预算是指企业不以历史期经济活动及其预算为基础，以零为起点，从实际需要出发分析预算期经济活动的合理性，经综合平衡，形成预算的预算编制方法。零基预算是相对于增量预算的一种预算编制方法。

与传统意义上的预算编制方法相比，零基预算具有以下几个优点。

（1）零基预算法有利于将有限的资金量在各项经济业务活动之间进行合理分配。由于零基预算的编制需要分析每一项经济业务活动的成本效益，来判断该项经济业务活动是否应该继续保持、其支出金额应该为多少合理，经过衡量分析，可以对企业有限的资金投入合理有效地进行分配，使得所有经营项目取得的综合效果达到最好。

（2）零基预算法编制预算可以提高企业工作人员的"投入—产出"意识。传统的预算编制方法编制预算的工作主要由专业人员完成，而零基预算法编制预算的基础是零，不考虑以前预算期间的预算数额，从零开始分析研究所有经济业务活动，这就需要动员企业的全体员工参与到预算的编制工作中来，尽可能减少预算中的不合理，在投入中减少浪费，使用成本效益分析的方法，争取更大的产出，以此增强企业各级工作人员的投入产出意识。

（3）零基预算法编制预算能够激发企业内部基层单位的创造性。使用零基预算法编制预算需要企业全体员工的参与，在编制预算的过程中更容易就企业内部情况进行沟通和协调，使得企业的整体发展目标更加清晰明确，多业务项目的轻重缓急容易得到共识，有助于调动基层单位参与预算编制工作的创造性、积极性和主动性。

（4）零基预算法编制预算可以提高企业的预算管理水平。它使得编制出的预算的透明性大大增加，预算支出中的人头经费和专项经费一目了然，缓解了各级内部单位之间的矛盾冲突，预算更加切合实际，能够更好地起到调控作用，使得整个预算的编制和执行更加规范化，从而企业的整体预算管理水平会得到提高。

虽然与传统的预算编制方法相比较，零基预算具有较多的优越性，但不可否认，在实际应用过程中它也存在着一些缺陷。

由于使用零基预算法编制预算一切工作是从零开始的，所以使用零基预算法编制预算时的工作量非常大，所需要编制的时间也相对较长，耗费的费用也会相对较高；

在进行分层、排序和资金分配工作时可能受有主观因素的影响，也会受到工作人员能力的影响，容易引起企业内部各部门之间的矛盾冲突；任何单位经营项目轻重缓急的划分都是相对考虑的，过于强调依据项目的轻重缓急来安排工作，可能会造成相关人员只注重短期利益而忽视企业整体长远利益的后果。

增量预算和零基预算的不同特点如表 8-2 所示。

表 8-2　增量预算和零基预算的不同编制特点

	增量预算	零基预算
编制基础	其编制基础是前一个预算期的执行结果，本预算期的预算数额是根据前一个预算期的实际取得的业绩调整得到的	编制基础是零，不参考前期预算结果，本期预算数额根据本预算期经营活动的重要性和可供分配的资金量确定
分析对象	重点进行成本效益分析的对象是本预算期内新增加的经济业务活动，对那些与以前预算期内性质相同的经济业务活动不再进行研究	对本预算期内所有的经济业务活动进行成本效益分析研究，而不能只分析研究本期新增的业务活动
着眼点	主要将金额大小作为重点，着重从货币的角度去控制预算金额的增减变化	不仅要将金额大小作为编制重点，还要着重根据业务活动的重要程度与其必需性将有限的资金投入进行分配

3. 定期预算与滚动预算

根据预算的时间属性划分，预算可以分为定期预算和滚动预算。定期预算和滚动预算的优缺点如表 8-3 所示。

表 8-3　定期预算和滚动预算的优缺点

	定期预算	滚动预算
优点	能够使预算期间与会计年度相配合，便于对预算执行结果进行考核和评价	（1）能保持预算的完整性、继续性，从动态预算中把握企业的未来； （2）能使各级管理人员始终保持对未来一定时期的生产经营活动作周详的考虑和全盘规划； （3）预算能随时间的推进不断加以调整和修订，能使预算与实际情况更相适应，有利于充分发挥预算的指导和控制作用； （4）有利于管理人员对预算资料作经常性的分析研究，并根据当前的执行情况及时加以修订，保证企业的经营管理工作稳定而有秩序地进行
缺点	（1）往往提前编制完成，难以对预算期做出准确的预测，预算数据缺乏可靠性，不利于预算的执行、考核与评价； （2）不能随情况的变化进行及时恰当的调整，当生产经营实际情况严重偏离预期时，将会失去作为预算的作用； （3）受预算期间的限制，致使管理者决策视野局限于本期的规划，通常不考虑下期，不能适应连续不断的经营过程，从而不利于企业的长远发展	预算工作量大

1）定期预算

定期预算的方法简称定期预算，也称为阶段性预算，是指在编制预算时以不变的会计期间（如日历年度）作为预算期的一种编制预算的方法。

2）滚动预算

滚动预算是指在编制一定期间预算的基础上，在该预算执行一段时间后，根据预算的实际执行情况，再立即补充一个相应期间的预算，并如此向后滚动，从而使得预算始终都有一个事先约定的期间持续不断产生影响的预算。由于这种预算方法是在预算执行的过程中随着执行期间的推移连续不断滚动地编制，因此又被称为连续预算或永续预算。按照其滚动时间单位的不同，可以分为逐月滚动、逐季滚动和混合滚动。滚动预算做的事不是不断地修改目标，而是不断地修改预测的结果，以指导最新的决策。该方法适用于规模较大、时间较长的工程类或大型设备采购项目。

4. 概率预算

概率预算是指对在预算期内不确定的各预算构成变量，根据客观条件，做出近似的估计：估计它们可能变动的范围及出现在各个变动范围的概率，再通过加权平均计算有关变量在预算期内的期望值的一种预算编制方法。概率预算属于不确定预算。概率预算一般适用于难以准确预测变动趋势的预算项目，如开拓新业务等。

概率预算的基本特征如下。

（1）影响预算的因素具有不确定性，因而预算可能的结果不止一种，并且能够对这些可能的结果进行计量。

（2）做出预算时对所有方面做出了全面的考量，扩大了变量的范围，使得做出的预算更加准确。

在企业的实际运营过程中，可能有很多不确定的因素发生，当市场上的供需波动较大时，企业往往难以确定需要的业务量、价格和成本。这时就需要对客观条件进行全面的考虑，分析相关的变量可能出现的各种结果和发生的概率，然后计算期望值，以此来编制预算。

由于制作概率预算时将预算期内可能的各种情况比较全面地考虑进去，所以适用于处于多变市场的企业。在实际运用时，对未来的各种可能的情况及其发生的概率难以做到无一遗漏地全面考虑，尤其是确定概率时会不可避免地受到主观因素的影响。

8.3 全面预算的编制案例

全面预算管理是指企业在战略目标的指导下，对未来的经营活动和相应财务结果进行充分、全面的预测和筹划，并通过对执行过程的监控，将实际完成情况与预算目标不断对照和分析，从而及时指导经营活动的改善和调整，以帮助管理者更加有效地管理企业和最大限度地实现战略目标。全面预算一般包括经营预算、专门决策预算和财务预算这三类。

8.3.1 经营预算的编制

1. 销售预算

销售预算是为企业的销售活动编制的预算，是预算编制的起点，生产、材料采购、存货费用等方面的预算，都是以销售预算作为编制依据。销售预算以销售预测为基础，预测的主要依据是预算期的销售量、销售价格以及货款的回收情况。预计销售收入的计算公式为

$$预计销售收入 = 预计销售量 \times 预计销售单价 \tag{8-1}$$

实际运用

［例8-1］销售预算案例。

A企业是一家商品制造企业，只生产和销售甲产品，销售单价为20元，A企业采用一定的方法进行20×8年度（预算期）的销售预测，分季度的预计销售量、销售价格如表8-4所示，根据以往销售经验可知，每季度销售收入会在本季度收到70%，剩下的30%将于下一个季度收到。

表8-4 A企业20×8年度预计销售情况表

	第一季度	第二季度	第三季度	第四季度	全年
预计销售数量/件	50 000	150 000	200 000	100 000	500 000
预计销售单价（元/件）	20	20	20	20	20

要求：根据所给资料编制A企业20×8年度的销售预算。

根据资料所编制的销售预算如表8-5所示。

表8-5 A企业20×8年度销售预算表

		第一季度	第二季度	第三季度	第四季度	全年
	预计销售量/件	50 000	150 000	200 000	100 000	500 000
	预计销售单价/(元/件)	20	20	20	20	20
	预计销售收入/元	1 000 000	3 000 000	4 000 000	2 000 000	10 000 000
预计现金流入	本期确认上面第四季销售收入/元	400 000				400 000
	第一季度/元	700 000	300 000			1 000 000
	第二季度/元		2 100 000	900 000		3 000 000
	第三季度/元			2 800 000	1 200 000	4 000 000
	第四季度/元				1 400 000	1 400 000
	销售收入/元	1 100 000	2 400 000	3 700 000	2 600 000	9 800 000

由于在实际销售活动中销售收入是分期收到的，销售预算表中预计现金流入的计算方法如下：

本季度现金流入＝本季度销售收入×本期收款比＋上季度销售收入×上期收款比 （8-2）

在企业的实际经营中，要生产和销售的产品可能不止一种，每一种产品销售预算方法都与例8-1类似，将每一种销售商品的预算加总即为总的销售预算。

2. 生产预算

生产预算用来为预算期规划产品生产数量，在编制完销售预算之后，可以根据确定的销售预算数量来编制生产预算，以满足预算期的销售以及期末存货所需。预算期不仅要考虑预计的销售量，还要考虑预计期初期末的存货量，期末存货既不能过多而造成存货积压、占用资金，也不能太少，否则会影响下一期的正常销售。

一般地，预算期预计产品生产量可以通过以下计算公式计算而得：

预计生产量＝预计销售量＋预计期末存货量－预计期初存货量 （8-3）

实际运用

[例8-2] 生产预算编制案例。

接例 8-1，假定 A 企业预算期生产预算中的各季度末存货量按照下一季度预计销售量的 20%确定。假定 A 企业预计的 20×8 年第一季度的预计销售量为 80 000 件，预计销售单价为 20 元/件。

要求：编制 A 企业 20×8 年生产预算。

那么，根据资料编制的 A 企业 20×8 年生产预算如表 8-6 所示。

表 8-6　A 企业 20×8 年生产预算表　　　　　　　　　　　　单位：件

	第一季度	第二季度	第三季度	第四季度	全年
预计销售量	50 000	150 000	200 000	100 000	500 000
加：预计期末存货量	30 000	40 000	20 000	20 000	20 000
产品需要数量	80 000	190 000	220 000	120 000	520 000
减：预计期初存货量	15 000	30 000	40 000	20 000	15 000
生产量	65 000	160 000	180 000	100 000	505 000

$$预计期末存货量=下季度销售量×20\% \qquad (8-4)$$
$$预计期初存货量=上季度预计期末存货量 \qquad (8-5)$$
$$产品需要量=预计销售量+预计期末存货量 \qquad (8-6)$$
$$生产量=产品需要量-预计期初存货量 \qquad (8-7)$$

为了使得预算与企业的生产能力相互匹配，企业相关部门需要对生产预算进行审核，以确定预算与生产能力的情况是否相适应。如果现有生产能力无法完成预计的生产任务，预算管理委员会可以重新根据生产能力调整销售预算或者为了保证销售量来增加生产能力；如果现有生产能力有剩余，则企业可以考虑将其用于其他方面，以创造更高的效益。

相对于销售预算来说，企业生产预算的编制比较复杂，因为它不仅要考虑产量会不会受到现有生产能力的限制，还要考虑存货数量会不会受到仓库储存能力的限制，企业只能在生产能力和仓库仓储能力允许的范围内来进行生产安排。此外，还要衡量仓储所需要的仓储成本与销售量较大时加班赶工所出付出的成本，进而选择成本较低的方案来制定生产预算。

3. 直接材料预算

直接材料预算是根据生产预算所确定的在预算期内预计发生的材料采购数量和材料采购金额。直接材料预算以生产预算为基础，根据生产单位产品的材料消耗定额确定预计生产活动的材料需求量，再根据期初持有的材料数量和期末拟持有的材料数量，就可以计算出预算期内需要预计采购的材料数量，进而结合采购材料单价即可得出直接材料预算。

编制直接材料预算涉及的计算公式如下

$$预计材料采购量=预计材料耗用量+预计期末材料库存量$$
$$-预计期初材料库存量 \qquad (8-8)$$

计算预算期间材料的采购成本的公式为

$$预计材料采购成本=该材料单价×预计材料采购量 \qquad (8-9)$$

实际运用

[例 8-3]　直接材料预算编制案例。

第8章 全面预算

接例8-2，A企业生产甲产品的直接材料耗用量为4千克/件，材料在市场上的采购单价为0.5元/千克。材料的采购款项在采购季度支付60%，下一季度支付剩下的40%，根据往年经验期末材料库存量按照下一季度生产耗用量的10%来确定。

要求：编制A企业20×8年度的直接材料预算。

A企业20×8年直接材料预算表如表8-7所示。

表8-7　A企业20×8年直接材料预算表

		第一季度	第二季度	第三季度	第四季度	全年
	产品生产量/件	65 000	160 000	180 000	100 000	505 000
	单位产品材料耗用量/(千克/件)	4	4	4	4	4
	总生产耗用量/千克	260 000	640 000	720 000	400 000	2 020 000
	加：预计期末材料库存量/千克	64 000	72 000	40 000	55 000	55 000
	直接材料需要量/千克	324 000	712 000	760 000	455 000	2 075 000
	减：预计期初材料库存量/千克	50 000	64 000	72 000	40 000	50 000
	直接材料采购量/千克	274 000	648 000	688 000	415 000	2 025 000
	直接材料单价/(元/千克)	0.5	0.5	0.5	0.5	0.5
	预计材料采购成本/元	137 000	324 000	344 000	207 500	1 012 500
预计现金流出	上期应付采购金额/元	95 000				95 000
	第一季度	82 200	54 800			137 000
	第二季度		194 400	129 600		324 000
	第三季度			206 400	137 600	344 000
	第四季度				124 500	124 500
	合计	177 200	249 200	336 000	262 100	1 024 500

注1：55 000为根据下一季度生产耗用量的10%确定，假设给定。

4. 直接人工预算

直接人工预算反映预算期内人工工时的消耗水平和人工成本，其编制依据为预计生产量、单位产品工时定额、单位工时工资。其中，预计生产量根据生产预算来确定数据，单位产品工时定额与企业的生产产品的流程有关，要根据企业的生产经验数据分析确定，单位工时工资由企业根据一定时期内发生的直接工资总额和直接人工工时总数确定。直接人工预算编制程序如下：

（1）计算产品消耗的直接人工工时：

　　某产品消耗的直接人工工时＝单位产品工时定额×该产品预计产量　　（8-10）

（2）计算产品耗用的直接工资：

　　某产品耗用的直接工资＝单位工时工资×该产品消耗的直接人工工时　　（8-11）

 实际运用

[例8-4] 直接人工预算编制案例。

接例8-3，假定A企业生产甲产品的单位产品定额工时为0.8小时，单位人工成本为5元。

要求：根据给定的资料编制A企业20×8年度直接人工预算表。

A 企业 20×8 年度直接人工预算如表 8-8 所示。

表 8-8　A 企业 20×8 年度直接人工预算表

	第一季度	第二季度	第三季度	第四季度	全年
预计生产量/件	65 000	160 000	180 000	100 000	505 000
单位产品工时定额/时	0.8	0.8	0.8	0.8	0.8
直接人工总工时/时	52 000	128 000	144 000	80 000	404 000
单位工时工资率/(元/件)	5	5	5	5	5
预计直接人工工资/元	260 000	640 000	720 000	400 000	2 020 000

5. 制造费用预算

制造费用预算也是根据生产预算编制的，它是一种能反映除直接人工预算和直接材料使用之外的其他一切生产费用的预算计划。为了方便编制预算，制造费用通常按其成本性态分为变动性制造费用和固定性制造费用。固定性制造费用可在上年的基础上根据预期变动适当修正进行预计，将预计数直接作为期间内的成本列入利润表作为收入的一项扣除项目；变动性制造费用根据预计生产量乘以单位产品预定分配率进行预计，其中，变动性制造费用分配率的计算公式如下

$$\text{变动性制造费用分配率}=\frac{\text{变动性制造费用预算总额}}{\text{相关分配标准预算总数}} \tag{8-12}$$

其中"相关分配标准预算总数"可以选择使用直接人工总工时数，也可以选择预算生产量进行分配，但在企业不只生产一种产品时，通常选择使用直接人工总工时进行变动性制造费用的分配。

为了全面反映企业资金收支，在制造费用预算中，通常包括费用方面预期的现金支出。需要特别注意的是，由于固定资产折旧费是非付现项目，在计算时应予以剔出。制造费用预算分两个步骤，首先计算预计制造费用，然后再计算预计需用现金支付的制造费用，各自的计算公式为

$$\text{预计制造费用}=\text{预计直接人工小时}\times\text{变动性制造费用分配率}\\+\text{固定性制造费用} \tag{8-13}$$

$$\text{预计需用现金支付的制造费用}=\text{预计制造费用}-\text{预计折旧} \tag{8-14}$$

实际运用

[例 8-5]　制造费用编制案例。

接例 8-4，假定 A 企业的变动性制造费用是按照直接人工总工时数进行规划，固定性制造费用则按照上年的实际发生数与企业上级单位制定的 5% 的成本降低率进行计算，并且假定固定性制造费用在预算年度内均匀分配。变动制造费用和固定制造费用的成本项目和金额如表 8-9 所示。

表 8-9 制造费用项目表

成本项目		金额/元
变动性制造费用	间接人工费用	208 000
	间接材料费用	300 000
	维修费	130 000
	水电费	170 000
	合计	808 000
固定性制造费用	折旧费	250 000
	维护费	210 000
	管理费	450 000
	保险费	100 000
	合计	1 010 000

要求：根据上述资料编制 A 企业 20×8 年度的制造费用预算表，如表 8-10 所示。

表 8-10 A 企业 20×8 年度制造费用预算表   单位：元

项目	第一季度	第二季度	第三季度	第四季度	全年
变动性制造费用分配率	变动性制造费用分配率＝预计变动制造费用/预计直接人工总工时数＝808 000/404 000＝2（元/时）				
预计直接人工工时	52 000	128 000	144 000	80 000	404 000
变动性制造费用	104 000	256 000	288 000	160 000	808 000
固定性制造费用	252 500	252 500	252 500	252 500	1 010 000
预计制造费用	356 500	508 500	540 500	412 500	1 818 000
减：折旧费	62 500	62 500	62 500	62 500	250 000
预计现金支出的制造费用	294 000	446 000	478 000	350 000	1 568 000

6. 产品成本预算

产品成本预算是指为规划一定预算期内每种产品的单位产品成本、生产成本、销售成本等内容而编制的一种日常业务预算。产品成本预算主要依据生产预算、直接材料预算、直接人工预算、制造费用预算的汇总编制而成。产品成本预算的主要内容是产品的总成本与单位成本。其中，总成本又分为生产成本、销售成本和期末产品库存成本。

相关计算公式为

直接材料单位成本＝材料单价×单位产品材料耗用量　　　　　　　(8-15)

直接人工单位成本＝单位工资率×单位产品工时定额　　　　　　　(8-16)

变动制造费用单位成本＝变动制造费用分配率×单位产品工时定额　(8-17)

固定制造费用单位成本＝固定制造费用分配率×单位产品工时定额　(8-18)

预算期预计发生的产品生产成本＝预算期预计直接材料成本＋预算期预计直接人工成本＋

预算期预计变动性制造费用　　　　　　　　　　　　　　　　　　(8-19)

预算期预计产品销售成本＝预算期预计产品生产成本＋预算期产成品成本期初余额－

预算期产成品成本期末余额　　　　　　　　　　　　　　　　　　(8-20)

实际运用

[例8-6] 产品成本预算的编制案例。

沿用前面案例题资料，A企业20×8年度的预算生产产量为505 000件。要求根据相关数据资料编制A企业20×8年度的产品成本预算表，如表8-11所示。

表8-11　A企业20×8年度产品成本预算表　　　　　　　　金额：元

成本项目	单价	单位用量	单位成本	生产成本
直接材料	0.5	4	2	1 010 000
直接人工	5	0.8	4	2 020 000
变动性制造费用	2	0.8	1.6	808 000
固定性制造费用	2.5	0.8	2	1 010 000
合计			9.6	4 848 000
预计产品生产成本				4 848 000
加：产成品期初余额 15 000 件				144 000
减：产成品期末余额 20 000 件				192 000
预计产品销售成本				4 800 000

数据来自表8-4、表8-6、表8-7、表8-8、表8-10。

7. 期末存货预算

期末存货预算是指为规划一定预算期末的原材料、在产品和产成品预计成本水平而编制的一种日常业务预算，主要依据销售预算、直接材料预算、产品成本预算等编制。编制期末存货预算可以综合反映出预算期内生产产品的预计成本水平，同时，其数据还构成预计利润表中的销售成本和预计资产负债表中的期末材料存货和期末产成品存货的数据。

 实际运用

[例8-7] 期末存货预算编制案例。

A企业20×8年度直接材料预算和产品成本预算在表8-7和表8-11中已经做出，现在要求根据所给资料编制A企业20×8年度期末存货预算表，如表8-12所示。

表8-12　A企业20×8年度期末存货预算表　　　　　　　　金额：元

	年初材料成本	该预算期材料采购成本	该预算期耗用材料成本	期末存货成本
原材料	25 000	1 012 500	1 010 000	27 500
小计：	25 000	1 012 500	1 010 000	27 500
	期初存货量	单位成本	期末存货量	期末存货成本
产成品	15 000	9.6	20 000	192 000

续表

原材料	年初材料成本	该预算期材料采购成本	该预算期耗用材料成本	期末存货成本
	25 000	1 012 500	1 010 000	27 500
	期初存货量	单位成本	期末存货量	期末存货成本
小计：	15 000	9.6	20 000	192 000
	预计期末存货合计			219 500

表中数据来源于表 8-7 和表 8-11。

8. 销售及管理费用预算

销售及管理费用预算是指为组织产品销售活动和一般行政管理活动以及有关的经营活动的费用支出而编制的一种业务预算。它与制造费用预算类似，按照成本性态可以区分变动销售及管理费用和固定销售与管理费用。变动销售及管理费用随着销售量成正比例发生变动，企业需要根据生产经营的历史经验分析得到单位变动销售与管理费用耗用额数据；固定销售与管理费用是为了保证企业正常的经营活动的进行，它需要根据项目来预计全面预算水平。

为了便于编制现金预算，在编制销售及管理费用预算的同时，还要扣除非付现项目，编制出与销售及管理费用有关的现金支出计算表。

实际运用

[例 8-8] 销售及管理费用预算编制案例。

沿用前面例题的资料，假定 A 企业预计单位变动销售与管理费用耗用额为 1.5 元，要求：编制 A 企业 20×8 年度销售与管理费用预算表（见表 8-13）。

表 8-13 A 企业 20×8 年度销售与管理费用预算表   金额：元

项目	第一季度	第二季度	第三季度	第四季度	全年
预计销售量/件	50 000	150 000	200 000	100 000	500 000
单位变动销售与管理费用耗用额	1.5	1.5	1.5	1.5	1.5
预计变动销售与管理费用耗用额	75 000	225 000	300 000	150 000	750 000
固定销售及管理费用：广告费	250 000	250 000	450 000	250 000	1 200 000
管理人员工资	320 000	320 000	320 000	320 000	1 280 000
其他	200 000		100 000	120 000	420 000
固定销售及管理费用合计	770 000	570 000	870 000	690 000	2 900 000
预计销售及管理费用合计	845 000	795 000	1 170 000	840 000	3 650 000

假定销售及管理费用在发生时全部以现金支付。

8.3.2 专门决策预算的编制

专门决策预算是指企业为不经常发生的长期投资决策项目或者是筹资项目所编制的预算。

1. 资本支出预算

资本支出预算是根据经过审批的、为购置固定资产或无形资产或者企业技术改造等长期投资项目所编制的预算,这类预算涉及长期项目资金的投放和筹措等,且大多数项目会跨越几个年度,因此,一般项目不纳入日常的业务预算中。

实际运用

[例 8-9] 资本支出预算的编制案例。

假定 A 企业为满足生产经营的需要计划在 20×8 年年初购置一台生产设备,全部使用自有资金支付,设备价款 500 000 元,于第一季末支付 200 000 元,剩余金额在三个季度末等额支付。现要求编制 A 企业 20×8 年度资本支出预算表(见表 8-14)。

表 8-14　A 企业 20×8 年度资本支出预算表　　金额:元

项目	购买成本	第一季度	第二季度	第三季度	第四季度	全年
生产设备	500 000					
现金支出		200 000	100 000	100 000	100 000	500 000

2. 筹资预算

筹资预算是指公司在预算期内需要新借入的长期借款、短期借款、经批准使用的债券以及对原有借款、债券还本付息的预算,主要是对资本筹集的方式、资本筹集总量及筹集时间做出安排。

企业所需的对外筹资额是计划投资所需额减去部分内源性资金(如其他营业性现金流入量、项目折旧或利润再投资等)后的净额,筹资预算就是为了明确项目的对外筹资额,为投资服务做好资金准备。

实际运用

[例 8-10] 筹资预算的编制案例。

沿用前面的预算编制案例,假定 A 企业在生产经营过程中需要保持一定的资金量,根据预算期初的现有资金量和预算期内的收支详情,A 企业计划在 20×8 第一季度初借款 940 000元,借款年利率 10%,分别于第三、四季度末偿还本金并支付偿还本金部分的利息。此外,根据预算情况计划预算期预付所得税数额为 170 000 元,于每季度末等额支付。预计在第一季度末和第三季度末分别发放 100 000 元的现金股利。现要求:编制 A 企业 20×8 年度的筹资预算表(见表 8-15)。

表 8-15　A 企业 20×8 年度的筹资预算表　　金额:元

项目	年初	第一季度	第二季度	第三季度	第四季度	全年
借款金额	940 000					940000
偿还本金				500 000	440 000	940 000
支付利息				37 500	44 000	81 500
预付所得税		170 000	170 000	170 000	170 000	680 000
预付股利		100 000		100 000		200 000

8.3.3 财务预算的编制

财务预算是指企业在预算期内反映有关现金收支、经营成果和财务状况的综合性预算，主要包括现金预算、预计利润表、预计资产负债表这三种。

1. 现金预算

现金预算是反映预算期内的现金收支情况的预算，由现金收入、现金支出、现金多余或不足、资金的筹集和运用四个部分组成。现金收入包括期初现金余额和预算期预计现金收入。现金支出包括预算的各项现金支出，如直接材料、直接人工、制造费用、销售与管理费用、所得税、购买设备、分配股利等项目所涉及的现金流出。现金多余或不足是现金收入合计与现金支出合计的差额。差额为正，说明收入大于支出，现金有剩余，可用于企业运营过程中的其他方面。差额为负，说明支出大于收入，现金不足，需要筹措资金。资金的筹集和运用是指根据现金多余或不足而进行的资金筹集或者资金运用情况。

编制现金预算的目的是为了充分利用企业的现金资源，合理调动现金，加强对现金的控制，在现金多余时及时做出处理，充分发挥现金管理的作用；在现金不足时，及时筹措，保证企业内现金的正常合理流转。

实际运用

[例 8-11] 现金预算的编制案例。

沿用前面预算案例资料，假定 A 企业每季度末现金余额不少于 300 000 元。编制 A 企业 20×8 年度的现金预算表（见表 8-16）。

表 8-16　A 企业 20×8 年度现金预算表　　　　　　　　　　　金额：元

项目	第一季度	第二季度	第三季度	第四季度	全年
期初现金余额	310 000	303 800	303 600	392 100	310 000
加：销售现金收入	1 100 000	2 400 000	3 700 000	2 600 000	9 800 000
可供使用现金	1 410 000	2 703 800	4 003 600	2 992 100	10 110 000
减：现金支出					
直接材料	177 200	249 200	336 000	262 100	1 024 500
直接人工	260 000	640 000	720 000	400 000	2 020 000
制造费用	294 000	446 000	478 000	350 000	1 568 000
销售及管理费用	845 000	795 000	1 170 000	840 000	3 650 000
所得税费用	170 000	170 000	170 000	170 000	680 000
购买生产设备	200 000	100 000	100 000	100 000	500 000
支付股利	100 000		100 000		200 000
现金支出合计	2 046 200	2 400 200	3 074 000	2 122 100	9 642 500
现金余额	−636 200	303 600	929 600	870 000	467 500
短期借款	940 000				940 000
偿还本金			500 000	440 000	940 000

续表

项目	第一季度	第二季度	第三季度	第四季度	全年
支付长期借款利息			37 500	44 000	81 500
期末现金余额	303 800	303 600	392 100	386 000	386 000

在根据前面各种预算编制现金预算时，要剔除其中的非付现部分，保留付现部分作为现金预算的编制数据依据。

2. 预计利润表

预计利润表是指以货币形式综合反映预算期内企业生产经营活动最终成果（包括利润总额、净利润等）计划水平的一种财务预算。编制预计利润表便于企业的管理人员根据预计利润表的净利润与目标利润进行对比分析，寻找其中的差距，做出相应的调整，这是控制企业经营活动和财务收支的主要依据。该预算需要在销售预算、产品成本预算、制造费用预算、销售及管理费用预算等日常业务预算的基础上编制。

实际运用

[例 8–12] 预计利润表的编制案例。

沿用前面预算编制案例，编制 A 企业的预计利润表（见表 8–17）。

表 8–17 A 企业 20×8 年预计利润表　　　　金额：元

项　目	金　额
销售收入	10 000 000
减：变动成本变动	
生产成本	3 840 500
变动销售及管理费用	750 000
边际贡献总额	5 409 500
减：期间成本固定制造费用	1 010 000
固定销售及管理费用	2 900 000
利息费用	81 500
利润总额	1 418 000
所得税费用	680 000
净利润	738 000

3. 预计资产负债表

预计资产负债表是指编制的反映预算期期末财务状况的一种财务预算，它在预算期初资产负债表的基础上，结合预算期内其他各项预算项目编制而成。它可以用来帮助观察企业预算期内的财务状况，了解资金占用情况和资金的来源变化，有助于企业分析预算的可行性，研究财务对策，及时决定要调整的项目，从而保证预算期内企业的财务状况处于良好的状态。

实际运用

[例 8-13] 预计资产负债表的编制案例。

依据前面编制的各种预算，编制 A 企业 20×8 年的简化预计资产负债表（见表 8-18）。

表 8-18　A 企业 20×8 年简化预计资产负债表　　　　金额：元

资产			负债及所有者权益		
项目	期初余额	期末余额	项目	期初余额	期末余额
库存现金	310 000	386 000	应付账款	95 000	83 000
应收账款	400 000	600 000	长期借款	1 000 000	1 000 000
原材料	25 000	27 500	负债总额	1 095 000	1 083 000
库存商品	144 000	192 000			
固定资产	2 300 000	2 749 500	普通股	1 000 000	1 000 000
累计折旧	640 000	890 000	未分配利润	444 000	982 000
固定资产净值	1 660 000	1 859 500	所有者权益总额	1 444 000	1 982 000
资产总额	2 539 000	3 065 000	权益总额	2 539 000	3 065 000

相关法规

2017 年 9 月 29 日《管理会计应用指引第 200 号——预算管理》；《管理会计应用指引第 201 号——滚动预算》；2018 年 8 月 17 日《管理会计应用指引第 202 号——零基预算》；《管理会计应用指引第 203 号——弹性预算》。

 复习思考题

1. 全面预算是什么？它包括哪些内容？
2. 全面预算有哪些作用？
3. 弹性预算与固定预算相比有哪些优点？
4. 增量预算与零基预算有哪些区别？
5. 现金预算包括哪几个部分？

 练习题

（1）假定 A 企业预计 20×8 年四个季度的产品销售量为 1 000 件，1 500 件，1 800 件，2 000 件。假定每一季度末的产品存货量为下一季度销售量的 20%，年末产品存货量为 500 件。

要求：编制 A 企业 20×8 年的分季度生产预算表（见表 8-19）。

表 8-19　A 企业 20×8 年的分季度生产预算表　　　　　　　　　　单位：件

项目	第一季度	第二季度	第三季度	第四季度	全年
预计销售量					
预计季末存货量					
期初存货量					
本季生产量					

（2）A 企业预计 20×8 年 3 月份的现金收支情况如下。

① 3 月 1 日的库存现金和银行存款期初余额为 14 000 元，企业已收但尚未入账的支票 10 000 元。

② 产品的销售价格为 30 元/件，2 月份销售量为 500 件，3 月份预计销售量为 600 件，销售价款可在本月收到 60%，下月收到 38%，坏账 2%。

③ A 企业的进货成本为 20 元/件，当月支付价款的 60%，下月支付剩下的 40%。月底存货为下月销售量的 20%，2 月底存货量为 120 件，应付账款月初为 2 600 元，3 月底预计存货量为 100 件。

④ 预计 3 月份的费用总额为 1 000 元，除了折旧 100 元之外，其余需要现金支付。

⑤ 11 月份预交所得税款为 2 500 元。

⑥ 为保持正常的运营状态，现金持有量不能低于 10 000 元，不足时可以从以 1 000 的整数倍借入，到期一起还本付息。

现要求：编制 A 企业 20×8 年 3 月份的现金预算表。

第 9 章

责任会计

内容概要

1. 责任会计的概述
2. 责任中心概念与设置
3. 内部转移价格
4. 责任中心的业绩评价与考核

引例——责任会计在海尔集团的应用

海尔集团是世界白色家电第一品牌、中国最具价值品牌,它在全球建立了29个制造基地,8个综合研发中心,19个海外贸易公司,全球员工总数超过6万人,已发展成为一个大规模的跨国企业集团。

海尔的经营业务范围非常广泛,自其成立以来,海尔的财务工作一直围绕企业的战略发展目标,以适应企业快速发展的需要。然而企业发展越快,对企业的财务和内部管理的要求也就越高。其次,海尔作为市场化运作的企业,面临各类经营风险。为了提高企业的竞争力,海尔以建设符合企业发展的分权管理体制为契机,不断优化会计流程,提高财务职能,将原来那种反应与监控的传统职能转化为一种财务经营模式。

1997年,海尔集团销售收入首次突破100亿元,1999年,首次突破200亿元。

随着海尔集团的发展,规模变得越来越壮大,给企业的运营带来极大的不便,企业发展变得笨重,企业开始想方设法改变现状,以寻求企业更大的发展。为了克服大企业病,让海尔这个大规模企业能像小企业一样充满发展的生机和活力,海尔从2001年底开始实行责任会计制,企业进行内部流程改造,在企业内部模拟市场交易,将海尔的国际化目标进一步分解落实到每一个责任单位,使得企业的员工成为企业的经营者,将企业的管理考核确定到人,将集团整体的经营目标转化为每个具体责任单位的目标和工作动力,极大地调动了员工的工作积极性。2004年,海尔集团销售收入首次突破1 000亿元。到2009年,海尔的品牌价值已经高达812亿元。

海尔将原来分属于每个事业部的财务、采购、销售业务全部分离出来,合并为独立的责任单位，实行集团整体统一的营销、采购、结算，优化了管理资源和市场的配置，实现组织结构的扁平化，提高企业集团管理系统的效率。海尔将现行的经营管理划分到具体的责任单位，使得具体的考核更加严密有效，促进了员工的积极性，完善了以人为本的企业文化。

（资料来源：赵倩侠，程丹，蒋丹丹．责任成本会计在海尔集中的案例分析［J］．商情，2012（33）：61．）

9.1 责任会计概述

9.1.1 责任会计的概念、起源及发展

责任会计制度是指一种与企业分权管理相适应的现代会计管理制度，它把经济责任制和会计制度相结合，在企业内部按照各部门所承担的经济责任划分为若干个不同种类、不同层次的责任中心，并科学地为它们编制责任预算，对其分工负责的责任预算进行规划、核算、控制，以实现责任预算、考核和评价。

20世纪初，西方资本主义产生并发展。由于生产集中，资本主义市场被大企业挤占，竞争激烈，为了在市场中获得一席之地，资本家们不得不千方百计寻找加强企业内部经营管理以及对市场情况进行科学预测的方法。在资本主义迅猛发展的势头下，美国管理学家泰勒提出并制定了科学的管理理论和方法，即"泰勒制"，以控制生产成本并提高工人的生产积极性。在泰勒制的推广应用过程中，美国的会计学者又提出了"供管理上用的会计"这一新的概念与之相适应，两者结合发展，产生了责任会计。

随着资本主义的广泛发展，20世纪30年代初，发生了世界性的经济危机，引发了第二次世界大战，资本主义的生存和发展处于困境。为了在困境中脱身，企业一方面加强自身的经营管理，努力扩大自身规模，提高生产力，降低成本，以获得更大的竞争优势；另一方面努力寻求预测市场的科学方法以便做出正确的决策。此时，仅仅运用泰勒制控制成本来解决问题是远远不够的，于是企业开始出现向分权管理和控制目标利润方向发展迹象。第二次世界大战以后，国际经济迅速恢复和发展，市场竞争日益激烈，企业的规模越来越大，其经营越来越多样化，组织结构愈发复杂，管理的层次更加繁多，分支机构分布广泛，传统的集中管理模式无法满足企业发展壮大的需要，分权管理越来越被现代的企业所接受。

所谓分权管理，即把企业的生产经营决策权根据相应的经济责任划分给企业不同层次的管理人员，使他们能够对自己职权范围内的经营管理活动及时做出有效的决策。这种管理模式可以在极大程度上激发各个层次管理人员的积极性和主动性，减少决策时的不必要程序，大大提高管理人员工作的质量和效率，提高企业迅速做出应急决策的可能性。但是，分权管理在增加企业内部各分权单位之间相互依存性的同时，也使得各个分权单位之间呈现较高的独立性，这就对企业协调各分权单位之间的关系提出了极大的要求，要避免出现分权单位片面追求自身利益而不顾企业整体利益的局面。

要想充分利用分权管理带来的好处，尽量避免其带来的弊端，企业要追求整体价值的最大化，就要从整体发展战略出发来协调和控制各分权单位的行为，以行为科学理论为指导，强化企业内部管理，即运用现代责任会计，对企业内部各责任中心的经济业务进行规划与控制。

9.1.2 责任会计的基本内容

责任会计是为了适应现代企业管理的需要而产生的一种现代管理会计制度，它通过会计信息来对企业内部各责任中心的业绩成果进行记录、控制和考核。不同企业对责任会计的具体运用可能不同，但其主要内容都表现为以下几个方面：

1. 划分责任中心，明确权责范围

企业要实行责任会计，首先要根据企业的组织结构特点，按照企业内部管理的需要以及一定的划分标准和原则，把企业划分为若干个责任中心，然后根据各责任中心的特征，为各个责任中心负责人划定权责的范围，并为他们制定量化的业绩指标，将企业经营活动的管理权和决策权划分并下放至每一负责人，使他们在被授予的权限内在管理和决策上具有独立自主性，这样也便于考核和评价他们的业绩指标完成情况。

2. 编制责任预算，确定考核标准

责任中心的责任预算类似于企业的全面预算。企业的全面预算是指企业制定的在未来一定时期内按照生产经营过程需要落实的总体目标和任务，责任预算则是将全面预算按照责任中心进行分解，将其落实到每一个责任中心，作为每一个责任中心开展经营活动、评价业绩的基本标准和主要依据。

3. 建立跟踪系统，进行反馈控制

在落实预算的过程中，每一个责任中心都要建立一个跟踪预算执行情况的系统，对各个责任中心的业务活动进行跟踪反馈，定期编制责任报告，以便将实际数和预算数进行比较，找出差异，进行差异分析，然后调整对经营活动做出的安排，保证责任中心的业绩目标得以实现，保证企业总体目标得以实现，同时为业绩考核后的奖惩提供依据。

4. 进行业绩评价，建立奖罚制度

定期编制责任中心的业绩报告，对责任中心的工作业绩进行全面的考核和评价，根据实际工作业绩，找出存在的问题，分析原因，提出改进措施，总结经验教训，提高工作水平。另外，把工作的业绩成果和利益相联系，并按照实际工作成果的好坏进行奖惩，做到功过分清、奖惩有据，充分调动各个责任中心工作人员的积极性、主动性和创造性，促使各负责人相互协调、共同努力。

9.1.3 责任会计的基本原则

责任会计是用于加强企业内部管理的控制会计制度，企业要根据自身特点建立适合于企业的责任会计制度，但无论企业采用的责任会计具体形式是怎样的，都要遵循以下几条责任会计的基本原则。

1. 权、责、利相结合原则

权、责、利相结合原则是企业实行责任会计制度的一项极其重要的原则，它要求实行责任会计既要授予各个责任中心负责人一定范围的职权，又要让他们承担起相应的责任，还要将他们的经济利益和工作业绩相联系。权、责、利三者大小要相匹配，这样才公平公正，有利于充分调动各责任中心的工作积极性，强化分权管理带来的优势。

2. 目标一致性原则

责任中心是企业根据一定的原则和标准进行层层划分后的组成部分，因此责任中心的目标要和企业的整体目标相一致，才能有效保证企业总目标的实现。在制定责任目标、编制责任预算、制定责任业绩考核指标和评价标准时，要始终保持和企业总体目标的一致性，避免出现为了局部利益而损害企业整体利益的行为。

3. 可控性原则

可控性原则是指各责任中心只对其权责范围内的、可以进行控制的经济活动负责，而不需对那些权责范围之外的、不可控的因素负责。在对各责任中心进行考核评价时，应尽可能排除不可控因素，以求取得责任分明、奖罚合理的结果。这样也便于企业对管理者和对各责任中心的实际业绩工作成果进行正确的把控和考评。

4. 反馈性原则

企业和各责任中心要想控制好各自生产经营活动，各责任中心负责人要想及时了解掌握各中心的责任执行情况，以便对责任执行进行控制和对产生的执行差异做出及时、恰当的调整，保证最终责任目标的实现。因此，建立信息反馈机制是非常有必要的。这种反馈除了要向各责任中心反馈目标执行的准确信息外，还要向更高级的责任中心做出反馈，以便在更高层次上对责任目标进行有效的宏观控制或者调整，这也是企业总体目标可以实现的一种保障。

5. 例外管理原则

例外管理原则要求各责任中心重点关注生产经营过程中出现的重大差异，抓住生产经营过程中出现的主要矛盾和突出问题进行分析和控制，将有限的时间和精力用来解决关键性的问题，以达到事半功倍的管理效果。

9.2 责任中心概念与设置

9.2.1 责任中心的概念

责任中心是企业根据权限和责任的不同而划分的内部责任单位的统称，它拥有一定的管理权限，享有相应的利益并且承担相应的经济责任。划分责任中心时，企业要根据各自的具体情况，按照权责范围、业务特征及管理的需要来划分。

9.2.2 责任中心的设置

根据企业内部责任单位职责范围以及业务活动特点的不同，可以将企业划分为成本中心、利润中心和投资中心这三种类型的责任中心。

1. 成本中心

1）成本中心的概述

成本中心是企业内部只对成本和费用负责的责任中心，是企业中的基础责任层次。成本中心往往不产生收入，因此不对生产经营活动产生的收入、利润和投资情况进行考核，只考核以货币计量的成本，即责任成本，也就是以责任中心作为归集对象的成本费用。成本中心的范围最广泛，一般地，只要是企业内部有成本发生、需要对成本负责并且能实施成本控制的单位，都可称为成本中心。因此，成本中心规模有大有小，较小的成本中心可以组成较大的成本中心，较大的成本中心可以组成更大的成本中心，从而在企业内部可以形成一个逐级控制、层层负责的成本中心体系。

2) 成本中心的类型

企业内成本或者费用产生的情况不同，对其采取的控制措施也不同。因此，可以根据成本中心控制的成本费用的特点，把成本中心划分为技术性成本中心和酌量性成本中心。

（1）技术性成本中心，又叫作标准成本中心，是指那些生产的产品确定，并且已经明确知道生产单位产品所需要的投入量的责任中心，典型代表为一般制造业的车间、班组等。它们控制的成本对象是生产产品发生的技术性成本，投入和产出在某种程度上有紧密的联系，可以通过弹性预算进行控制。比如，生产产品使用的直接材料、直接人工等，其发生数可以通过一定的方法估算出来。

（2）酌量性成本中心，又叫作费用中心，它控制的成本对象是为组织生产经营活动而发生的酌量性成本，产出量不能用财务指标衡量，投入量与产出量没有确切关系，比如一般行政管理部门、研究开发部门等，其发生数无法通过产品产出量进行估算，而是由管理人员的决策决定，可以通过加强预算总额的审批和预算的严格执行来控制酌量性成本。

3) 责任成本

责任成本是将责任中心作为对象归集的、能够为责任中心所控制的成本，即可控成本。责任成本可以反映、监督责任预算的执行情况，为制定各责任中心业绩情况的评价考核标准提供重要依据。确定责任成本最重要的就是可控性，关于一项成本是否可控，需要考虑以下两点。

（1）成本是否具有可控性，它是针对某一个特定的成本中心而言的。对于整个企业来说，所有的成本都是可控的，但若是只针对某个成本中心，成本就有了可控与不可控两种类型。一项成本对于一个成本中心来说是可控的，对于另一个成本中心来说可能就是不可控成本。比如，车间生产产品耗用的外购材料，假定材料规格和质量都符合要求，所消耗的全部材料按照标准价格计算的材料成本对于生产车间来说是可控性成本，而由于所耗用的材料的实际价格和标准价格之间的差异所构成的此部分材料成本对于生产车间来说就是不可控成本，但它对于材料采购部门来说就是可控成本。

（2）成本是否可控并非一成不变，其在一定的条件下可以相互转化。比如，责任中心经营活动中使用的设备，如果责任中心可以自主决定具体使用哪一种设备以及对该种设备如何使用，那么对于该责任中心来说，使用该设备产生的相关费用就是可控成本，如果必须由上层单位决定，那么相关费用就是上层单位的可控成本，是该责任中心的不可控成本。

一般来说，责任成本除了要具备可控性之外，还需要同时具备以下几个条件。

① 能够预计。责任中心能够预测其发生和种类。

② 可以进行计量。责任中心可以对其消耗进行计量。

③ 可以进行考核。责任中心可以对耗费的执行过程及其结果进行评价与考核。

2. 利润中心

1) 利润中心的概述

利润中心是指企业内部对利润负责的责任中心。由于利润是由收入减去成本得到的，因此利润中心实际上既要对销售收入负责，又要对成本负责。在企业中，利润中心往往处于比较高的层次。作为企业中对收入和成本同时负责的、层次较高的责任中心，利润中心一般拥有生产经营活动的决策权，职权相对高于成本中心，其承担的责任也相对高于成本中心，且与成本中心一样，利润中心也强调控制和节约成本，不同的是，利润中心对成本的控制通常与对收入的控制同时进行，它强调成本的相对节约。

2) 利润中心的类型

利润中心有自然利润中心和人为利润中心两种类型。自然利润中心是指企业内部直接对外销售产品或者提供劳务从而取得收入的利润中心。这种类型的利润中心典型形式是企业的分公司、分厂，它们具有生产经营决策权、材料采购权、价格制定权、产品销售权等权利。自然利润中心虽然作为企业内部的责任单位，但它具有采购、生产、销售的功能，直接面向外部市场，能够独立控制成本、取得收入。

人为利润中心与自然利润中心不同，它不是企业内部责任中心对企业外部销售产品或者提供劳务的行为，而是企业内部某个责任中心按照指定的合理的内部结算价格为企业内部其他责任中心提供产品和劳务取得收入、获得利润。这类利润中心的产品或者劳务主要是在企业内部转移，一般不直接与外界发生业务上的联系，比如企业的生产车间。由于成本中心也可以人为制定内部转移价格为其他责任中心提供产品和劳务，从而获得收入、产生利润，因此很多成本中心也可以转化为人为利润中心。

3) 成本核算

利润中心要对利润负责，首先就要核算清楚收入和成本。一般收入的核算比较简单明确，要想正确计算利润，关键是要正确核算成本。对于利润中心成本的核算一般有以下两种方式。

（1）只核算可控成本，不分摊共同成本。如果共同成本难以在各责任中心之间进行合理分摊或者根本不需要在各责任中心之间进行分摊，那么此时的利润中心往往只需要核算可控成本，而不需要分摊不可控成本。但此时计算的利润并不是通常意义上的利润，而是相当于边际贡献总额，由各利润中心的边际贡献总额之和减去没有在各责任中心之间进行分摊的共同成本，经过调整，才得到了实质上的利润总额。采用这种方式计算的利润中心不是通常意义上的利润中心，这种计算方式适用于人为的利润中心。

（2）既核算可控成本，又核算不可控成本。如果共同成本在各责任中心之间合理地分摊是容易进行的，或者根本没有需要在各责任中心之间进行分摊的共同成本，那么此时，利润中心就不能只核算可控成本，也需要对不可控成本进行核算。在变动成本法下，先计算出边际利润，然后再减去固定成本，得到的才是税前利润；而在完全成本法下，各利润中心能够直接计算出来税前利润，各个利润中心的税前利润之和就是企业的利润总额。自然的利润中心适合采用这种方式。

3. 投资中心

投资中心是既要对收入、成本、费用负责，又要对投资效果负责的责任中心。它不仅在产品的生产经营中有决策权，而且能够独立地运用所掌握的资金，有构建和处置固定资产的权利，可以自主做出扩大或者缩小生产的决定。因此，投资中心既要对成本和利润负责，又要对资金的投资效果负责，在企业内部是处于最高层次的责任中心，享有最大的权利，也承担着最大的责任。投资是为了获取一定的收益，在某种程度上投资中心也可以看作是利润中心，但投资中心拥有做出投资决策的权利，而利润中心只能根据决策进行具体的经营活动，这是两者之间最大的区别。

9.3 内部转移价格

企业要实行责任会计制度,就要在企业内部划分出责任中心,在各责任中心之间采用和外部市场相同的价值规律和市场经济办法进行管理,那么各责任中心之间会涉及"商品买卖"活动,此时,就需要给商品制定一个"内部买卖价格"即下文中的内部转移价格。制定合理的内部转移价格是实行责任会计制度重要的一部分内容,也是利润中心可以核算收入和成本的重要基础。

9.3.1 内部转移价格的概念

《管理会计应用指引第 405 号——内部转移价格》对内部转移价格的定义为企业内部分公司、分厂、车间、分部等各责任中心之间进行相互提供产品(或服务)、资金等内部交易时所采用的计价标准,也叫作内部结算价格,又被称为调拨价格。内部转移价格的制定是为了明确各责任中心的经济责任,协调责任中心之间的利益关系,便于评价和考核各责任中心的工作业绩。使用内部转移价格进行结算并不是实质上的结算,不能给企业带来资金。

9.3.2 内部转移价格的制定原则

为了保证制定的内部转移价格可以有效地发挥其作用,应该遵循以下几个制定原则。

1. 全局性原则

在企业内部责任中心使用内部结算价格,可以有效地考核各责任中心的业绩,从而保证企业总体目标的实现。因此,企业在制定内部转移价格时要遵循全局性原则,既要关注各责任中心的利益,又要考虑企业的整体利益。

2. 公平合理原则

内部转移价格的制定对于各责任中心来说要公平合理,价格要与价值相符,避免因价格制定不合理而给某个责任中心带来额外的利益或者损失,从而影响责任中心工作的积极性。

3. 自主性原则

在责任中心利益与企业整体利益保持一致的前提下,企业要保证各责任中心具有一定的自主制定本责任中心产品或者劳务内部转移价格的权利,在企业内部模拟市场,以保证内部转移价格发挥其作用。

4. 重要性原则

有些企业需要制定内部转移价格的产品或者劳务很多,难以逐一为它们制定精细的内部转移价格,这就需要企业遵循重要性原则,为那些在内部转移频繁、转移量大的重要产品或者劳务制定精细的价格,而对不常转移或者转移量很小的产品或者劳务进行简单定价。

9.3.3 内部转移价格的类型

企业绩效管理委员会或类似机构应根据各责任中心的性质和业务特点,分别确定适当的内部转移价格形式。内部转移价格主要包括市场价格、协商价格、双重价格和成本转移价格这四种类型。

1. 市场价格

市场价格是把产品或者劳务的市场价格作为内部转移价格。责任中心所提供的产品（或服务）经常外销且外销比例较大的，或所提供的产品（或服务）有外部活跃市场可靠报价的，可将外销价或活跃市场报价作为内部转移价格。使用市场价格作为内部转移价格的前提条件是企业处于一个完全竞争市场，各责任中心可自由决定是否购销以及购销数量。由于完全竞争市场在现实中不存在，因此要以市场价格作为内部转移价格需要遵循以下几个原则。

（1）如果责任中心不能够确认与外部进行交易对责任中心来说更有利，那么各责任中心的产品或者劳务应该进行内部转移，即一个责任中心所需的产品或者劳务首先要从内部责任中心取得，一个责任中心生产的产品或者提供的劳务首先应该在责任中心之间进行销售，除非外部市场的价格更为有利。

（2）产品或者劳务在企业内部的责任中心之间转移，一般不会像往企业外部销售或者购买一样需要承担包装、广告、运输等与购销有关的费用。因此，当企业的内部转移价格选用市场价格时，要对市场价格进行必要的调整，将不会发生的费用支出从中减除。

在企业内部引进市场机制，将调整的市场价格作为企业的内部转移价格，可以在企业内部创造一种竞争的氛围，促使各责任中心更加尽职尽责，加强内部经营管理，创造出更好的工作业绩。而且相较于与外部市场进行交易，内部转移可以节约因销售产生的费用，还具有可以自主控制交货时间等优点。但市场价格常常发生大的变动。因此，可能导致以市价为基础的内部转移价格难以确定。内部转移价格确定得不合理会进一步导致各责任中心经营业绩的不准确。尽管市场价格有如此缺点，但以其为基础调整过后确定的内部转移价格仍然较适用于完全的自然利润中心和投资中心。

2. 协商价格

协商价格也称为议价，是指企业内部供求双方以正常的市场价格为基础，定期就转移中间产品的数量、质量和价格进行协商，并确定一个双方都愿意接受的内部转移价格。这种情况主要适用于供求双方分权程度较高，且供方存在较多闲置产能的情况。协商价的取值范围通常较宽，一般不高于市场价，不低于变动成本。除以外销价或活跃市场报价为基础制定的内部转移价格可能随市场行情波动而较频繁变动外，其余内部转移价格应在一定期间内保持相对稳定，以保证需求方责任中心的绩效不受供给方责任中心绩效变化的影响。

使用协商价格作为企业的内部转移价格，各责任中心享有自主协商定价权，可以起到对各责任中心负责人的激励作用，同时也弥补了市场价格波动大导致的内部转移价格制定不合理的缺陷。但协商价格的制定会耗费大量的人力和时间，而且有很大的主观性，协商价格制定是否合理取决于责任中心负责人投入的精力和协商的能力，他们可能会为了自己责任中心的工作业绩而不从对企业最有利的角度考虑，从而难以做到责任中心的目标与企业整体目标相一致；若是双方协商不力还要请求上层管理单位进行裁定，这样削弱了分权管理的作用。

当产品或者劳务没有市场价格的时候，只能采取协商的方式来确定内部结算价格。这种情况下，各责任中心可进行讨价还价模拟外部市场，确定内部交易的加价标准。

3. 双重价格

双重价格是指企业内部责任中心进行内部交易时买卖双方分别采取不同的内部转移价格。由于制定内部转移价格主要是用来完成各责任中心的结算和绩效指标的考核，所以买卖双方所采用的转移价格不需要完全一样。因此，为了较好地满足供需双方不同的需要，促使双方在生产经营过程中充分发挥他们的主动性和积极性，可以采用双重的内部转移价格来取代单一的内部转移价格。

双重价格主要有两种形式：一种是双重市场价格，是指当某种产品或者劳务在企业外部的市场上具有不止一种交易价格时，供应方采用最高的市场价格，购买方采用最低的市场价格；另一种是双重转移价格，是指供应方按照市场价格或者协商价格作为内部转移计价基础，而购买方则按照供应方的单位变动成本作为计价的基础，由内部结算中心或者会计部门对供需双方计价不同而产生的差额进行相应调整。

双重转移价格的优点在于它使得企业内部各责任中心可以相对自主地选择内部转移价格，各责任中心所采用的内部转移价格不需要完全一致，可以选择对责任中心更有利的计价标准，因此，可以更加公平合理地考核评价各责任中心的工作业绩，也可以鼓励内部交易的进行。但采用双重价格作为内部结算价格也有其固有缺陷：将双重价格作为内部结算价格，各责任中心都是选择对各自有利的内部结算价格，使得各责任中心都有较大的边际贡献，但企业整体的边际贡献却比各责任中心的边际贡献要小，造成各责任中心的效益虚增，从而放松对成本的控制，长此以往不利于企业的整体发展。

4. 成本转移价格

成本转移价格是指以标准成本等相对稳定的成本数据为基础而制定的内部转移价格，一般适用于内部成本中心。标准成本的制定参见《管理会计应用指引第 302 号——标准成本法》。成本转移价格有多种类型，其中较为常用的有三种。

1）标准成本

它是以产品或者劳务的标准成本作为企业内部各责任中心的内部转移成本。成本中心之间提供产品或者劳务适合采用标准成本作为结算价格，这样便于成本中心将日常经营管理和会计核算相结合，可以避免供应方成本的高低对购买方造成的影响，有助于明确双方责任，促使双方积极地寻求方法以降低成本。

2）完全成本

它是以中间产品生产时发生的完全生产成本作为内部转移价格，利用财务信息，核算更为方便。但它的使用缺乏激励的作用，因为提供中间产品或者劳务的责任中心的业绩成果或者缺陷会随之转移到接受中间产品或者劳务的责任中心，使得接受中间产品或者劳务的责任中心承担其他责任中心的绩效成果。因此，一般而言这种方式确定的内部转移价格只适用于在各个成本中心之间相互转移产品或者劳务。

3）变动成本

变动成本是按照产品或者劳务的变动成本作为企业内部各责任中心转移产品或者劳务的内部结算价格，适用于使用变动成本计算产品的成本中心之间产品的转移。它揭示了成本与产量之间的关系，便于对企业内部各责任中心的业绩情况进行考核，也有利于各责任中心做出经营决策。但是产品或者劳务在内部责任中心之间的结转价格不包括固定成本在其中，反映不出固定成本是如何受到劳动生产率的影响的，这在一定程度上打击了各责任中心提高产量的积极性。

9.3.4 内部转移价格的作用

1. 合理界定责任中心的经济责任

内部转移价格是责任中心采取的一种计量手段,可以衡量转移的产品或者劳务的价值量。这些价值量一方面代表提供产品或者劳务的责任中心经济责任的完成,另一方面也代表接收产品或者劳务的责任中心应负经济责任的开始。

2. 有效测定各责任中心的资金流量

各责任中心在生产过程中需要占用一定数量的资金,企业可以根据内部结算价格确定一定时期内各责任中心的资金流入量和资金流出量,并且以此为基础根据企业资金周转需求,合理制定各责任中心的资金占用量。

3. 量化工作业绩,指导经营决策

提供产品或劳务的责任中心可以根据提供产品或劳务的数量及内部转移价格计算本身的"收入",并可根据各生产耗费的数量及内部转移价格计算本身的"支出",量化责任中心的工作业绩,可将此作为依据考核责任中心的工作业绩,也可分析比较各责任中心的工作成果,进行正确的生产经营决策。

9.4 责任中心的业绩评价与考核

企业采用分权管理,将生产经营决策的权利赋予各责任中心负责人,让他们拥有自主决定权。高级管理人员需要定期对各责任中心的工作业绩进行考核,采用财务控制的方法以监督和控制各责任中心的经营活动,保证各责任中心的目标与企业整体目标相一致。财务控制采用一些数据指标作为考核的标准,将这些标准与责任中心的实际财务数据指标相比较,找出两者之间的差异,分析差异产生的原因并据此判断是否需要采取措施加以改进,以获得更好的工作成果。

9.4.1 成本中心的业绩评价与考核

由于成本中心一般没有生产经营决策权,因此没有收入来源,只需要对可控成本负责,因此对成本中心进行业绩考核时只需要考核其责任成本,将实际责任成本与预算成本进行比较,分析两者差异产生的原因,在此基础上计算相关考核指标,对责任中心的工作业绩进行评价。

成本中心的职责比较单一,因此考核指标也比较好确定,可分为两种,一种是绝对数指标责任成本变动额,另一种是相对数指标责任成本变动率。

$$责任成本变动额 = 实际责任成本 - 预算责任成本 \quad (9-1)$$
$$责任成本变动率 = (责任成本变动额/预算责任成本) \times 100\% \quad (9-2)$$

从上面公式可以看出,责任成本(费用)变动额为负值时,表示成本的节约,为正值时,表示成本的超支,从而当责任成本(费用)变动率为负值时,表示成本节约的程度;为正值时,表示成本超支的程度。

实际运用

[例9-1] 某企业成本中心生产A产品，计划生产100件，单位成本100元，实际生产90件，单位成本90元。据此评价该成本中心的工作业绩。

责任成本变动额=90×90-100×100=-1 900（元）

责任成本变动率=-1 900/(100×100)=-19%

此成本中心责任成本节约额为1 900元，责任成本节约率为19%。

从题干可以看出，影响责任成本变动额的因素主要有两个方面，一个是所生产的A产品生产数量，一个是其单位成本，分析计算可得出

生产数量减少的成本数为（90-100）×100=-1 000（元）

单位成本降低影响的成本数为（90-100）×90=-900（元）

虽然该成本中心的成本节约数为1 900元，但有900元的成本节约额是因为生产数量的减少，并非因对单位成本控制有效，因有效控制单位成本所节约的成本数为1 000元。虽然该成本中心没有完成生产计划，但有效控制了产品的单位成本，降低了单位产品的成本消耗。

9.4.2 利润中心的业绩评价与考核

企业对内部利润中心的考核指标主要是利润，但是仅仅依靠某一个考核指标来评价一个责任中心的业绩显然是不全面的，即使利润指标具有综合性，其计算比较规范化，但是仍然需要结合一些非财务指标，比如，市场占有率、产品质量等，才能较全面地评价利润中心的工作成果。

由于成本核算的不同，利润也表现为不同的形式，评价利润中心业绩的时候通常使用边际贡献、可控边际贡献和该利润中心营业利润这三种指标。

$$边际贡献=销售收入-销售成本-变动成本 \qquad (9-3)$$

$$利润中心可控边际贡献=边际贡献-可控固定成本 \qquad (9-4)$$

$$利润中心营业利润=利润中心可控边际贡献-不可控固定成本 \qquad (9-5)$$

实际运用

[例9-2] A企业内部某一个利润中心的相关数据如表9-1所示。某企业成本中心生产A产品，计划生产100件，单位成本100元；实际生产90件，单位成本90元。据此评价该成本中心的工作业绩。

表9-1 A企业某利润中心相关数据表

项 目	金 额
销售收入	30 000
销售成本	16 000
变动成本	4 000

续表

项 目	金 额
边际贡献	10 000
可控固定成本	1 600
利润中心可控边际贡献	8 400
不可控固定成本	2 400
利润中心营业利润	6 000

在评价该利润中心的工作业绩时，使用边际贡献 10 000 元作为考核依据显然不够全面。边际贡献是用毛利减去变动成本得到的，但在企业的实际运营过程中，利润中心负责人还会有一定的固定成本的控制权，若以边际贡献作为考核评价业绩的依据，责任中心负责人可能会尽力加大可控的固定成本的支出以减少变动成本的支出，从而获得较高的边际贡献。但是这样对企业来说，总成本并没有降低。因此，在对企业利润中心的工作成果进行考核评价时，通常还要考核责任中心负责人可控的固定成本。

边际贡献作为评价考核利润中心业绩的指标存在一些不足，那么，将利润中心可控边际贡献作为评价考核的依据显然会更好。可控边际贡献是用销售收入减去变动成本和负责人可控的固定成本。它可以较全面地反映责任中心负责人在其可控制的权限范围内对其所掌控的资源的使用效率，促使负责人努力通过提高经营效率、全面降低成本来获得更好的业绩成果。但是，以利润中心可控边际贡献作为评价指标时，对可控固定成本和不可控固定成本的划分是比较困难的。例如，如果利润中心负责人有权力处置某项固定资产，那么该项资产相关的折旧费、保险费以及相关税费都属于该负责人的可控成本，但如果其没有处置固定资产的权力，那么上述成本就是不可控成本。同样的，如果员工和管理者的工资水平是由企业统一制定的，如果该负责人有权力决定雇佣多少员工，那么工资成本是他的可控成本；如果该负责人没有权力决定雇佣多少员工，那么工资成本就是他的不可控成本。

利润中心可控边际贡献在一定程度上可以衡量责任中心负责人的工作业绩，使其不受其他责任中心负责人工作业绩的影响。但是由于可控边际贡献没有考虑责任中心应该承担但是不由该责任中心负责人控制的成本，所以不能全面反映该责任中心对整个企业做出的经济贡献。

评价该利润中心对企业整体利润的经济贡献，可能使用利润中心营业利润 6 000 元作为评价指标会更合适，但它却不适合用来评价利润中心负责人的工作成果。如果企业要决定该利润中心是该继续运营下去还是该取消，那么该利润中心营业利润是一个很重要的参考指标。但如果要考核利润中心负责人的业绩，那使用该指标可能不适合，因为该指标将利润中心负责人不可控的固定成本也考虑进去，这部分固定成本是由更高层的管理人员决定的，超出了利润中心负责人的权限范围。由于责任中心负责人不可控成本的分配而对利润中心造成的不利影响，不能让负责人承担，而且常常将负责人不可控成本分配到利润中心时采用的方法是没有科学依据的，因此，考核评价负责人业绩时，不必在分析他们不可控的成本上浪费时间和精力。

9.4.3 投资中心的业绩评价与考核

投资中心是企业内部高级的责任中心，它既能控制收入和成本，也能控制资金的投资和使用,它既要对成本和利润负责,也要对资金的有效利用负责。根据投资中心在生产经营活动上具有的这一特性,对其考核评价的内容是利润和投资效果,考核指标主要为投资报酬率、剩余收益和经济增加值。

1. 投资报酬率

投资报酬率(ROI),也叫作投资利润率,指的是投资中心获得的税前经营利润与其投资额之间的比率,计算公式为

$$投资报酬率 = 税前经营利润/投资额 \tag{9-6}$$

公式(9-6)经过变形:

$$投资报酬率 = \frac{税前经营利润}{经营收入} \times \frac{经营收入}{平均净经营资产}$$

$$= 经营利润率 \times 资产周转率 \tag{9-7}$$

实际运用

[例9-3] A企业有甲、乙两个投资中心,其相关数据如表9-2所示。

表9-2 A企业甲、乙投资中心相关数据表 单位:元

项目	甲投资中心	乙投资中心
税前经营利润	100 000	90 000
投资额	800 000	650 000

甲投资中心投资报酬率=100 000/800 000=12.5%
乙投资中心投资报酬率=90 000/650 000=13.85%

使用投资报酬率作为投资中心的业绩考核指标有以下优点。

(1)投资报酬率可以综合反映投资中心的盈利能力,其公式可以分解为经营利润率和资产周转率的乘积,它的数值大小与成本、收入、投资中心经营资产规模以及周转率有关,提高投资报酬率可以通过增加收入、节约成本、加快资金周转来实现。

(2)投资报酬率是一个相对数指标,它是产出与投入的比值,排除了因投资额不同造成的利润绝对数不同这项不可比因素,有利于企业内部各投资中心之间以及与不同行业之间进行比较。

(3)使用投资报酬率作为投资中心的业绩考核评价指标,可以正确引导投资中心负责人的经营管理行为,使其关注长远利益。该指标反映的是投资中心利用资产并使资产增值的能力,可以根据考核结果,促使投资中心有效利用和处置资产。

虽然投资利润率作为考核评价投资中心业绩的指标有很多的优点,但它也存在一些缺点。

(1)在某些情况下,投资中心负责人为了保持目前投资报酬率的水平或者为了进一步提高中心的投资报酬率,会选择少进行新的投资或者不进行新的投资活动,这时投资报酬率所反映出的不是真实的责任中心业绩水平,不利于企业的长远发展。

(2) 投资报酬率是一个相对数指标,可能会使人们忽视对绝对数的关注,得到不恰当的考核评价结论。

(3) 投资中心可能会为了自己有较高的投资报酬率而放弃对企业有益而会降低投资中心投资报酬率的投资项目,虽然投资中心会得到一个很好的业绩,但是却不利于企业整体的目标和长远发展。

实际运用

[例9-4] 承例9-3,假定A企业要求的投资报酬率为9%。甲投资中心有一个投资报酬率为10%的投资机会,投资额为100 000元,每年可获得税前投资利润10 000元。从这些数据来看,这个投资机会是对企业有利的,应该进行投资。但投资该项目却使得甲投资中心的投资报酬率从12.5%,降低到12.22%。

投资报酬率=(100 000+10 000)/(800 000+100 000)= 12.22%

因为此投资项目会使得投资中心的投资报酬率降低,因此,即使这项投资对企业整体有利,甲投资中心也会放弃这项投资。

从投资报酬率的公式可以看出,要提高投资报酬率可以通过加大分子,或者减小分母来实现。但对于投资中心来说,减小分母比增大分子更容易,投资中心负责人可以通过减少已投资项目中投资报酬率比本投资中心的投资报酬率小但有可能比企业整体要求的投资报酬率大的项目来提高该投资中心的投资报酬率。因此投资报酬率不是一个很好的考核指标,它不利于投资中心负责人采取与企业整体利益相一致的决策。

2. 剩余收益

剩余收益是指投资中心的息税前利润减去按企业规定的(或者预期的)最低收益率计算的投资收益后的余额,是投资中心的营业利润超过其预期最低收益的部分,计算公式为

$$剩余收益 = 税前经营利润 - 投资额 \times 要求的最低报酬率 \tag{9-8}$$

仅仅采用投资报酬率作为评价指标,会出现投资中心负责人放弃一些比企业整体投资报酬率高但比投资中心投资报酬率低的投资项目,损害企业的整体利益。剩余收益这一绝对数指标恰好弥补了投资报酬率的这一局限性,使投资中心负责人不仅要考虑责任中心的利益,也要考虑企业整体的利益。

实际运用

[例9-5] 承例9-4,假定甲投资中心要求的投资报酬率为9%,乙投资中心要求的投资报酬率为10%。则:

甲投资中心剩余收益=100 000-800 000×9%=28 000(元)

乙投资中心剩余收益=90 000-650 000×10%=25 000(元)

如果甲投资中心负责人进行了例9-4中提到的投资,那么这时,

甲投资中心剩余收益=(100 000+10 000)-(800 000+100 000)×9%

=29 000(元)

利用这次投资机会使得甲投资中心的剩余收益增加,那么采用剩余收益作为投资中心的

业绩考核指标时，甲投资中心负责人会进行投资，此时，投资中心的利益与企业整体的利益相一致。

从上面叙述可以看出，剩余收益作为投资中心的业绩评价考核指标具有一定的优越性：它是一个绝对值指标，能够克服投资中心为了自己的业绩成果而损害企业整体利益的问题。另外，剩余收益指标允许根据风险程度对资本成本进行适当调整。投资不同其承担的风险也各不相同，根据风险调整资本成本，这使得剩余收益这一考核指标更加的灵活和可靠。

但剩余收益本身也具有其自身的局限性：它是一个绝对数指标，无法在企业或者投资中心投资规模不相同的时候做出比较。规模大的企业即使其运行效率比较低，也可能会比规模较小的企业的剩余收益数值大，但其投资报酬率不一定会比规模较小的企业高。另一个局限性是剩余收益的计算依赖会计数据，会计数据的质量直接决定了剩余收益指标的质量。

3. 经济增加值

经济增加值（EVA）衡量的是企业利用资本所获得的收益和所付出的资本成本之间的差额，简单来说，是经过调整的税后经营利润减去该公司现有资产经济价值的机会成本后的余额，也就是股东财富的增加值。经济增加值是由思腾思特（Stern Stewart）咨询公司提出的一种新型评价方式，其计算公式为

$$经济增加值 = 调整后税后经营利润 - 经营资产 \times 加权平均资本成本 \qquad (9-9)$$

对比公式（9-8）与公式（9-9）可以发现，剩余收益和经济增加值的形式类似，但两个公式也有不同之处。经济增加值使用的是调整后的税后经营利润，是对会计利润进行调整得到的数值，在对会计利润的调整过程中，这些调整有些是为了避免把经营决策和融资决策混同起来，有些调整则是为了避免存量和流量的混淆，有些调整是将按照权责发生制确认的数据调整为按照收付实现制应该确认的数额，因此，经济增加值计算公式中使用的经营资产，与剩余收益计算公式中使用的利润在数值上是不一致的。另外，经济增加值计算公式中的资本成本使用的是债务资本成本与权益资本成本的加权平均值，与剩余收益计算公式中使用的要求的最低报酬率不同。

经济增加值与剩余收益一样都是一个绝对数指标，它具有和剩余收益一样的优点，但同时克服了剩余收益中作为考核指标时的缺点。因为计算经济增加值时使用的税后净利润和经营资产都是调整过的，是针对会计信息的缺陷进行的相关调整，在一定程度上剔除了会计信息失真对指标的影响。另外，计算经济增加值使用的资本成本是权益资本和债务资本的加权平均资本成本，它将权益资本成本考虑进去，而不是单纯地依靠一个要求的最低资本报酬率，能够比较真实地反映出利润，减少对企业真实经营业绩的扭曲。

虽然经济增加值具有其优越性，但也具有其自身固有的缺陷，它仍然是一个绝对数指标，不能在不同规模的部门、企业或者行业之间做出比较。经济增加值也可能使得管理人员为了获得好的业绩而损害企业的整体利益。

相关法规

2018年12月27日《管理会计应用指引第404号——内部转移定价》。

复习思考题

1. 企业为什么要建立责任会计制度？

2. 责任会计的主要内容是什么？
3. 如何设置企业的责任中心？
4. 什么叫作内部转移价格？企业为什么以及如何制定内部转移价格？
5. 如何评价企业内部三种责任中心？

练习题

1. 选择题

(1) 责任会计的主体是（　　）。
　　A. 管理部门　　　B. 责任中心　　　C. 生产中心　　　D. 销售部门
(2) 下列项目中不属于利润中心负责范围的是（　　）。
　　A. 成本　　　　　B. 收入　　　　　C. 利润　　　　　D. 投资效果
(3) 制定内部转移价格时，最理想的价格确定方法是（　　）。
　　A. 市场价格　　　　　　　　　　　B. 以市场为基础的协商价格
　　C. 变动成本价格　　　　　　　　　D. 全部成本转移价格
(4) 责任中心按照承担责任和控制范围的不同，可以分为（　　）。
　　A. 成本中心　　　B. 利润中心　　　C. 投资中心　　　D. 费用中心
(5) 对责任中心进行考核的指标包括（　　）。
　　A. 利润　　　　　B. 剩余收益　　　C. 投资报酬率　　D. 可控成本
(6) 以下可以作为成本中心的是（　　）。
　　A. 个人　　　　　B. 班组　　　　　C. 分厂　　　　　D. 车间

2. A 公司中设有甲乙两个投资中心：甲投资中心的投资额为 200 万元，其投资报酬率为 15%；乙投资中心投资报酬率为 17%，其剩余收益为 8 万元；已知集团公司要求的投资报酬率为 12%。现集团公司做出投资决策想要追加 100 万元的投资额：若将投资额追加给甲投资中心，每年会增加 20 万元的利润；若将投资额追加给乙投资中心，每年会增加 15 万元的利润。

(1) 根据上面所述，计算追加投资前的下列指标：甲投资中心的剩余收益；乙投资中心的投资额；集团公司的平均投资报酬率。

(2) 若追加甲投资中心的投资额，计算其剩余收益；若追加乙投资中心的投资额，计算其投资报酬率。

第10章

战略管理会计

内容概要

1. 战略管理会计概述
2. 战略管理会计的主要内容
3. 战略管理会计的基本方法
4. 战略管理会计的应用研究

引例——战略管理会计在中航资本的应用分析

1. 案例概况

中航资本控股股份有限公司（简称中航资本）是中国航空工业集团有限公司控股的金融控股类上市公司，它担负着发挥产融结合优势、探索航空产业发展模式的重要使命。航空工业在成立之初即对内部金融资产进行整合，通过股权划转与托管方式，将证券公司、财务公司、租赁公司、信托公司、期货公司、产业基金、保险公司置入中航资本。同时，公司根据战略规划进一步完善主要金融业态。

中航资本近年实现了跨越式发展，全牌照金融业务平台已初步形成。利用产融结合优势，中航资本积极参与航空工业重大并购、重组，先后投资中航重机（600765）、中航黑豹（600760）、中航飞机、中航国际公司、沈飞民用航空公司、成飞民用航空公司等，获得了丰厚回报。

为了探索战略性新兴产业发展方向，中航资本加大了对新材料、新技术、新能源领域的投资：与成飞集成（002190）一起投资中航锂电，与中航重机（600765）一道投资中航激光成形制造有限公司，与香港未来国际航空投资股份有限公司合作投资奥地利未来先进复合材料股份有限公司（FACC AG），与德国费森尤斯集团子公司华瑞制药一起投资新兴药业股份有限公司，与地方政府一起投资中航生物。

中航资本在企业的内部组织架构里搭建了针对性的战略管理活动管控机构，包括战略委员会及关联性的风险管控部门、审计监督部门以及建设调查部门。战略委员会全面开展企业的未来长期发展计划，调查并评估企业的资产水平，完整了解子公司的资产水平及集团内部的各项资源水平。按照企业的综合计划目标及资源水平，对囤积的资产进行整理，统一进行合理分配和规划。设置企业的运营方案，完整实践企业的综合计划。按照企业的运营方案和子公司运营水平，设立子公司的未来发展方向、帮助子公司设定这一年的运营方案。目前公司在战略管理会计方面主要采取的措施有：全面预算管理，财务管理，绩效评价体系。

2. 战略管理会计的应用分析

（1）公司层面环境分析。中航资本战略委员会利用设定的战略管理会计信息体系，搭建战略数据库，针对企业目前生存的环境和状态及同行水平能够实时进行调查和追踪，把获取的数据归纳总结，形成SWOT矩阵。使用了具有针对性的多元发展计划和差异生产模式。中航资本的全面金融业务方法，能够按照人才、并购、品牌等方面进化为发展战略。中航资本利用战略管理会计来管理企业多元化的服务，形成了良好基础，有助于战略管理会计在未来的发展中更上一层楼。

（2）发展战略的成功关键因素分析。中航资本具有显著的特征，和其他的金融控股企业不同，它的发展战略能够起效的根本原因在于本身拥有足够的资产和业务水平及其他相关能力。

①无形资产。一是优越的品牌效应与企业形象。金融控股企业在进行整合时，一定要把所有子公司都纳入相同品牌中，能够让消费者和用户更好更快的记住该品牌。中航资本在发展多元化金融业务和销售活动时，借助中航工业集团已经形成的优秀声誉和广泛知名度给中航资本宣传造势，快捷而迅速地吸引了大批消费者，并取得了他们的信赖。二是统一且清晰的企业文化。因为从法律的角度来看金融控股集团子公司间互相独立，同时多元服务主要由于前期进行的并购交易而产生，所以中航资本努力建设了统一且清晰的企业文化和价值理念。②有形资产。作为前提中航资本需要发展多元业务才能吸引更庞大的消费者人群，较多的消费者数量能够形成中航资本强有力的竞争力。另一方面，客观的客户数量具有强大的潜力，能够发掘出更多客户，利用中航资本不同业务活动存在的管理以及客户资源分析，可以让不同的金融产品尽可能多的展现给未来用户。同时，中航资本能够利用中航工业集团充裕的资金背景，增加自身资金扩大股份，提高自己的资本力量。

（3）战略绩效考评分析。平衡计分卡能够给企业管控建立更完善的评价体系，把企业的计划作为重点，从财务、消费者、环节、评估的不同方向来衡量企业的计划产生的成绩。平衡计分卡的财务方面重点观察企业能否不间断地给股东带来效益，运用短时间的财务数据来评估并促进企业的计划达成。其余方面都是非财务性指标，不但能够展现出财务指标波动的根本原因，还能够公平公正展现企业的绩效水平，重点在于企业能够综合思考销售、制造、开发、员工管理等各个组织和部门的平衡和配合，让不同部门的目标一致，努力团结。将平衡计分卡在战略管理会计中实际操作，不光光是衡量业绩的手段，还可以和别的战略管理会计的操作模式互相融合，升级成为能够判断、合作、实施、调查和学习的综合性体系。中航资本根据企业的管理目标，搭建出以综合平衡计分卡作为重点与核心、以EVA作为关键目标的运营业绩评估系统，增强了价值的创新意识，给公司的价值提升开辟了新的方向。

中航资本在战略管理会计方面取得了相应的进展和成绩。中航资本的成功主要是因为企业的管理者对战略管理会计有足够的了解和认知，在他们的推动下促进了企业内部所有工作人员的积极配合，共同实现战略管理会计的顺利发展。根据中航资本的相关情况分析，企业已经实现了较为完善的战略管理会计实施系统。一是在挑选战略环节和战略决策的时候，中航资本充分了解了同行对手的详细状况以及外界环境因素，结合企业自身及子公司的经营水平、未来方向和成长计划进行综合性研究；二是在计划实际运用和战略管控步骤，结合行业价值链研究并增强了中航资本产融结合的影响，利用EVA体系把企业按战略开支原因分成不同的类别，推进了产融结合和行业战略的进程；三是在进行战略核查和学习步骤，使用平衡计分卡及内部控制手段实现企业的统一风险管控，从而找出战略上的不足，努力改善和调整。

（资料来源：吴晓鸥. 战略管理会计在企业应用的案例分析：以金融控股公司为例［J］. 全国流通经济，2019（14）：134-135）

10.1 战略管理会计概述

进入20世纪80年代以来，企业间的竞争日趋激烈，市场环境变幻莫测，经营条件日趋复杂，传统的管理体制逐渐显示出滞后的一面。企业为了寻求并保持竞争优势，不仅需要提高企业内部运营效率，而且还需要密切关注外部市场变化，这种管理理念的变化催生了战略管理的概念。战略管理要求企业通过对生产和发展做出长远性、全局性的谋划或方案，从长远发展的角度开展日常经营活动，以此实现企业全局、长远的发展目标。战略管理是指对企业全局的、长远的发展方向、目标、任务和政策，以及资源配置做出决策和管理的过程。在战略管理的管理理念下，传统的管理会计也必将迎来一场革命，战略管理会计由此产生。

10.1.1 企业战略与战略管理概述

1. 战略的定义

战略的定义"战略"一词主要源于军事领域，指军事家们对战争全局的规划和指挥，或指导重大军事活动的方针、政策与方法。随着生产力水平的不断提高和社会实践内涵的不断丰富，"战略"一词逐渐被人们广泛地运用于军事以外的其他领域，从而给"战略"一词增添了许多新的含义。1962年，美国学者钱德勒（A. D. Chandler）在其《战略与结构》一书中，将战略定义为"确定企业基本长期目标、选择行动途径和为实现这些目标进行资源分配"。这标志着"战略"一词被正式引入企业经营管理领域，由此形成了企业战略的概念。美国哈佛大学教授波特（M. Porter）教授认为："战略是公司为之奋斗的终点与公司为达到它们而寻求的途径的结合物。"美国学者汤姆森（S. Tomson）1998年指出："战略既是预先性的（预谋战略），又是反应性的（适应性战略）。"换言之，"战略制定的任务包括制订一个策略计划，即预谋战略，然后随着事情的进展不断对它进行调整。一个实际的战略是管理者在公司内外各种情况不断暴露的过程中不断规划和再规划的结果。"可以看出，许多学者和企业高层管理者都曾经赋予战略不同的含义。

我国《管理会计应用指引第100号——战略管理》指出：战略，是指企业从全局考虑做出的长远性的谋划。在当今瞬息万变的环境里，企业战略意味着企业要采取主动态势预测未来，影响变化，而不仅是被动地对变化做出反应。企业只有在变化中不断调整战略，保持健康的发展活力，并将这种活力转变成惯性，通过有效的战略不断表达出来，才能获得并持续强化竞争优势，构筑企业的成功。

2. 战略管理的内涵

"战略管理"一词是由伊戈尔·安索夫（H. Igor Ansoff）在其 1976 年出版的《从战略规划到战略管理》一书中首先提出来的。1979 年，安索夫又出版了《战略管理论》一书。他认为，战略管理是指将企业的日常业务决策同长期计划决策相结合而形成的一系列经营管理业务。美国学者斯坦纳（G. A. Steiner）在他 1982 年出版的《企业政策与战略》一书中则认为，战略管理是根据企业外部环境和内部条件确定企业目标，保证目标的正确落实并使企业使命最终得以实现的一个动态过程。此外，一些学者和企业家也对战略管理提出了种种见解。有人认为，战略管理是企业处理自身和环境关系过程中实现其使命的管理过程。还有人提出，战略管理是决定企业长期表现的一系列重大管理决策和行动，包括企业战略的制定、实施、评价和控制。

从上述关于战略管理含义的种种表述和见解可以看出，战略管理是一种区别于传统职能管理的管理方式。这种管理方式的基本内容是：企业战略指导着企业一切活动，企业战略管理的重点是制定和实施企业战略，制定和实施企业战略的关键是对企业的外部环境和内部条件进行分析，并在此基础上确定企业的使命和战略目标，使它们之间形成并保持动态平衡。我国《管理会计应用指引第 100 号——战略管理》指出：战略管理，是指对企业全局的、长远的发展方向、目标、任务和政策，以及资源配置做出决策和管理的过程。

3. 企业战略的层次

企业战略一般分为三个层次，包括选择可竞争的经营领域的总体战略、某经营领域具体竞争策略的业务单位战略（也称竞争战略）和涉及各职能部门的职能战略。图 10-1 概括了企业各层次的战略所涉及的管理层次。

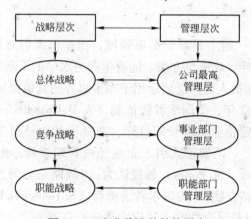

图 10-1　企业战略的结构层次

1) 总体战略

总体战略又称公司层战略。在大中型企业里，特别是多种经营的企业里，总体战略是全企业最高层次的战略。它需要根据企业的目标，选择企业可以竞争的经营领域，合理配置企业经营所必需的资源，使各项经营业务相互支持、相互协调。

公司战略常常涉及整个企业的财务结构和组织结构方面的问题。

2) 竞争战略

竞争战略又称公司的二级战略，属于业务单元战略，它涉及各业务单位的主管以及辅助人员。这些经理人员的主要任务是将公司战略所包括的企业目标、发展方向和措施具体化，形成本业务单位具体的竞争与经营战略。业务单位战略要针对不断变化的外部环境，在各自的经营领域中有效竞争。为了保证企业的竞争优势，各经营单位要有效地控制资源的分配和使用。

3）职能战略

职能战略，又称职能层战略，主要涉及企业内各职能部门，如营销、财务、生产、研发（R&D）、人力资源、信息技术等，以更好地配置企业内部资源，为各级战略服务，提高组织效率。

各职能部门的主要任务不同，关键变量也不同，即使在同一职能部门里，关键变量的重要性也因经营条件不同而有所变化，因而难以归纳出一般性的职能战略。

在职能战略中，协同作用具有非常重要的意义。这种协同作用首先体现在单个的职能中各种活动的协调性与一致性，其次体现在各个不同职能战略和业务流程或活动之间的协调性与一致性。

三个层次的战略是企业战略管理的重要组成部分，但侧重点和影响的范围有所不同。

10.1.2 战略管理会计的产生

1. 战略管理会计的兴起

战略管理会计的概念最早是由英国学者西蒙兹（Simmonds）于1981年在《战略管理会计》一文中提出来的。他认为战略管理会计"提供并分析有关企业和其竞争者的管理会计数据以发展和监督企业战略"，强调重视外部环境以及企业竞争者的位置和趋势，包括成本、价格、市场份额等，以实现战略目标。

从此以后，人们沿用了这一名称，但对战略管理会计领域的定义和范围还没有达成共识。1988年，布罗姆维奇（Bromwich）在《管理会计的定义与范围：从管理角度的认识》一文中阐述了自己对战略管理会计的观点，推进了对战略管理会计的研究。布朗认为战略管理会计是管理会计的发展，它不仅要收集企业竞争对手的信息，而且还应该研究企业自身相对于竞争对手的竞争优势，以及体现在产品或劳务生命周期的、客户所"需求"的价值创造过程。之后，威尔逊（Wilson）等人在《战略管理会计》一书中，更加明确了其定义："战略管理会计是明确强调战略问题和所关切重点的一种管理会计方法。它通过运用财务信息来发展卓越的战略，以取得持久的竞争优势，从而拓展了管理会计的范围。"

从学科层次系统来看，战略管理会计是管理会计的一个分支，它提供和分析与企业战略有关的管理会计数据。战略管理会计的内容要广于传统的管理会计的内容，它包括战略成本计算，战略成本管理，业绩评价，分析企业的市场环境，分析企业自身和竞争者的成本结构，监视一定期间企业及其竞争者在市场上的表现等内容。所以，只有当管理会计发展到战略管理会计阶段，才能为企业的战略管理提供相应的信息支持。

2. 传统管理会计的缺陷

1）观念陈旧，不能适应高新技术的挑战

随着高级制造技术（AMI）和适时生产技术（JIT）的高速发展，许多企业的生产工艺发生了改变，由此在制造技术革命方面引发了许多问题。比如，由于适时制生产系统下的单元式生产、零缺陷的特点，使其可以将所有物料消耗、人工费用分别归入直接成本，基本没有间接成本的出现；零库存使产品生产成本与期间成本保持一致；大量自动化设备、计算机的出现必然会加大固定性制造费用，从而改变成本性态的类型，而传统的成本系统不仅没能帮助管理者适应这种变化，还限制了管理者对这种变化的适应。因此，管理会计也必须有一场革命。

2）缺乏重视外部环境的战略观念

外部环境是企业生存的基础，既为企业的生存和发展提供了机会，又可能对企业经营造成某种威胁。所以管理会计应该指明企业所处的相对竞争地位，即密切关注竞争对手的动态信息，以便企业及时进行竞争战略调整。但传统管理会计的理论和方法侧重对企业内部的关注，没有将企业内部信息与外部环境的变化联系起来考察，无法提供企业战略所需的各种信息。例如，市场份额变化信息中可以看出企业竞争地位的相对变化，这种有用的战略信息定期纳入公司内部管理报告将有助于密切关注企业在行业中的竞争地位的变化，但遗憾的是，很少有公司将这种有用的战略信息定期纳入其内部报告。而且，传统管理会计不能真正联系竞争对手来分析企业所处的竞争地位。

3）管理会计的运用不能独立于财务会计

企业财务报告应符合会计准则的要求，这些准则要求人们采取"客观的、可验证的"程序，将成本分配到产品中，不必精确计量已消耗的资源。就单个产品消耗的资源来说，每种产品的成本可能是不准确的，但就报表的准确性而言，却必须是财务会计准则和公众所能接受的。从这一方面来说，就应保持管理会计和财务会计两个相互独立的系统，但是保持这两个相互独立的系统就要付出很高的成本。于是企业管理者在进行内部管理时通常依据与外部财务报告来源相同的信息，这样管理会计就变得完全依赖于财务会计。

10.1.3 战略管理会计的特点

当企业管理发展到战略管理阶段，传统管理会计的作用就受到了限制，因此必须对其进行变革，将其过渡到战略管理会计的阶段。与传统管理会计相比，战略管理会计具有以下特点。

1. 外向性

战略管理会计重视外部市场，是外向型的信息系统。传统的管理会计只注重企业内部的计划、决策及控制活动，是一种内向型的信息系统。战略管理会计是"面向市场"甚至是"市场驱动"的会计，其会计视角由企业内部扩展到外部宏观环境（包括政治、经济、社会、文化、法律及技术等因素）、产业环境、竞争环境等对其影响长远的外部环境因素，尤其是可能发生重大变化的外部环境因素，确认企业所面临的机遇和挑战；同时应关注本身的历史及现行战略、资源、能力、核心竞争力等内部环境因素，确认企业具有的优势和劣势。战略管理会计通过分析企业的内外部信息，了解企业在市场中竞争地位的变化，从而帮助企业管理者制定长期发展战略，寻求企业建立竞争优势的途径。

2. 提供非财务信息

战略管理会计将提供更多的与战略有关的非财务信息。传统管理会计所提供的信息更多的是财务信息，而战略管理会计提供的信息不仅包括财务信息，还提供了大量的非财务信息，具体包括以下五大类信息。

（1）战略财务信息和经营业绩信息。其中战略财务信息主要是指与战略成本有关的数据、与从事战略经营业务有关的数据以及与包括人力资源在内的战略资源数量和质量有关的数据等；经营业绩信息主要是指与收入、市场占有率、市场需求量、质量等经营活动有关的信息。

（2）企业管理部门对上述战略财务与经营业绩信息的评价分析。

（3）竞争对手信息。具体是指：识别企业竞争对手，判断竞争对手的目标并识别竞争对手采取的战略，评估竞争对手的竞争优势和劣势，判断竞争者面临的竞争和挑战的反应模式。

（4）前瞻性信息。具体包括判断行业机会和风险；揭示管理部门的计划，包括影响成功的战略因素；比较实际经营业绩与计划经营业绩，并分析存在的差异。

（5）与企业发展相关的背景信息。一是企业的广泛目标和战略；二是企业经营业务、企业资产的范围和内容；三是产业结构对企业的影响。

3. 长远性和全局性

战略管理会计注重长远目标和全局利益。战略管理会计放眼长期经济利益，着眼于企业长期发展和整体利益的最大化。战略管理会计以最终利益目标作为企业战略成败的标准，而不在于某一个期间的利润达到最大。它的信息分析完全基于整体利益，注重企业持久竞争优势的取得和维持。

4. 动态性

战略管理会计体现了动态性、应变性以及方法的灵活性。战略管理会计系统中的各个策略必须根据企业外部和内部环境的变化不断地进行分析、比较和选择，及时进行相应的调整。为了适应这种需要，战略管理会计采用较为灵活的方法体系，并通过采用先进的信息系统及早作决策、采取行动，从而防范潜在的威胁，以保持企业战略决策与环境相适应。

5. 职能扩展性

战略管理会计推动了管理会计人员职能的扩展。战略管理会计的形成、发展，标志着管理会计师的职能也得到进一步的扩大，管理会计人员不仅要分析企业财务数据、向管理层提供财务信息，而且要全面收集相关信息。并运用各种方法进行综合分析与评价，为企业战略决策提供信息支持，促进其保持长期的竞争优势。

10.2 战略管理会计的主要内容

战略管理会计是以协助高层领导者制定竞争战略、实施战略规划，从而促使企业良性循环并不断发展为目的，能够从战略的高度进行分析和思考，既提供顾客和竞争对手具有战略相关性的外向型信息，也提供本企业与战略相关的内部信息，是服务于企业战略管理的一个会计分支。战略管理会计是为适应战略管理的需要发展起来的，是战略管理与管理会计走向结合的一个新生事物。本书认为，战略管理会计的主要内容至少应该包含以下几点。

10.2.1 战略分析

战略分析包括外部环境分析和内部环境分析。其中，企业内部环境分析的内容包括企业的组织结构、企业文化、资源条件、价值链、核心能力分析等方面。在制定企业战略时，同时应考虑与外部环境相关的信息，诸如经济因素、社会文化人口因素、政治法律因素、技术因素、竞争因素等相关的信息。在内外部环境分析的基础上，更为全面、系统地发展企业科学竞争战略。

企业进行环境分析时，可应用态势分析法（简称 SWOT 分析）、波特五力分析和波士顿矩阵分析等工具，分析企业的发展机会和竞争力，以及各业务流程在价值创造中的优势和劣势，并对每一业务流程按照其优势强弱划分等级，为制定战略目标奠定基础。

10.2.2 战略目标制定

战略管理会计首先要协助高层管理者制定战略目标。战略制定，是指企业根据确定的愿景、使命和环境分析情况，选择和设定战略目标的过程。根据战略层次的划分，企业的战略目标可以分为三个层次，即公司战略目标、经营战略目标、职能战略目标。公司战略又叫作企业总体战略，是企业总体的、最高层次的战略，由企业最高管理层指导和控制。经营战略又被称为竞争战略或者事业部战略，它是在企业总体战略的指导下，为实现企业总体目标服务的。这种战略所涉及的决策问题是在选定的业务范围内或在选定的市场内，事业部门应该在什么样的基础上进行竞争，以取得超过竞争对手的竞争优势。职能战略是在职能部门中，如生产、市场营销、研究与开发、财务、人事等部门，由职能管理人员制定的短期目标和规划，其目的是实现公司和事业部门的战略计划。

当企业制定战略目标时，可根据企业内部管理风格、对整体目标的保障、对员工积极性的发挥以及企业各部门战略方案的协调等实际需要，选择自上而下、自下而上或上下结合的方法，制定战略目标。

1. 自上而下的方法

即先由企业总部的高层管理人员制定企业的总体战略，然后由下属各部门根据自身的实际情况将企业的总体战略具体化，形成系统的战略方案。

2. 自下而上的方法

在制定战略时，企业最高管理层对下属部门不做具体规定，而要求各部门积极提交战略方案。企业最高管理层在各部门提交的战略方案基础上，加以协调和平衡，对各部门的战略方案进行必要的修改后加以确认。

3. 上下结合的方法

即企业最高管理层和下属各部门的管理人员共同参与，通过上下级管理人员的沟通和磋商，制定出适宜的战略。

三种方法的主要区别在于战略制定中对集权与分权程度的把握。企业可以从对企业整体目标的保障、对中下层管理人员积极性的发挥，以及企业各部门战略方案的协调等多个角度考虑，制定适宜的战略制定方法。

10.2.3 战略经营投资决策

和传统管理会计所存在的短期性和简单化的缺陷相比，战略管理会计为企业战略管理决策提供各种相关、可靠的信息。为此，战略管理会计在经营决策方面应摒弃将成本简单地划分为变动成本和固定成本的方法，以及假定固定成本不变的本量利分析模式。战略管理会计应采用长期本量利分析模式，以现实的现金流量为基础，反映企业投资的实际业绩。

10.2.4 战略成本管理

战略成本管理同样是战略管理会计关注的焦点，它是一个对投资立项、研究开发与设计、生产与销售进行全方位监控的过程。战略成本管理主要从战略的角度来研究影响成本的各个环节，通过价值链分析、竞争对手分析和成本动因分析等方法，进一步找出降低成本的途径。战略成本管理包括三方面的内容：事前的成本决策、事中的成本控制、产品的使用成本及其管理。

1. 事前的成本决策

研究表明，80%的成本在产品的设计阶段就已经决定了，因此加强对开发设计阶段的成本管理对于企业生存发展非常重要。目标成本法是产品开发设计阶段成本管理常用的、重要的方法，目标成本法就本质而言，是一种对企业的未来利润进行战略规划的技术。其做法是首先根据对市场和顾客的调查确定能维护企业竞争地位的待开发产品的生命周期成本，然后企业以此竞争价格为基础决定产品的成本，以保证实现预期的利润，此时目标成本法的成本管理模式转变为"客户收入－目标利润贡献＝目标成本"，即企业应首先确定客户的支付意愿，然后再来设计能够产生期望利润水平的产品和运营流程。

2. 事中的成本控制

随着生产自动化的日益发展，成本中的制造费用比例急剧增加，直接人工成本急剧下降，这就使得传统制造费用分配方法受到挑战，新的成本计算方法——作业成本法（第11章会系统阐述）应运而生。作业成本法是一个以作业为基础的管理信息系统，它以作业为中心，通过对作业及作业成本的确认、计量，最终计算出相对真实的产品成本。作业成本法的优点在于通过对所有与产品相关联作业活动的追踪分析，能尽可能消除不增值作业，改进增值作业，优化作业链和价值链，增加顾客价值，实现决策、计划、控制的科学性和有效性，最终达到提高企业的市场竞争能力和盈利能力，增加企业价值的目的。

3. 产品的使用成本

用户的使用成本，实质上是生产成本的一种必要的补充，是为实现一定量的使用价值而发生的耗费，它直接影响用户对该产品的需求。一般来说，功能高、质量好的产品，其使用成本就低；反之，功能低、质量差的产品，其使用成本必然高或其寿命周期会缩短。因此，战略管理会计应当在保证产品必要功能的前提下，使其使用成本最低。

战略成本管理与传统成本管理在成本管理的目标、对象、方法、思想观念方面存在诸多不同，具体如表10-1所示。

表10-1 企业战略成本管理与传统成本管理的主要区别

项目	战略成本管理	传统成本管理
目标不同	以企业战略为目标/全局性/竞争性	以降低产品成本为目标/局部性/具体性
成本范围不同	广义寿命周期成本	仅指产品成本
时间不同	长期的（产品生命周期、产品更新期）	短期的（每月、季、年）
降低成本对象不同	深层次的表现在质量、时间、服务、技术创新等方面的动因	表层面的表现为直接成本动因

续表

项目	战略成本管理	传统成本管理
成本概念不同	多组成本概念：质量成本、责任成本、作业成本、人力资源成本等	仅指产品的短期成本
成本控制主体	全员参与、技术与经济统一	生产、技术人员
关注重点不同	重视成本过程信息即实时信息	重视成本结果信息即事后信息

10.2.5 风险管理

风险与报酬是共存的，即风险越大报酬也越多。在市场经济中，企业的任何一项行为都带有一定的风险。但当风险增加到一定程度，就会威胁到企业的生存。由于战略管理会计着重研究全局的、长远的战略性问题，因此应考虑风险因素，运用各种风险应对措施，把握各种潜在的机会，回避可能的风险，以便从战略的角度最大限度地增加企业的盈利能力和价值创造能力。

10.2.6 战略业绩评价

从战略管理的角度看，业绩评价是连接战略目标和日常经营活动的桥梁。良好的业绩评价体系可以将企业的战略目标具体化，并且有效地引导管理者的行为。战略管理会计将战略思想贯穿于企业的业绩评价之中，通过对竞争对手的分析，运用财务和非财务指标，利用战略性业绩评价，来保持企业的长期竞争优势。罗伯特·卡普兰提出的平衡计分卡（balanced score card, BSC）是目前应用最为广泛的一种战略绩效管理及评价工具，其工作原理是通过四个常常冲突的衡量标准即从财务、客户、内部流程、学习与创新来衡量企业，实现企业财务绩效衡量和非财务绩效衡量的平衡。

10.2.7 人力资源管理

人力资源管理包括为提高企业和个人绩效而进行的人事战略规划、日常人事管理以及一年一度的员工绩效评价。战略管理会计的核心是以人为本，通过一定的方法和技能来激励员工以获取最大的人力资源价值，并采取一定方法来确认和计量人力资源的价值成本，进行人力资源的投资分析。

10.3 战略管理会计的基本方法

战略管理会计作为传统管理会计的发展，必定会有自己的新的方法。目前发展比较完善的战略管理会计方法主要有以下几个：宏观环境分析法（PEST）、波特五力分析法、态势分析法（SWOT分析法）、价值链分析、产品生命周期模型、波士顿矩阵分析法、预警分析、目标成本法、质量成本分析等。战略管理工具方法可单独应用，也可综合应用。

10.3.1 PEST 宏观环境分析法

1. PEST 宏观环境分析的含义

宏观环境是对企业中长期发展具有战略性影响的环境因素。宏观外部环境因素通常是指政治（politics）、经济（economy）、社会（society）和科学技术（technology）这四大因素。通过对这四大因素的分析，企业面临的重要发展机遇和主要生存威胁可以被揭示出来，从而为企业战略的制定奠定基础。因此，对企业外部环境的分析又称为 PEST 分析，如图 10-2 所示。

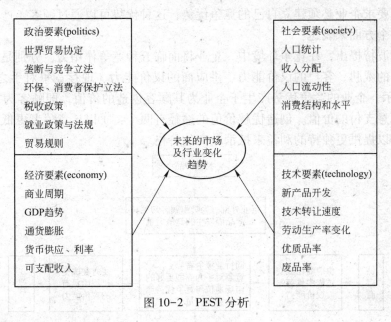

图 10-2　PEST 分析

2. PEST 宏观环境分析的要素

1）政治和法律环境

企业的政治和法律环境是指制约和影响企业的各种政治和法律要素及其运行所形成的环境系统，包括地区和国家的政治制度、法律法规和政策方针等。政治环境包括国际的和国内的政治环境。国际的政治环境主要包括国际的政治局势、进口限制、外汇管制、国际关系等。国内的政治环境包含国家的体制与制度、政治局面的稳定与否、国家的基本政策以及国家政策的稳定性和连续性。企业的法律环境包括公司法、反不正当竞争法、税法、商标法等法律法规。企业的政治和法律环境对企业来说是不可控的，具有强制约束力，对企业的经营生产活动具有重要影响。

2）经济环境

经济环境是指构成企业生存和发展的社会经济状况及国家经济政策，包括社会经济结构、经济体制、经济发展速度和经济运行情况等。经济环境对企业的生产经营活动具有更广泛、更直接的影响。

3）社会文化环境

社会文化环境是指企业所处的一定时期整个社会文化发展的一般状况，主要包括有关社会结构、社会风俗习惯、价值观念和生活方式等。

4）科学技术环境

科学技术环境是指企业所处的国家和地区与经营业务相关的科学技术水平和技术发展动向等。科学技术环境对企业的生存和发展具有深远的影响。科学技术进步可以提高企业的生产效率，降低企业经营成本，对行业竞争态势和格局造成的影响。

10.3.2 波特五力分析法

1. 波特五力分析法的含义

战略管理要求企业必须建立自己的竞争优势,这种优势可以通过顾客、产品或服务以及生产技术等各个方面来表达。

美国学者波特提出,在竞争环境中,企业将面临五种竞争作用力,分别是同业竞争者的威胁、替代品的威胁、客户的议价能力、供应商的议价能力、现存竞争对手之间的竞争等,如图10-3所示。企业的竞争优势产生于企业为其顾客创造的价值,即顾客为了获得一种商品或服务所愿意支付的价值。创造优越价值的途径有两个:①以比竞争者更低的价格提供相同的利益;②以提供更独特的利益来抵消较高的价格。

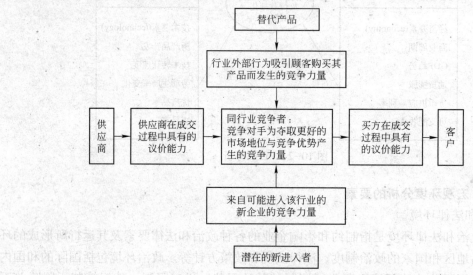

图10-3 波特的五种力量竞争结构分析模式

20世纪80年代,美国学者波特又提出三种基本竞争战略类型以创造和保持竞争优势。

1) 成本领先战略

成本领先要求建立起高效规模的生产设施以实现最大力度的降低成本,严格进行成本与费用管控,实现占据该行业的成本领先地位。

2) 差异化战略

设计名牌形象、技术上的独特、性能特点、顾客服务、营销措施及其他方面具有独特性,以区别于竞争对手。但需要注意的是,公司在建立差异化战略的活动中往往伴随着很高的成本代价,而这些成本并不是所有顾客都愿意或有能力支付的。

3) 集中化战略

集中化战略又称专一化战略,即将公司的业务力量集中于某一狭窄的战略对象服务,从而在业务效率和效果方面超过在较广阔范围内竞争的对手们。

2. 波特五力因素分析

1) 决定进入壁垒强弱的主要因素

决定进入壁垒强弱的主要因素包括但不限于:①规模经济;②技术专长的多少;③品牌

的强弱;④顾客转变成本;⑤是否资本密集;⑥获得分销渠道的难易;⑦成本优势的坚固程度;⑧现有厂家的行为特点。

2)决定供应商力量大小的主要因素

决定供应商力量大小的主要因素包括但不限于:①所供应货品/服务的差别程度;②供应商变更成本;③是否存在替代品;④供应商的市场份额;⑤采购量对于供应商是否重要;⑥该供应货品/服务占总成本的比例;⑦该供应货品/服务对下游产品区别性的影响;⑧行业供应链上竖向一体化的趋势。

3)决定买方力量大小的主要因素

决定买方力量大小的主要因素包括但不限于:①讨价还价能力;②相对市场份额;③数量;④转换成本;⑤信息;⑥竖向一体化的能力;⑦替代产品;⑧价格敏感性;⑨采购总量;⑩产品差异性。

4)决定替代威胁性的主要因素

决定替代威胁性的主要因素包括但不限于:①替代品的价格;②转换成本;③买家对替代品的接受程度。

5)决定行业内部竞争程度的主要因素

决定行业内部竞争程度的主要因素包括但不限于:①行业增长速度;②固定成本/附加价值;③能力利用率;④产品差异程度;⑤品牌认知度;⑥转换成本;⑦市场份额的集中与平衡;⑧信息复杂度;⑨竞争者的背景;⑩退出成本。

10.3.3 态势分析法(SWOT分析法)

1. 态势分析法的含义

态势分析法(strength, weakness, opportunity, threat, SWOT分析, S表示优势、W表示劣势、O表示机会、T表示威胁),是指基于内外部竞争环境和竞争条件下的综合分析,具体包括优劣势分析,主要是着眼于企业自身的实力及其与竞争对手的比较,以及机会和威胁分析,主要将注意力放在外部环境的变化及对企业的可能影响上。通过系统分析,将各种因素相互匹配起来,即将企业"能够做的"(即企业的强项和弱项)和"可能做的"(即环境的机会和威胁)之间进行有机组合,以制定相应的发展战略及对策。

2. 态势分析法的战略组合

在进行 SWOT 模型分析时,应关注杠杆效应、抑制性、脆弱性和问题性四个基本概念,以确定有利于企业的发展战略,如图 10-4 所示。

1)杠杆效应(SO组合)

杠杆效应产生于内部优势与外部机会相互一致和适应时。在这种情形下,企业可以发挥自身内部优势,撬起外部机会,使机会与优势充分结合发挥出来。此时,企业应采取增长型战略,敏锐地捕捉机会,把握时机,以寻求更大的发展。

2)抑制性(WO组合)

当环境提供的机会与企业内部资源优势不相适应,或者不能相互重叠时,企业的优势便得不到充分的发挥。在这种情形下,企业就需要提供和追加某种资源,以促进内部资源劣势向优势方面转化,从而迎合或适应外部机会。此时,扭转型战略更有助于企业通过追加某种资源来利用外部机会,从而弥补自身缺点。

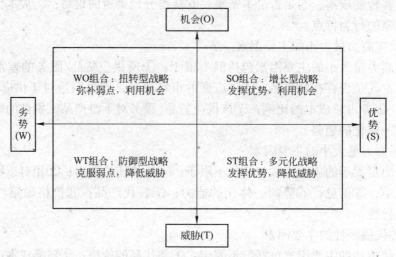

图10-4 SWOT分析模型图

3)脆弱性（ST组合）

当环境状况对公司优势构成威胁时，优势得不到充分发挥，出现优势不优的脆弱局面。在这种情形下，企业应采取多元化战略，克服威胁，以发挥优势。

4)问题性（WT组合）

当企业内部劣势与企业外部威胁相遇时，企业就面临着严峻挑战，如果处理不当，可能直接威胁到企业的生死存亡。企业应采取防御型战略，尽量避免企业的劣势在外部威胁下暴露出来，从而降低威胁程度。

10.3.4 竞争者分析法

1. 竞争者分析法的含义

在当前的市场环境下，任何一家企业都面临着激烈的竞争，企业的成功就建立在企业的比较优势的基础之上。传统的管理会计为企业提供决策信息时，忽视了企业竞争对手的情况。对竞争对手的优势和劣势缺乏必要的了解，企业就可能过于重视短期决策，忽视长期战略，很难取得最佳业绩。因此，决策者应该了解竞争对手的有关信息，包括过去的信息、现在的信息并预测将来的信息，并与竞争对手进行对比分析，以此为基础建立起企业自身的竞争战略。

2. 竞争对手分析模型

波特的《竞争战略》一书中提出了竞争对手分析模型，从竞争企业的现行战略、未来目标、竞争实力和自我假设四个方面分析竞争对手的行为和反应模式。竞争对手分析框架如图10-5所示。

10.3.5 产品生命周期法

1. 产品生命周期模型

产品生命周期理论认为，任何产品从最初投放市场到最终退出市场都是一个有限的生命过程，这一过程可以区分为几个明显的阶段，分别为产品投放期、成长期、成熟期和衰退期

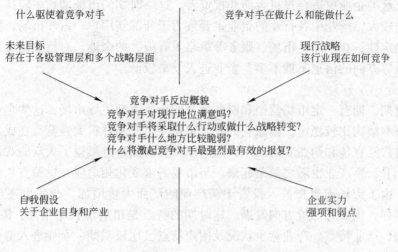

图 10-5 竞争对手分析框架

四个阶段,如图 10-6 所示。识别产业生命周期所处阶段的主要标志有:市场增长率、竞争者数量、市场占有率情况、进入壁垒、技术革新以及用户购买行为等。

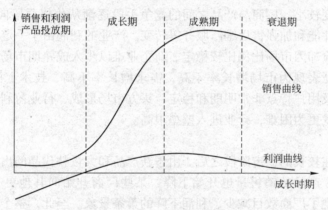

图 10-6 产品生命周期曲线

2. 产品生命周期各个阶段的特征

产品所在生命周期不同,其单位利润也随之变化。在产品投放前期,因其尚未被人所接受,单位利润为负数,随着对产品接受程度的提高,单位利润迅速上升;而过了成长期,即到了成熟期,随着竞争的加剧,单位利润开始逐渐下降,直至退出市场。在不同的阶段,企业会面临不同的机会和挑战,因而需采取相应的战略,产品生命周期可以很好地指导企业的战略成本管理。例如,在投放期和成长期的企业目标应为提高市场占有率;在成熟期应保持企业现有的市场份额和竞争地位;在衰退期应力争短期利润和现金流入的最大化。

1) 产品投放期

在这一时期,新产业刚刚诞生或初建不久,参与投资新兴产业的创业公司数量较少,且初创阶段的产品研究、开发费用较高,产品市场需求狭小,销售收入较低,因此这些创业公司可能不但没有盈利,反而普遍亏损;同时,较高的产品成本和价格与较小的市场需求还使这些创业公司面临很大的投资风险。另外,在初创阶段,企业还可能因财务困难而引发破产的危险,因此这类企业更适合投机者而非投资者。这一时期的市场增长率较高,需求增长较快,技术变动较大,产业中各行业的企业主要致力于开辟新用户、占领市场,但此时技术上有很大的不确定性,在产品、市场、服务等策略上有很大的余地,对行业特点、行业竞争情况、用户特点等方面的信息掌握不多,企业进入壁垒较低。

2)成长期

在这一时期,拥有一定市场营销和财务力量的企业逐渐主导市场,这些企业往往是较大的企业,其资本结构比较稳定,因而它们开始定期支付股利并扩大经营。在成长阶段,新产业的产品经过广泛宣传和消费者的试用,逐渐以其自身的特点赢得了大众的欢迎或偏好,市场需求开始上升,新产业也随之繁荣起来。与市场需求变化相适应,供给方相应地出现了一系列的变化,由于市场前景良好,投资于新产业的厂商大量增加,产品也逐步从单一、低质、高价向多样、优质和低价方向发展。这时期的特点是市场增长率很高,需求高速增长,技术渐趋定型,产业特点、产业竞争状况及用户特点已比较明朗,企业进入壁垒提高,产品品种及竞争者数量增多。

3)成熟期

产业的成熟期是个相对较长的阶段,在这段时期里,在竞争中生存下来的少数大厂商垄断了整个行业的市场,每个厂商都占有一定比例的市场份额。由于彼此势均力敌,市场份额比例发生变化的程度较小。厂商与产品之间的竞争手段逐渐从价格手段向各种非价格手段,如提高质量、改善性能和加强售后维修服务等转变。产业的利润由于一定程度的垄断达到了很高的水平,而风险却因市场比例比较稳定、新企业难以步入成熟期市场而较低。

这一时期的特征表现为市场增长率不高,需求增长率不高,技术上已经成熟,行业特点、行业竞争状况及用户特点非常明朗和稳定,买方市场形成,行业盈利能力下降,新产品和产品的新用途开发更为困难,行业进入壁垒很高。

4)衰退期

这一时期出现在较长的稳定阶段之后。由于新产品和大量替代品的出现,原产业的市场需求开始逐渐减少,产品的销售量也开始下降,某些厂商开始向其他更有利可图的产业转移。因而原产业出现了厂商数目减少、利润下降的萧条景象。至此,整个产业便进入了生命周期的最后阶段。在衰退阶段里,厂商的数目逐步减少,市场逐渐萎缩,利润率停滞或不断下降。当正常利润无法维持或现有投资折旧完毕后,整个产业便逐渐解体了。

总体来说,这一时期的特征表现为市场增长率下降,需求下降,产品品种及竞争者数目减少。

10.3.6 价值链分析法

1. 价值链分析法的含义

价值链分析是用联系的视角分析企业的价值创造过程,价值链思想认为企业为顾客提供产品的业务过程是由一系列前后有序的作业构成,企业将它们由此及彼、由内到外连接成一条作业链。每完成一项作业都要消耗一定的资源,作业的产出又形成一定的价值转移到下一个作业,按此逐步推移,直至将最终产品提供给企业外部的顾客,以满足他们的需要。

价值链分析法由美国著名战略学家波特提出。他把企业内外价值增加的活动分为基本活动和支持性活动,基本活动涉及企业生产、销售、进料后勤、发货后勤、售后服务,支持性活动涉及人事、财务、计划、研究与开发、采购等，基本活动和支持性活动构成了企业的价值链。不同的企业参与的价值活动中，活动的具体内容会根据企业的性质、经营情况而有所不同，企业只有保持并不断改善真正创造价值的经营活动，即价值链上的"战略环节"，才能保持企业的竞争优势。波特价值链模型如图10-7所示。

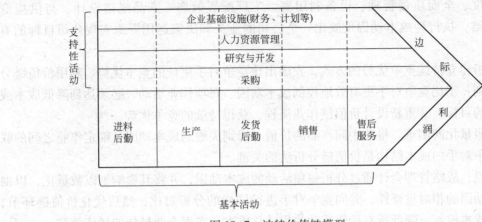

图10-7　波特价值链模型

2. 价值链分析的类型

价值链分析包括三种分析类型。

1）行业价值链分析

分析行业价值链，一是在与上游供应商通力合作的基础上，协调、优化与上游供应商价值链的联系；二是分析供应商价值链、下游客户与本企业价值链的关系，探求通过价值链的向上、向下延伸来提高效率和降低成本的可能性。

2）企业内部价值链分析

企业内部既有各业务单元之间的价值链，也有各业务单元内部的价值链。每个价值链既会产生价值，同时也要消耗资源。通过分析企业内部价值链各环节之间的关系，进而优化企业经营过程。

3）竞争对手价值链分析

企业为获得成本优势，不仅要分析自身的价值链，还应分析竞争对手的价值链。通过将企业价值链和竞争对手价值链进行对比分析，可以找出企业和竞争对手在各价值链环节上成本和价值的差异，比较自己与竞争对手各自的优势与劣势，为企业改进和创新提供战略指导。

3. 价值链分析的步骤

价值链分析的具体步骤如下。

（1）确定价值链，即将企业战略上相关的一系列活动分解开来，以便更加清晰地理解各项活动的成本行为；符合下列性质的作业活动需要被单独辨认：①在营运成本中占重大比例或快速成长者；②成本习性（或成本动因）异于其他的价值活动者；③执行方法与竞争对手不同者；④可能使产品更具差异化能力者；⑤该价值作业与其他经营单位共享者。

（2）分析成本动因。企业必须了解自身在产业价值链中的相对地位，分析内部与外部作业联结关系，确认作业成本动因，才能做出正确的决策，确保企业的竞争优势。

成本动因主要有结构性成本动因和执行性成本动因两大类。①结构性成本动因与企业组织因素有关，主要反映一个企业为满足客户需求可以采取的作业方案，属于长期决策问题。主要包括：企业规模、范围、经验、技术和复杂性等。②执行性成本动因反映企业通过业务、管理决策与资源的运用，有效地达成目标，即选定满足客户需求的作业。主要包括：员工参与程度、全面质量管理、设备利用率、工厂配置效率、产品规格设计、与供应商和客户的联结，执行性成本动因反映出一个公司的业务和决策运用资源实现公司目标的有效程度。

（3）分析建立持续竞争优势的方式，发展出比竞争对手更佳的竞争优势。利用价值链分析，需要做到：①比竞争对手更有效地控制成本动因。每项作业活动，必须达到降低成本或者增加收益的目标。②重新设计价值链作业流程，获得持续的竞争优势。

（4）克服量化的困难。量化中间产品的价值、辨别关键的成本动因、确定作业之间的联系、分析竞争对手的成本结构是价值链分析法的关键。

总的来说，战略管理会计通过分析每项活动的成本动因，并将其影响加以数量化，以揭示各种成本动因的相对重要性，并同竞争对手进行同样的分析对比，然后优化价值链环节，进行有效的成本控制，降低所有价值活动的累计总成本，实现企业最佳的经济效益。

10.3.7 目标成本法

目标成本法是指企业以市场为导向，以目标售价和目标利润为基础确定产品的目标成本。目标成本法往往应用在产品的研发及设计阶段，其目的是在产品生命周期的研发及设计阶段设计好产品的成本，而不是试图在制造过程中降低成本。因此，目标成本法重视产品设计，从而使产品以目标成本生产。在目标成本模型下，目标成本法使成本管理模式从"收入＝成本价格＋平均利润贡献"转变到"目标成本＝目标售价-目标利润"。

相对于目标成本而言，目标成本管理则重要得多，因为尽管设定目标成本比较困难，但最重要的问题是如何实现所要求的目标成本。通常做法是将目标成本分解到一项产品或服务的每一部分或每一项功能，分解后的成本就成为不同设计组人员的目标，通过对目标成本的设定、分解、达成到再设定、再分解、再达成多重循环，以持续改进产品方案。

10.4 战略管理会计的应用研究

10.4.1 战略管理的作用和意义

现代企业面临着瞬息万变、危机四伏的外部环境，过去企业主要集中于内部效率的管理，往往忽视了对环境因素的考虑，在这种情况下，战略管理具有尤为重要的作用。

1. 定位作用

企业战略管理能使企业明确自身在社会、行业、市场中所处的位置以及与外部环境各因素的关系。企业外部环境的迅速变化为企业带来了各种机遇与挑战，战略管理的基础就是战略形势研究，在调查研究的基础上明确企业在社会、行业和市场中所处的地位及与外部环境各因素的关系，及时抓住机遇，减少风险。

2. 建立战略目标

通过明确自身在行业及市场中所处的位置以及与外部环境各因素的关系，战略管理能为企业提供更为清晰的方向和目标，在全面分析了各种现状和预期结果之后，企业通过战略管理能科学地、积极主动地明确自己的宗旨和目标，并确立相应的竞争优势。

3. 促进有效决策

战略管理可以将企业决策过程与外部环境联系起来，提高各项决策工作和管理工作的效率和效果。战略管理强调更多的前摄决策和进攻——防御决策，从而改变或避免可能出现的问题。

10.4.2 我国发展战略管理会计的必要性

随着经济社会的发展，我国企业有必要发展战略管理会计，具体表现在以下两个方面。

1. 现代企业制度的不断完善

我国现代企业制度的不断发展完善以及市场化改革的不断推进，使得市场竞争更加激烈，这个时候企业要想生存下去，就要做到"知己知彼"，从战略的角度，制定长远的发展战略并有效实施，这就是战略管理会计的思想。以往，传统管理会计只是让企业做到了"知己"，还做不到"知彼"，战略管理会计的应用解决了这一问题。

2. 信息技术的发展

随着信息技术的发展，信息的收集和分析显得格外重要。企业能在激烈的市场竞争中及时获取相关信息，并据此制定经营策略，就能掌控大局。战略管理会计就是及时分析企业面临的内外部环境制定相关战略，所以，信息化的发展使得企业发展战略管理会计十分必要。

10.4.3 战略管理会计方法在我国应用中存在的问题

虽然已有部分企业实施了战略管理会计方法并取得了一定的效果，但由于对战略管理会计方法认识不到位，企业内外发展环境中存在着一些影响因素，阻碍了该方法在我国的应用。战略管理会计在实施中主要存在以下问题。

1. 理论体系不健全，战略管理思想薄弱

战略管理会计引入我国的时间不长，大多被规模大、经营意识强的企业所采用，战略管理会计在目标、方法等方面的内部联系还没有形成完整的理论体系，这就阻碍了战略管理会计在企业中的应用。此外，大部分企业的战略思维较为薄弱，更谈不上将战略管理会计知识运用到实践中。

2. 对战略管理工作重视程度不足

多数企业没有将战略管理会计作为工作重点，依旧遵循财务会计为重的传统路线，而忽略了管理会计的应用，更谈不上战略管理会计。企业在会计机构设置上，仍然把主要资源用到财务会计中，把战略管理会计当成了财务会计的附属品。由于战略管理会计缺少了良好的企业内部环境，其应用自然受到了限制和约束。

3. 企业的内部管理模式限制

企业的内部管理形式对战略管理会计的工作内容及应用情况等方面造成了一定的影响。我国大部分企业的内部管理模式还没有完全适应这一环境的变化，部分企业经营者为了经济利益只看到眼前，完全不顾及企业长久发展，更不会考虑应用战略管理会计。

4. 缺乏专业的战略管理会计人才

在运用战略管理会计的过程中,企业的经营者及会计人员对战略管理会计的理解不够深刻、知识结构不合理,在专业教育方面认知少,缺少战略思维,不能开展系统的研究。战略管理会计涉及内容较广,有会计学、市场营销学、管理学、宏微观经济学及企业文化等,战略管理会计人员与以前的核算型会计人员相比要求更高,不仅要具有由此及彼、去粗取精的认知能力,还要把握经济发展变化的规律;财务人员不仅要熟练掌握管理会计与战略管理会计知识,还应具有企业管理方面的能力,这样才能做到事前预计和事中掌握。

相关法规

2017年9月29日《管理会计应用指引第100号——战略管理》。

复习思考题

1. 企业战略的层次以及各层次对应的部门。
2. 战略管理会计的基本特点。
3. 战略管理会计包含哪些主要内容?
4. 试述产品生命周期法各个阶段的特征。
5. 试述价值链分析法的原理和步骤。

练习题

1. 选择题

(1) 通过分析企业的内部因素可以确定( )。
    A. 机会与优势   B. 优势与劣势
    C. 机会与威胁   D. 威胁与劣势

(2) 下列项目中,属于价值链分析的基本活动的是( )。
    A. 市场销售和服务   B. 技术开发
    C. 人力资源管理   D. 企业基础设施

(3) 战略制定的方法是( )。
    A. 自上而下   B. 自下而上
    C. 上下结合   D. ABC 都正确

(4) 下列项目中,属于战略管理的应用环境的有( )。
    A. 企业根据确定的愿景、使命分析
    B. 需要对企业内外部环境分析
    C. 应设置专门机构或部门
    D. 应建立健全战略管理相关制度

(5) 企业战略一般分为三个层次,包括( )。
    A. 总体战略   B. 竞争战略
    C. 职能战略   D. 部门战略

2. 案例题

受益于调味品行业的生产技术不断提高以及下游需求市场的不断扩大,调味品行业在中国国内和国际市场上发展形势都十分被看好,但国内调味品生产企业却面临着日益激烈的竞争压力。

其一,海外调味品企业纷纷通过收购国内老品牌或用其原有品牌在国内建厂这两种方法进入中国市场。其二,生产用原辅料成本、用工成本不断上涨已成为调味品企业面临的共性问题,而由于国内生产企业众多,产品差异较小,用户有充分的选择,加上国内居民人均收入水平不高,消费者总是千方百计为获得优惠价格进行有选择性的购买,致使生产厂家受到双重挤压,利润微薄。其三,随着产品市场细分程度以及消费者对于保健需求和养生食品的增加,具有美味和天然营养的综合型调味品层出不穷,对传统的调味品形成部分替代。在激烈的竞争环境中,天地、开达、锦豪等几个老字号的调味品企业却始终保持着优势地位。天地公司注重构建企业的规模优势,目前达到了世界最大的调味品生产规模,包揽了国内调味品行业"规模最大、品类最多、技术最好"等多项第一。开达公司以产品创新在行业中著称,其开达牌味极鲜酱油是公司的拳头产品,属国内首创,其高利润的产品线是公司竞争的主要优势。锦豪公司则专注于国内餐饮调味品细分市场,成为餐饮市场调味品企业的领头羊,并与许多餐饮业企业建立了长期的合作关系。

这些老字号调味品企业凭借建立起来的竞争优势,逐步淘汰了国内调味品市场实力弱的企业,改变着市场竞争格局,也对包括外资企业在内的潜在进入者形成很强的进入障碍。

针对案例,运用五种竞争力模型,分析国内调味品生产企业面对的竞争压力如下。

(1)潜在进入者的进入威胁。"海外调味品企业纷纷通过收购国内老品牌或用其原有品牌在国内建厂这两种方式进入中国市场"。

(2)替代品的替代威胁。"随着产品市场细分程度以及人民对于保健需求和养生食品的增加,具有美味和天然营养的综合型调料品层出不穷,对传统的调味品形成部分替代"。

(3)供应者讨价还价。"生产用原辅料成本、用工成本不断上涨已成为调味品企业面临的新问题"。

(4)购买者讨价还价。"用户有充分的选择,加上国内居民人均收入水平不高,消费者总千方百计为获得优惠价格进行有选择性的购买"。

(5)产业内现有企业的竞争。"国内生产企业众多,产品差异较小"。

本案例中,天地、开达、锦豪等几个老字号的调味品企业应对五种竞争力的战略措施下。

(1)通过利用成本优势或差异优势把公司与五种竞争力相隔离,从而能够超过它们的竞争对手。天地公司树立成本优势,"注重构建企业的规模优势,目前达到了世界最大的调味品主产规模,包揽了国内调味品行业'规模最大、品类最多、技术最好'等多项第一";开达公司树立差异优势,"开达公司以产品创新在行业中著称,其开达牌味极鲜酱油是公司的拳头产品,属国内首创,其高利润的产品线是公司竞争的主要优势"。

(2)实施波特提出的"集中战略"。"锦豪公司则专注于国内餐饮业调味品细分市场,成为餐饮市场调味品企业的领头羊"。

(3)努力改变五种竞争力。公司可以通过与供应者或购买者建立长期战略联盟,以减少相互之间的讨价还价;公司还必须寻求进入阻绝战略来减少潜在进入者的威胁。"锦豪公司专注于国内餐饮业调味品细分市场,与许多餐饮业企业建立了长期的合作关系";"这些老字号调味品企业凭借建立起来的竞争优势,改变着市场竞争格局,也对包括外资企业在内的潜在进入者形成很强的进入障碍"。

要求:

(1) 每一个产业中都存在五种基本力量,这五种基本力量是什么?

(2) 什么是波特五力分析法?

(3) 案例中,几家老品牌企业是如何运用波特五力分析法提升自身战略管理的?

第 11 章

作业成本管理与资源消耗会计

内容概要

1. 作业成本法
2. 作业成本管理
3. 资源消耗会计

引例

东风汽车公司是中国四大汽车集团之一,中国品牌500强,总部位于华中地区最大的城市武汉,主营业务包括:汽车;汽车发动机及零部件;铸件的开发、设计、生产、销售;机械加工;汽车修理及技术咨询服务。

随着汽车制造行业的竞争者增多,汽车生产商之间的竞争变得异常激烈,汽车产品的价格也不断下降,汽车行业盈利水平逐渐降低,部分产品已经处于保本点水平,而管理者要求的分产品盈利能力尤其是成本分析不能及时准确核算。此时,汽车产品已经从单纯的生产过程转向生产和经营过程,一方面,产品品种多达200个,且经常变化,消耗物料品种达上万种,工时或机器台时在各生产车间很难精确界定,传统成本核算无法准确核算成本,也无法为企业生产决策提供准确的成本数据;另一方面,企业中的行政管理、研究开发、物流、采购供应、营销推广和公关宣传等非生产性活动大大增加,由此发生的间接成本在总成本中所占的比重不断提高,而此类成本在传统成本法下又同样难以进行合理的分配。在这样一个复杂的产品环境之中,传统成本制造方法存在着很大缺陷,并不能使成本信息准确及时地到达管理者手中,严重影响了该公司管理效率。

东风汽车作业成本法的实施步骤分为七个部分:一是培训动员;二是采集基础信息,如生产车间的组织架构、设备能耗参数等;三是确认计量资源,如人工成本、燃动费、折旧费等;四是为资源消耗选择动因,如人工成本的消耗动因是"人工作业时间";五是按照一定逻辑计算作业成本;六是选择作业动因;七是产品成本计算。在运用传统管理工具的同时,根据企业内部管理需求,改革创新,积极应用如作业成本管理等管理会计工具,更精确地控制成本，较大程度地提高了产品利润。

（资料来源：刘芮含，于静霞．作业成本法在我国制造业中的应用研究：以东风汽车为例［J］．纳税，2017（23）：95-96）

11.1 作业成本法

11.1.1 作业成本法的产生

1. 作业成本法的源起

以作业为基础的研究开始于20世纪40年代的美国。1941年，埃里克·科勒最早提出作业概念和作业账户，1952年在他编著的《会计师词典》中首次系统地阐述了作业会计的思想。科勒发现水力发电生产过程中，直接成本比重很低、间接成本比重很高，这种现象从根本上冲击了传统的会计成本核算方法——按照工时比例分配间接费用的方法。其原因是，传统的成本计算方法中预先设定了一个前提，即直接成本在总成本中所占的比重很高。工业革命以来，机器生产中大量的劳动力投入和原料消耗一直是成本的主体。在会计史上，科勒的作业会计思想第一次把作业的观念引入会计和管理中，被认为是作业成本法的萌芽。1971年，乔治·斯托布斯提出作业成本法的概念，对作业成本理论作了进一步的研究，并在《作业成本计算和投入产出会计》中对"作业""作业会计""作业投入产出系统"等概念作了全面系统的讨论。20世纪末，由于以计算机为主导的生产自动化、智能化程度的日益提高，直接人工费用普遍减少，间接成本相对增加，明显突破了传统成本计算方法中"直接成本比例较大"的假定，导致作业成本法研究的全面兴起。这一方法的代表者有美国芝加哥大学的罗宾·库珀教授和哈佛大学的罗伯特·卡普兰教授，他们发展了斯托布斯的思想，构建了作业成本法的完整体系。从此，作业成本法在理论上趋于成熟。

2. 作业成本法的产生背景

1）作业成本法产生的理论依据

作业成本法依据产品的制造流程和其他特点或专有属性，采用多元化的作业动因对制造费用进行分摊，依据产品成本结构将制造费用的分摊对象进行了细化，增强了成本的归属性，从客观上降低了成本在产品间的转移，也将人为导致的产品成本分配不科学的概率降到最低，使产品成本的计算比传统的产品成本计算方法更加合理、科学。

作业成本法的理论依据是产品消耗作业，作业消耗资源，资源产生成本。作业成本法通过作业将产品和资源的消耗连在一起，作业的作用就是对资源耗费的属性进行定义，再通过作业动因分配到产品上。这种自下而上的以作业为基础来归集对应的成本，再以产品消耗的相应作业来计算产品成本的计算方法和系统设计突破了传统的会计理念。

2）作业成本法产生的实践依据

当企业的生产制造是劳动力密集型或机械密集型的连续加工的生产作业时，大部分的生产成本都体现为直接成本，间接成本包括工厂管理等都与人工或工时有着密切的联系。在这种情况下，企业是按照人工工时或机器工时来分配间接成本的，这也是传统的产品成本计算方法。

随着企业生产过程的日益自动化，生产制造从连续的大批量生产转向小规模、客户化的

第 11 章 作业成本管理与资源消耗会计

生产方式,导致直接成本在产品成本中的比重逐步降低,传统的成本理论已不适应当前的需要,作业成本法正是在这种情况下应运而生的。作业成本法抛弃了传统会计学中,将成本习性简单地分为变动成本和固定成本,并建立 $Y=a+bX$ 的模式,而是从成本的组成结构和各部分的成本自然属性上深入分析,建立成本作业模型,最大限度地排除人为干扰,使计算的结果接近产品的真实成本。

另一方面,一些先进的生产方法和管理思想的应用也为作业成本法的实施提供了支持,如精益生产(lean),全面质量管理(TQM),及时生产(JIT)等。这些良好的成本统计和计算系统能促使企业在生产环节、采购环节和设备管理环节等方方面面建立完善的制度,建立严格而科学的控制和管理体系,使采购、仓储、生产、销售、库存紧密衔接,减少产品的生产周期,同时提升产品的品质,降低库存,提高生产效率,使作业成本法的信息收集、数据处理与分类工作成为可能。

11.1.2 作业成本法的基本概念

作业成本法(activity-based costing,ABC),是指以"作业消耗资源,产出消耗作业"为原则,按照资源动因将资源费用,追溯或分配至各项作业,计算出作业成本,然后再根据作业动因,将作业成本追溯或分配各成本对象,最终完成成本计算的成本管理方法。

作业成本法涉及的基本概念主要有:资源、资源动因、作业、作业中心、作业链、价值链、成本对象及成本动因等。具体概念界定如图 11-1 所示。

图 11-1　作业成本计算法概念界定

1. 资源、资源动因

资源是指产品生产或提供服务过程中所引起的各类成本和费用的总称,包括人力、物力、财力和信息资源等,通常可用价值来衡量。资源是产生成本的根源,是作业耗用的基础。基本上现在每个企业耗用的资源可通过信息平台系统进行查询,每个部门所耗用的资源可在部门预算或系统中查找;同样每个工序流程,每台设备所耗用的资源也可在信息系统或相关文件中查找。在作业成本法的应用中,通常依据作业的定义范围和联系将相应的资源计入相对应的作业。对于公共资源,则依据资源动因以不同的比例计入相应的作业中去。

资源动因是引起资源耗用的成本动因,它反映了资源耗用与作业量之间的因果关系,反映了作业中心对资源的消耗情况,是资源成本分配到作业中心的标准。

2. 作业、作业中心和作业链

作业是指企业生产经营过程中为了特定目的而消耗资源的各项独立并相互联系的活动。作业是连接资源和最终产品的桥梁,是企业内部工作的基本单元,也是一个典型作业成本法模型中的最小归集单元。作业或作业中心类型的选取依据不同的行业和不同的企业会有所不同,这是由企业的经营模式和内在属性所决定的。

在作业成本核算中,企业可按照受益对象、层次和重要性,将作业分为以下五类,如表 11-1 所示,并分别设计相应的作业中心。

表 11-1 作业的分类

作业类别	作业中心例子	常见成本动因
产量级作业	与机器有关的作业	机器工时
批别级作业	采购订单，生产订单	处理的订单数
品种级作业	质量检验，产品设计	检验次数，设计次数
客户级作业	咨询活动	服务时间
设施级作业	广告活动	广告时长

1）产量级作业

产量级作业是指明确地为个别产品（或服务）实施的、使单个产品（或服务）受益的作业，类似于传统会计中的直接生产成本，例如原材料成本和直接人工成本等。产量级作业的数量与产品（或服务）的数量成正比例变动，当产量增加时，产量级作业成本会成同比例增加。

2）批别级作业

批别级作业是指为一组（或一批）产品（或服务）实施的、使该组（或批）产品（或服务）受益的作业。该类作业的发生是由生产的批量数而不是单个产品（或服务）引起的，其数量与产品（或服务）的批量数成正比变动。例如依批次的产品检验成本就是以检验次数为成本动因计算其分配率再分摊到相应的产品成本上。通常在制造业，批别作业包括批次产品的检验成本、材料的处理成本、材料的运输成本、设备换线的调整成本等，这类作业成本往往与产品的产出量无关，而只与生产的批次相关，是该批次产品的共同成本，与产品批次成正相关。

3）品种级作业

品种级作业是指为生产和销售某种产品（或服务）实施的、使该种产品（或服务）的每个单位都受益的作业。该类作业用于产品（或服务）的生产或销售，但独立于实际产量或批量，其数量与品种的多少成正比例变动，包括新产品设计、现有产品质量与功能改进、生产流程监控、工艺变换需要的流程设计、产品广告等。

4）客户级作业

客户级作业是指为服务特定客户所实施的作业。该类作业保证企业将产品（或服务）销售给个别客户，但作业本身与产品（或服务）数量独立，包括向个别客户提供的技术支持活动、咨询活动、独特包装等。

5）设施级作业

设施级作业是指为提供生产产品（或服务）的基本能力而实施的作业。该类作业是开展业务的基本条件，它使所有产品（或服务）都受益，但与产量或销售量无关。包括管理作业、针对企业整体的广告活动等。设施级作业与产品的项目无关，是公司全部生产产品的共同成本。

作业中心是一系列相互联系，能够实现某种特定功能的作业集合。把相关的一系列作业消耗的资源费用归集到作业中心，就构成该作业中心的作业成本库，作业成本库是作业中心的货币表现形式。

现代企业实际上就是一个为了满足顾客需求而建立的一系列前后有序的作业集合体，这个有序的集合体，称之为作业链。不同行业、不同产品的作业链是不同的。通过对作业链的分析、改进和不断优化，可以达到降低产品成本，获取竞争优势的目的。

3. 价值链

价值链是分析企业竞争优势的根本，它与服务与顾客需求的作业链相关。按照作业会计的原理，产品消耗作业，作业消耗资源，作业的转移同时伴随着价值的转移，最终产品是全部作业的集合，同时也表现为全部作业的价值集合。因此可以说，作业链的形成过程也就是价值链的形成过程。改进作业必须分析企业的价值链。

价值链分析是作业管理的关键，它的目标是发现和消除对企业价值链无所贡献的作业，例如根据 JIT 安排生产和采购计划，消除存货积压，提高其他部门的工作成效，如改善顾客服务质量，提高反馈速度等，这为作业成本管理明确了方向。

4. 成本对象、成本动因

成本对象是作业成本分配的终点和归属。常见的成本对象有产品、服务、顾客等。把成本准确地分配到各个成本对象，是进行成本管理和控制的基础。

成本动因是决定成本发生、最终资源消耗的根本原因，是分配成本的基础，同时也是成本与成本对象间因果关系的因素。成本动因改善了成本分摊方式，有利于更准确地计算成本，找到了成本动因也就找到了资源耗费的根本原因，进而有利于消除浪费，改进作业。

传统的成本分配过程是应用成本分配基础如人工工时、机器工时等将所有间接成本项目与成本对象联系起来，二者之间没有任何的内在因果关系，只是人为采取的一种简单、粗糙的分配方法。在过去，由于技术条件落后，设备智能化程度较低，生产不发达，以劳动密集型企业为主，市场不完善，商品的生产和销售都相对区域化，产品的成本主要由材料成本和人力成本构成，其他间接成本都很小，这种分配方法有其合理性，不会扭曲产品的生产成本。但现在企业的经营环境都发生了巨变，设备智能化，导致设备的折旧费用较高，同时也使得人力成本需求降低。产品流通的全球化，使得产品的销售费用、运输费用等大幅升高。原材料采购的全球化也使得采购成本上升。此外还有产权保护费用，各种咨询费用，知识技能引进费用，培训费用都成倍增加。这些变化导致的结果就是产品的制造成本大部分归入了制造费用的范围，而不是产品的直接制造成本。在这种情况下再用传统的成本分配基础来分配这些间接制造费用显然是不合理的。因此将过去的用财务数量的分配基础扩展为按不同成本项目产生的多元动因来对成本进行分配，可以更为准确地计算产品成本。

11.1.3 作业成本法的基本原理

作业成本法的基本指导思想就是：作业消耗资源，产品消耗作业。因而作业成本法将着眼点和重点放在对作业的核算上，其计算模式可以简化为"总资源成本—作业中心—最终产品"，这相对于传统成本计算法发生了根本性的变革。传统成本法将作业这一关键环节给掩盖了，直接把资源分配到产品上形成产品成本。作业成本法将成本计算的重点放在作业上，作业是资源和产品之间的桥梁。作业成本法和传统成本法对于产品直接费用（直接材料、直接人工）的处理并无差异，作业成本法的先进性体现在间接费用的分配过程中，其分配标准不再局限于单一的工时或机时分配标准，而是依据作业成本动因，采用多样化分配。间接费用（制造费用）的分配过程可以分为两个阶段，第一阶段把有关生产或服务的制造费用按照资源动因归集到作业中心，形成作业成本；第二阶段通过作业动因将作业成本库中的成本分配到产品或服务中去。作业成本法的管理流程如图 11-2 所示。

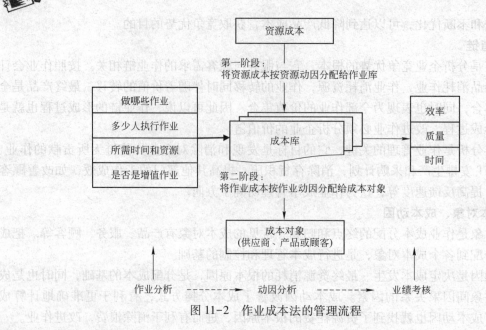

图 11-2 作业成本法的管理流程

与传统成本计算方法相比,作业成本法对于直接费用的处理是完全相同的,但对间接成本按照成本动因进行了两次分配——先按资源动因分配到作业、再按作业动因分配到产品,这使得计算成本结果更加准确,从而所得出的产品成本信息更为客观、真实。

11.1.4 作业成本法的应用程序

1. 作业成本法的核算程序

运用作业成本法在分配产品成本时,以作业为成本核算对象,根据资源成本动因,将资源的成本分配到作业,再根据作业成本动因将作业成本库的成本分配到作业产出品,根据作业链的顺序,最终计算出最终产品成本。也就是说,作业成本法首先计算单个作业的成本,然后根据生产每一件产品或者服务所需的作业组合将成本分配到产品或服务等成本对象上。

成本核算具体程序如下(见图 11-3)。

(1) 资源识别及确认与计量资源费用。识别出由企业拥有或控制的所有资源,合理选择会计政策,确认和计量全部资源费用,编制资源费用清单,为资源费用的追溯或分配奠定基础。资源费用清单一般应分部门列示当期发生的所有资源费用,其内容要素一般包括发生部门、费用性质、所属类别、受益对象等。

资源识别及资源费用的确认与计量应由企业的财务部门负责,在基础设施管理、人力资源管理、研究与开发、采购、生产、技术、营销、服务、信息等部门的配合下完成。

(2) 建立作业中心和作业成本库。通过从材料采购到产成品验收入库全过程分析所发生的各项作业,根据作业的分类可以将其区分主要作业和次要作业,判断增值作业和非增值作业,在保证产品质量的前提下,减少或消除非增值作业,确认产品生产的各项必须作业并加以改善,然后将具有相同作业动因的作业确认为一个作业中心或成本库。

(3) 计算各项作业成本。确定资源动因,遵循因果关系和受益原则,根据每项作业对企业资源的消耗,按作业项目归集费用,将归集起来的可追溯成本分配到各作业中心,计算各个作业中心的资源耗用量,确定各项作业成本。

(4) 分配成本库,并计算产品成本。确定作业成本动因,遵循因果关系和受益原则,根据各产品所消耗作业的数量,将作业成本分配给各产品。

一般来说,作业成本分配一般按照以下两个程序进行。

① 分配次要作业成本至主要作业,计算主要作业的总成本和单位成本。企业应按照各主要作业耗用每一次要作业的作业动因量,将次要作业的总成本分配至各主要作业,并结合直接追溯至次要作业的资源费用,计算各主要作业的总成本和单位成本。有关计算公式如下:

次要作业成本分配率=次要作业总成本/该作业动因总量

某主要作业分配的次要作业成本=该主要作业耗用的次要作业动因量× 该次要作业成本分配率

主要作业总成本=直接追溯至该作业的资源费用+分配至该主要作业的次要作业成本之和

主要作业成本分配率=主要作业总成本/该主要作业动因总量

② 分配主要作业成本至成本对象。根据各产品所消耗作业的数量,将作业成本分配给各产品,并将各产品在各成本库中的作业成本分别汇总,计算出各产品的总成本和单位成本。有关计算公式如下

某成本对象分配的主要作业成本=该成本对象耗用的主要作业成本动因量× 主要作业成本分配率

某成本对象总成本=直接追溯至该成本对象的资源费用+ 分配至该成本对象的主要作业成本

某成本对象单位成本=该成本对象总成本/该成本对象的产出量

需要注意的是,如果不存在次要作业,则无需将次要作业成本分配到主要作业,仅仅将主要作业按照作业成本动因分配至成本对象即可。

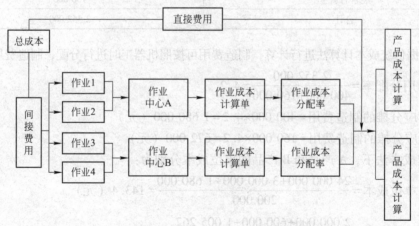

图 11-3 作业成本核算的基本程序示意图

2. 作业成本法计算实例

实际运用

[例 11-1] 某企业生产 A、B 两种产品,有关年产销售量、批次、成本、工时等资料如表 11-2 所示。

表 11-2　作业成本分配率

项目	A 产品	B 产品
产销售量/件	200 000	40 000
生产次数/次	4	10
订购次数/次	4	10
每次订购量/件	25 000	2 000
直接材料成本/元	24 000 000	2 000 000
直接人工成本/元	3 000 000	600 000
机器制造工时/时	400 000	160 000

该企业当年制造费用项目与金额如表 11-3 所示。

表 11-3　当年制造费用项目与金额

项目	金额/元
材料验收成本	300 000
产品检验成本	470 000
燃料与水电成本	402 000
开工成本	220 000
职工福利支出	190 000
设备折旧	300 000
厂房折旧	230 000
材料储存成本	140 000
经营者薪金	100 000
合计	2 352 000

（1）根据传统成本计算法进行计算，制造费用可按照机器工时进行分配，制造费用分配率为

$$制造费用分配率 = \frac{2\ 352\ 000}{400\ 000 + 160\ 000} = 4.2$$

A 产品应分摊的制造费用 = 400 000×4.2 = 1 680 000（元）
B 产品应分摊的制造费用 = 160 000×4.2 = 672 000（元）
在传统成本法下，A 产品和 B 产品的单位成本分别为：

$$A\ 产品单位成本 = \frac{24\ 000\ 000 + 3\ 000\ 000 + 1\ 680\ 000}{200\ 000} = 143.4（元）$$

$$B\ 产品单位成本 = \frac{2\ 000\ 000 + 600\ 000 + 1\ 005\ 262}{40\ 000} = 81.8（元）$$

（2）根据作业成本法进行计算。作业成本计算的关键在于对制造费用的处理不是完全按照机器工时进行分配，而是根据作业中心与成本动因，确定各类制造费用的分配标准。

① 对于材料验收成本、产品检验成本和开工成本，其成本动因是生产与订购次数，可以作为这三项制造费用的分配标准。其分配率为

$$材料验收成本分配率 = \frac{300\ 000}{10 + 4} = 21\ 428.57（元）$$

产品校验成本分配率 = $\frac{470\ 000}{10+4}$ = 33 571.43（元）

开工成本分配率 = $\frac{220\ 000}{10+4}$ = 15 714.29（元）

② 对于设备折旧费、燃料与水电费用，其成本动因是机器制造工时，可以机器制造工时作为这两项费用的分配标准。其分配率为

设备折旧费用分配率 = $\frac{300\ 000}{400\ 000+160\ 000}$ = 0.535 7（元）

燃料与水电费用分配率 = $\frac{402\ 000}{400\ 000+160\ 000}$ = 0.717 9（元）

③ 对于职工福利支出，其成本动因是直接人工成本，可以直接人工成本作为职工福利支出的分配标准。其分配率为

职工福利支出分配率 = $\frac{190\ 000}{3\ 000\ 000+600\ 000}$ = 0.052 78（元）

④ 对于厂房折旧和经营者薪金，其成本动因是产品产销售量，厂房折旧和经营者薪金可以此为分配标准。其分配率为

厂房折旧费用分配率 = $\frac{230\ 000}{200\ 000+40\ 000}$ = 0.958 3（元）

经营者薪金分配率 = $\frac{100\ 000}{200\ 000+40\ 000}$ = 0.416 7（元）

⑤ 对于材料储存成本，其成本动因是直接材料的数量或成本，可以此为标准分配材料储存成本。其分配率为

材料储存成本分配率 = $\frac{140\ 000}{24\ 000\ 000+2\ 000\ 000}$ = 0.005 38（元）

根据上述计算的费用分配率，将各项制造费用在 A 产品和 B 产品之间进行分配，其分配结果如表 11-4 所示。

表 11-4 各项制造费用在 A 产品和 B 产品之间的分配表

项目	A 产品/元	B 产品/元	合计/元
材料验收成本	85 741	214 286	300 000
产品检验成本	134 286	335 714	470 000
燃料与水电成本	287 143	114 857	402 000
开工成本	62 857	157 143	220 000
职工福利支出	158 340	31 660	190 000
设备折旧	214 284	85 716	300 000
厂房折旧	191 660	38 340	230 000
材料储存成本	129 120	10 880	140 000
经营者薪金	83 334	16 666	100 000
合计	1 346 738	1 005 262	23 520 000

在作业成本法下，A 产品和 B 产品的单位成本为

$$A 产品单位成本 = \frac{24\,000\,000 + 3\,000\,000 + 1\,346\,738}{200\,000} = 141.73（元）$$

$$B 产品单位成本 = \frac{2\,000\,000 + 600\,000 + 1\,005\,262}{40\,000} = 90.13（元）$$

由上述计算可以看出，在作业成本法下的 A 产品单位成本由传统成本计算的 143.4 元下降为 141.73 元；B 产品单位成本由传统成本计算的 81.8 元提高到 90.13 元。

产生差异的原因主要是传统成本计算对制造费用只采用单一的分配标准，而忽视了不同作业之间的成本动因不同。显然，按作业成本计算比按传统成本计算更为准确和科学。

11.1.5 作业成本法与传统成本法的比较

1. 作业成本法与传统成本法的联系

1）作业成本法与传统成本法对直接费用的分配是相同的

传统成本法和作业成本法都是根据收益性原则对发生的直接费用予以确认，如直接材料可以直接计入有关产品。

2）作业成本法是责任成本法与传统成本法的结合

责任成本法是一种相对静止的成本计算方法，而传统成本法是一种动态的成本计算方法。作业成本法是将按照企业内部各单位界定成本、费用的责任成本和按照生产工艺过程来界定费用的传统成本计算法结合起来的一种成本计算方法。作业成本法结合了两者的优点，动静结合，使其计算过程与工艺过程和生产组织形式紧密结合，是一种动态的、计算企业内部各单位责任成本的方法。

3）作业成本法与传统成本法都是计算最终产品成本

作业成本法是将间接成本和辅助费用按各种不同的成本动因分配到作业、生产过程、产品、服务及顾客中的一种成本计算方法，由于分配因素是根据产品生产的各个环节来确定的，所以这种分配方法更加精确。传统成本方法是将不同质的制造费用以部门为基础进行归集，采用单一分配率进行分配和再分配，计算出产品的最终成本。尽管这两种方法在分配间接费用时有本质的区别，但是在最终目的上都是为了计算产品的最终成本。

2. 作业成本法与传统成本法的区别

1）产生的背景不同

传统成本法形成于 20 世纪初期，在 20 世纪中后期发展成熟。它产生的时代是机器大工业时代，机器大工业提倡规模经济、大批量生产和流水作业的生产方式。传统成本法适用于当时的生产条件和管理水平，能够为管理当局提供相对准确的信息。但是随着经济的发展，人们可支配的收入不断增加，消费能力大大增强，使得人们的消费行为发生很大的改变，追求多样化、个性化，精神层面的需求成为发展趋势，而社会生产的发展使得企业能够提供多样化的产品，由大批量生产转为小批量、多样化生产。同时信息革命和产业自动化也使得企业的制造环境发生了质的变化，使得企业为消费者提供多样化和个性产品成为可能。但是，过去产生于大批量生产时代背景下的传统成本法所提供的成本信息不能够满足企业管理层对成本信息的需求，因而促使作业成本法的产生与发展。

2) 间接费用的分配方法不同

传统成本法分配间接费用采用较为单一的标准，如机器工时、生产工时等，这种分配方法忽略了不同产品、不同技术因素对费用产生的不同影响，不能正确地反映在生产过程中各产品的实际真实成本。而作业成本法间接费用的分配基础是多元的，分配企业间接费用的时候考虑了费用、成本的来源，相比于传统成本法，作业成本法计算提供的成本信息更加客观、真实、准确。

3) 成本计算程序不同

传统成本法将间接费用以直接人工成本或机器工时等标准直接分配到各部门或者车间，与传统成本法不同，作业成本法将整个企业统一分配制造费用改为由若干个"成本库"分别进行分配，增加制造费用分配标准，按引起制造费用发生的各种成本动因进行分配，从而避免了产品或劳务成本的扭曲。

4) 成本计算对象不同

传统成本法的成本计算对象是企业最终产出的各种产品，而作业成本法的成本计算对象不仅有产品成本，还有产品产生的原因及其形成的全过程，相比于传统成本法，它的成本计算对象具有多层次性，如资源、作业、最终产品等都是成本计算的对象。由于作业成本计算法的成本对象的多层次性，所以作业成本法提供的成本信息更加详细、丰富。

作业成本法与传统成本法的区别如表 11-5 所示。

表 11-5　作业成本法与传统成本法的区别

项目	传统成本计算法	作业成本计算法
成本计算程序	制造费用——生产部门确定分配率——产品	制造费用——作业成本库确定成本动因——产品成本
成本计算对象	以产品为中心	以作业为中心
成本核算范围	一个维度：产品成本	三个维度：产品成本、作业成本和作业动因
费用分配标准	工时、机器台时	成本动因
费用分配基础	直接人工或直接材料成本	部件数量、测试时间
成本计算重点	就成本而论成本	成本发生的因果关系
所包含的期间	几个会计期间	一个会计期间
信息的准确性	误差较大	准确性较高

3. 作业成本法的优缺点

1) 作业成本法的优点

(1) 实施作业成本法能够提供更为详细和准确的成本信息。传统成本法以单一标准为基础分配间接费用，在作业成本法下分配基础就是资源动因和作业动因，分配结果更为准确，得到的产品成本信息更能够反映其实际成本。作业成本法对作业的分析会涉及企业生产和管理的各个方面，有利于管理层更深入地了解企业的运作流程、产品的生产过程，更加有利于企业管理。

(2) 实施作业成本法有利于提高企业竞争力。作业成本法核算产品成本的过程不仅涉及产品的生产过程，而且还考虑产品生产前的开发与设计过程。这种全盘的考虑使企业更能够适应现代激烈的市场竞争，促使企业更加注重先进技术的应用，充分利用企业的资源不断地改进产品设计,完善企业的价值链,提高企业在市场的竞争能力。

(3)实施作业成本法便于企业绩效考核。作业成本法下将焦点集中于作业的发生,对作业的分析和确定有利于确定企业各层面的责任中心,将责任明确到各个部门或责任人员,有助于企业对成本的管理和控制。同时在对作业的分析过程中能够区分企业增值作业和非增值作业、高效率作业和低效率作业,便于评价个人或作业中心的责任和履行情况,便于企业绩效的考核。

2)作业成本法的缺点

应当注意的是,作业成本法并不适用于所有企业,需要考虑企业的技术条件和成本结构,具体来说,作业成本法更适用于产品多样化、生产批量小以及人工费用、制造费用较高的制造企业,对于直接人工成本占有较大比重的商品流通业、餐饮卫生业、休闲娱乐行业来说较不适用。另外,作业成本法还存在着其他一些不足之处,主要体现在以下几个方面:①对于生产经营活动复杂多样的企业,各项活动相互联系、相互依存,导致作业界限和责任划分可能并不清晰分明,所以在作业的区分上存在困难;②成本动因的选择以及成本动因计量方法的选择等均存在较大的主观性,这为管理者操纵成本提供了可能,也降低了公司间报告结果的可比性;③作业成本法的实施过程较为复杂,核算工作相当烦琐,因而开发和维护费用较高。

11.2 作业成本管理

11.2.1 作业管理与作业成本管理的含义

作业管理就是将企业看作由顾客需求驱动的一系列作业组合而成的作业集合体,在管理中努力提高增加顾客价值的作业效率,消除或遏制不增加顾客价值的作业,实现企业生产经营的持续改善。作业管理的基本管理思想是以顾客链为导向,以作业链—价值链为中心,对企业的作业流程进行根本性、彻底的改造,强调协调企业内外部顾客的关系,从企业整体出发,协调各部门各环节的关系,要求企业物资供应、生产和销售等环节的各项作业形成连续、同步的作业流程,消除作业链中一切不能增加价值的作业,使企业处于持续改进状态,促进企业整体价值链的优化,增强企业竞争优势。因此,作业管理与其说是一项管理工作,还不如说是不断改进和完善企业作业链-价值链的过程。

作业成本管理在于运用其以"作业"为核心的管理思想,把管理重心深入到作业层次,是应用作业成本计算提供的信息,从成本的角度,合理安排产出或劳务的销售组合,寻求改变作业和生产流程,改善和提高生产率的机会。其作用在于通过作业分析,更好地理解生产过程,使采取的管理措施更有效地控制成本,管理者能够识别并消除不增值作业,改进增值作业,不断对其进行重新评估以确保其确实增值,持续优化作业链和价值链,最终增加顾客价值和企业价值。作业成本管理思想如图11-4所示。

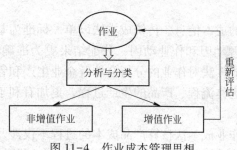

图11-4 作业成本管理思想

作业成本管理一般包括确认和作业分析、作业链-价值链分析和成本动因分析、业绩评价以及报告不增值作业成本四个步骤。作业分析又包括辨别不必要或不增值的作业；对重点增值作业进行分析；将作业与先进水平进行比较；分析作业之间的联系。

11.2.2 作业成本的价值链分析

1. 基于价值链分析的作业成本管理范围

1）内部价值链与作业成本管理的互动性

价值链分析作为战略管理会计的基本战略分析工具之一，可以通过提高企业各项价值作业活动的效率并加强各项活动之间的联系，在实现管理会计职能的同时帮助企业实现价值增值，符合当代战略管理会计"价值增值"的主题，因而与战略管理会计具有很强的互动性。

内部价值链是以企业内部战略相关的流程和作业为载体形成的企业内部价值运动，涵盖研发设计、材料采购、生产制造、产品销售和售后服务等整个产品生命周期，分为研发设计、业务流程和售后服务三个阶段。其中业务流程是内部价值链的中心环节，企业的作业活动集中于此。内部价值链分析主要针对这些成本进行作业分析，通过对各项作业活动的成本动因进行辨识，将其中的非增值作业剥离出来，然后根据成本动因的不同选择相应的成本控制方法，减少或消除非增值作业，降低成本，提高企业作业效率，最终实现作业成本管理的优化。可见，内部价值链分析以作业成本管理为核心，作业成本管理过程中形成的作业链成为内部价值链分析中价值链流动的依赖路径，二者互动共生，在优化作业链的同时实现企业价值的增值。如图11-5所示。

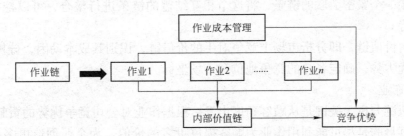

图11-5　内部价值链与作业成本管理的互动性

2）作业成本管理范围的延伸

传统作业成本管理的重点集中在生产成本环节，忽视其他活动在成本中的地位及其影响，使得成本管理在空间范围上有较大的局限性。因此，要实现价值链的最大优化，仅仅看到企业内部的作业链是不足够的，需要我们从多角度分析作业成本的管理，更要看到外部作业链的存在对成本产生的重大影响。这主要指的是企业与供应商、客户之间的作业链以及竞争对手的作业链，从而作业成本管理的范围分别向其上游、下游及横向拓展。

上游是指对供应商成本展开分析，在产品、工艺设计或零部件阶段可以与供应商展开战略合作，如实行后向一体化战略，充分考虑在此阶段的成本问题，将企业的成本管理活动大大提前。下游是指加强与客户的联系，将客户看作企业的合作伙伴，建立长期合作关系，如实行前向一体化战略，有效控制与客户间的相关成本，将作业成本管理活动向下游延伸。横向拓展需要充分认识到各个作业之间并不是孤立的，而是环环相扣的集合体，各环节之间在成本、质量、效率等方面都存在相互制衡的关系。同时，还要考虑到来自外部的竞争对手的压力，分析竞争对手的价值链，以弥补自身的不足，获取相对竞争优势。作业成本管理范围的延伸如图11-6所示。

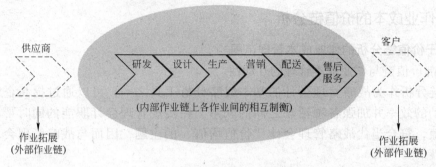

图11-6 作业成本管理范围

2. 作业成本的价值链分析过程

1）确定价值链分析范围

确定价值链分为三个层面。

（1）企业内部价值链，即以企业内部战略相关的流程和作业为载体形成的企业内部价值运动，涵盖研发设计、材料采购、生产制造、产品销售和售后服务等整个产品生命周期。这样，企业生产经营过程由为特定顾客或市场生产产品的一系列作业组成。

（2）纵向价值链，即将价值链分析从企业内部前向延伸至供应商、后向延伸至顾客，使得纵向形成了一个紧密关联的链条，将这个相互结盟的链条进行整合，可以挖掘企业潜力，寻求竞争优势。

（3）横向价值链，即分析市场上竞争对手的价值链，识别其成本动因，分析企业与竞争对手各自的优劣势，确定各自的竞争地位和市场坐标。

2）分析作业

实施价值链分析，关键是从顾客角度出发，根据作业对公司竞争优势的贡献大小来区分价值作业，其目的是尽可能利用作业为顾客提供更多的价值，为企业创造更多的经济利润，从而显著提高和增强企业的市场竞争力。

对作业进行分析，主要包括四个层次。①对企业为顾客提供的产品成本或者服务进行判断、鉴别和描述，对作业的必要性进行分析，从而区分增值作业和不增值作业。②遵从成本效益原则，只对重点作业对象进行分析，即各项价值创造活动都围绕企业核心竞争力的形成而展开，从而节约作业分析成本。③将本企业的作业和其他企业相关的作业进行对比，找出企业和竞争对手在各价值链环节上成本和价值的差异，比较自己与对手各自的优势与劣势。④对企业各个作业之间的联系进行分析，对于存在联系的作业，可以将其联系起来，组成有效的作业链，实现企业经营过程的优化。

需要注意的是，虽然每一个企业都存在着技术、产品设计、制造过程、营销、顾客服务等一般过程，但不同的行业其价值链的构成是不同的，每一类活动的重要性也不相同。如批发商认为进货后勤和发货后勤最重要，而对于一般制造企业而言，质量和服务却是最重要的。为了实现企业价值链内部优化和整体优化的目标，必须从企业实际出发，分析企业特定的价值链构成及相应的竞争力，通过比较，真正达到提高企业价值的目的。

3）确定产品或劳务总成本的构成

价值链分析的下一步是追溯或分配成本和评估各价值生产过程。尽管企业还保存有内部报表和成本会计信息，但这种信息根本不能适应作业成本及价值链分析的要求，企业需要将数据重新分类，或者利用成本研究来分配成本和评估各过程。

为了估算每个价值生产作业的完全成本，通常涉及作业生产能力或实际生产能力的完全利用。企业管理者和设备销售商往往能较正确地估算生产能力。如果生产能力估算相差悬殊，企业要分析最终成本，以评估不同生产能力分析的敏感度。

4）识别各过程的成本动因

企业价值链分析的下一步是识别各价值生产过程的成本动因。企业应当结合作业分析，控制成本动因的发生以降低成本，同时为了确定相关成本优势，企业也应该了解竞争者的成本因素。

5）识别各过程的中间环节

单一的价值作业是不连续的，但也不是完全独立的，同一条价值链中的大多数作业都相互依赖、相互联系。公司在进行价值链分析时，也要考虑互相依赖的作业之间的价值链联系，因为它们很可能会影响到总成本。例如，一个价值链过程的成本改进程序可以降低或增加其他过程中的成本或收入。

6）鉴定获得相关成本优势的机遇

在价值链分析法中，一个企业不再简单地全面削减成本，而是要在各价值生产过程中，降低成本，提高效率，即消除不增值作业，不断优化增值作业流程。例如，某公司可能要降低各过程的投入费用，如工资、采购以及是自制还是外购的选择。降低过程投入费用经常是指降低工资、将生产转移到劳动力成本较便宜的国家，供应商在与企业协商长期合同时，可能愿意降低价格，企业可利用买卖伙伴关系，在成本、质量、时间、交货以及技术方面取得优势。一些过程的优化可以提供比其他过程更多的机会，为了最大限度地降低成本，公司应该优化其价值创造过程。

11.2.3 降低作业成本的主要方法

1. 作业消除

作业消除就是消除不增值的作业，即先确定不增值的作业，进而采取有效措施予以消除。例如，将原材料从集中保管的仓库搬运到生产部门，将某部门生产的零部件搬运到下一个生产部门都是不增值作业。如果条件许可，将原材料供应商的交货方式改为直接送达原材料使用部门，将功能性的工厂布局转变为单元制造式布置，就可以缩短运输距离，削减至消除不增值作业。

2. 作业选择

作业选择就是尽可能列举各项可行的作业并从中选择最佳的作业。不同的策略经常产生不同的作业，例如，不同的产品销售策略会产生不同的销售作业，而作业引发成本，因此不同的产品销售策略，引发不同的作业及成本。在其他条件不变的情况下，选择作业成本最低的销售策略，可以降低成本。

3. 作业减低

作业减低就是改善必要作业的效率或者改善在短期内无法消除的不增值作业，例如减少整备次数，就可以改善整备作业及其成本。

4. 作业分享

作业分享就是利用规模经济效应提高必要作业的效率，即增加成本动因的数量但不增加作业成本，这样可以降低单位作业成本及分摊于产品的成本。例如，新产品在设计时如果考虑到充分利用其他现有产品已使用的零件，就可以免除新产品零件的设计作业，从而降低新产品的生产成本。

11.2.4 作业成本管理的现实意义

作业成本法是战略管理会计的基础，其计算的产品成本更加精确，从而提高了信息的可靠性，而且该方法以长期变动成本作为长期决策的相关成本，对于企业的长期业绩有着重要的意义。实施作业成本法有以下几点重要意义。

1. 产品定价准确

相比于传统成本法采取的单一的分配标准，作业成本法按照各产品所消耗的作业量比例分配到产品成本中，使得产品成本更加真实、更能直接反映产品的实际生产耗费情况，由此决定的价格比传统成本制度更为合理有效。

2. 加强成本控制

作业成本法中引入了成本动因的概念，使得企业能够从量的角度，通过分析资源动因和作业动因，实现成本降低和成本控制，从而达到预算成本的目标。对于作业成本差异，可以通过实际成本和预算成本的比较，区分增值作业和不增值作业，取消不增值作业，改善增值作业，从而实现成本降低的质的进步。

3. 提高市场竞争力

基于价值链分析的作业成本管理，将企业视为一个创造价值的整体，在考虑企业生产制造过程中成本发生的同时，重视商品设计、研究开发和质量成本管理，不断优化企业内部商品价值链流程。除此以外，作业成本管理关注外部作业链的存在对成本产生的重大影响，站在战略的高度认识到企业内部作业链向后延伸的必要性，以及它对于优化价值链的重要作用，这对提升市场竞争力尤为重要。

11.3 资源消耗会计

11.3.1 资源消耗会计概述

以资源为导向，将作业成本（ABC）从资源及资源消耗的视角加以考察，不仅有助于弥补传统 ABC 的不足，且能使战略控制系统延伸到企业的经营活动之中，这种将 ABC 与德国的弹性边际成本法（GPK）有机融合而形成的成本会计创新方法称之为资源消耗会计（resource consumption accounting，RCA）。该方法于 2002 年在美国起始，是作为一种创新的成本会计方法而被倡导。RCA 不仅从内部对作业成本法加以完善，还从外部资源利用的角度提升成本管理的战略性系统。

1. 资源消耗会计的产生背景

1）作业成本法的局限性

如前文所述，作业成本法在一定程度上解决了成本扭曲问题，并能够将间接成本和辅助费用更准确地分配到产品和服务中。自20世纪70年代兴起到90年代末，作业成本法一度升温，备受英美等国家的推崇。但随着作业成本法的研究与实务应用，它并未被多数企业顺利地推行下去，并且在西方企业中的应用范围和应用效果也并不是很理想。2003年，据研究调查报告显示，美国使用传统成本法的公司仍然占80%左右。可见，推行多年的作业成本法在一定程度上存在着发展的局限性。

2）弹性边际成本法的发展

弹性边际成本法起源于20世纪四五十年代的德国。德国汽车工程师弗劳特提出了成本会计中的"弹性边际成本法"，即GPK。之后，德国会计学者和一些咨询公司的研究和推广使得弹性边际成本法在德国迅速发展起来，并广泛应用于其他一些德语国家。另外，由于德国最大的ERP供应商SAP公司把GPK法嵌入到SAP的控制模块中使得几千家德语国家的大中小企业采用GPK。弹性边际成本法自第二次世界大战以后推出到目前为止，已在德国许多公司中持续实施60年之久，众多企业的实践证明其使用效果良好，取得了明显的成本控制效果。

2. 资源消耗会计的基本概念

1）资源

在RCA下，资源是一个广义的概念，资源消耗是指部门之间的成本或价值的转移，如用货币购入的劳动力、购入的库存材料、固定资产按期摊入的折旧、企业的维修车间发生的一切料工费。可见，RCA根据因果关系以资源为焦点进行成本的归属，即依据资源向成本对象分配成本，它与ABC有明显的不同。ABC主要解决间接费用的分配问题，RCA则是用ABC的方法，把德国GPK的优点结合进来，解决资源消耗问题，即价值从一个部门转移到另外一个部门，故称资源消耗会计。

2）资源结集点

资源结集点类似于管理会计中成本中心的一个单位，这个单位所发生的全部成本在此结集，结集后的产出数量称为资源产出量。

3）初级成本结集点

初级成本结集点是指直接从事生产产品或提供可销售劳务的单位，相当于传统成本会计中的基本生产。初级成本结集还包括直接为可销售的产品或劳务提供服务的部门；为基本生产单位或为其他二级成本结集点服务的单位，称为二级成本结集点，相当于传统成本会计中的辅助生产。

4）直接成本

直接成本是指本单位直接发生的成本，如材料、工资福利费、折旧费。与直接成本相对的是转入成本，是由于消耗了二级成本结集点产出资源而发生的成本。

5）初级费用

初级费用反映一项成本费用固有的成本性质，与成本费用要素相似，与总账科目相同。与此相对应的是二级费用要素，反映由于资源的消耗而改变了的性质。如工资、福利、折旧、维修都是总账科目，属于初级费用要素。但人力资源部门或供电部门消耗了这些初级费用要素，其产出就称为二级费用要素。

11.3.2 资源消耗会计的基本特征

1. 各资源结集点具有相互关联性

在运用 RCA 的过程中,首先是应用基于量化的产出消耗、因果关系的关联性,将成本对象所消耗的资源成本归入资源结集点,然后根据成本动因进行分配。资源结集点是由相关的资源要素组成的,每一个资源结集点只有一个成本动因。要将资源结集点中的资源进行合理的分配,就需要清楚地认识被消耗资源的功能及其伴随着作业产生的资源间的相互关系。

2. 对所有资源结集点的产能进行量化处理

RCA 在各资源结集点采用了可量化的手段,从而使消耗的资源被量化,明确了资源消耗与成本分配的因果关系,实现了评价手段的定量化。

3. E/I 识别产能并明确责任归属

资源任何一个特定时点的状态可以划分为以下三种类型:①生产性资源,即制造适销对路的产品或提供服务的资源;②非生产性资源,即使用中的资源,但未能制造产品或提供服务;③闲置资源,即潜在可使用的资源,但处于未使用的状态。因此,对资源的利用即产能,也就相应分为生产的产能和 E/I 产能。对 E/I 产能的控制与管理是确保资源有效利用的手段。RCA 能够识别 E/I 产能,并将 E/I 产能的成本归属到对该资源有影响的责任人员或者相关层面上去,而不是将它分配到产品中去,因此增强了管理者对产能信息的可视化,有助于资源管理。

4. 从资源供应和消耗的视角认识成本习性

在 RCA 下从最基层的成本核算单位把成本划分为固定成本和变动成本。RCA 从资源供应和资源消耗两个不同的视角观察成本习性。从资源供应的层面观察,得到固有的成本习性,随产出正比例变动的资源成本为变动成本,否则为固定成本。从资源消耗的层面观察,原有的变动成本需要识别出用固定的形式消耗的可能性,并且按要求进行相应的处理。

5. 依据计量标准进行成本核算

资源消耗关系是成本核算的前提,只有清晰地反映资源消耗关系,才能准确地计算受益对象的成本。RCA 将确定资源的消耗关系与核算成本的价值关系明确地区分开来,即产出的量化计量过程与货币计算过程相分离。这一分离充分体现了资源消耗与成本核算之间的关系:资源消耗是成本核算的前提,成本核算是资源消耗的货币表现。

6. "拉动式"的成本计算方式

RCA 运用量化指标建立因果关系。在 RCA 下,首先需要确定各基本生产部门对辅助生产部门所提供服务的需求量,辅助生产部门按照基本生产部门计划的需求量确定向基本生产部门分摊的变动成本单价和固定成本总额,将消耗的资源成本"拉动式"计入成本对象。财务信息和非财务信息相结合有助于企业加强成本管理,实现资源的有效利用。

表 11-6 通过 RCA 与传统成本计算不同点的比较,进一步明确了 RCA 的特征。

表 11-6 资源消耗会计与传统成本会计的比较

资源消耗会计	传统成本会计
将 E/I 产能的成本归属到对该资源有影响的责任人员或者层面上去。但是不将它分配到产品中去	不能识别 E/I 产能,因此无法与确切的人或者层面挂钩,并且经常持续性地分配给产品

第 11 章 作业成本管理与资源消耗会计

续表

资源消耗会计	传统成本会计
对于成本比率采用理论上的衡量尺度，增强了管理者对 E/I 产能信息的可视化，进而有助于对产能进行分析	对于成本比率，使用综合预算上的衡量尺度，并且无法揭示有关 E/I 产能方面的会计信息，对产能的分析不清晰
为了提供有关内部成本决策信息的支持系统，采用基于交易成本的折旧法	依据分部报告系统使用规定的折旧法（时常难以反映经济活动的现实性需求）
在非金额方面，应用基于量化的产出消费、因果关系的关联性，将成本对象所消耗的资源成本归入"结集点"	对于生产的完工产品以及发生的所有成本，因相对分散而且面广，采用投入资源的耗费面向成本对象进行"推"的分配方式
在该资源层面识别原有的固定或变动（比例）的选择，并加以分配。它需要正确、明晰地阐述成本的性质	在该产品层面，成本需要识别/分配原来是固定或比例的情况，并加以选择。而对于真正的成本消耗模式不清晰
原有比例的成本需要识别出用固定的形式开展消耗的可能性，并且按要求的形态相应地进行处理	在该资源层面，不能全面提供有关成本消耗的模式
实质上所有的层面，即从资源层面到组织层面追踪成本信息，将综合化的信息提供给决策者	在部门或者产品层面将成本信息综合化。几乎不可能或者说完全不能在更低层面上追踪成本或者传递信息
为了与计划数量或者标准数量相比，"财务与非财务信息相结合"有助于负责业务活动的经营者进行成本管理	非财务信息常常缺乏，或者利用不够。之所以如此，是因为成本无法追踪资源消耗的数量，而是基于按比率加以分配的缘故

相关法规

2017 年 9 月 29 日《管理会计应用指引第 304 号——作业成本法》。

复习思考题

1. 试述作业成本核算的基本原理和核算程序。
2. 试述作业成本法和传统成本法的区别。
3. 试述作业成本管理的实施步骤以及成本管理的意义。
4. 试述资源消耗会计的基本特征。

练习题

1. 选择题

（1）作业成本计算法下首先要确认作业中心，将（   ）归集到各作业中心。
　　A. 资源耗费的价值　　　　　　　　B. 直接材料
　　C. 直接人工　　　　　　　　　　　D. 价值管理工作

（2）如果制造费用在产品成本中占较大比重，比较适宜采用的成本计算法是（   ）。
　　A. 作业成本计算法　　　　　　　　B. 变动成本计算法
　　C. 责任成本计算法　　　　　　　　D. 完全成本计算法

(3) 某产品设备维修成本为 3 000 元，甲产品和乙产品的设备维修时间分别为 20 小时和 10 小时，其作业成本分配率为（　　）。

　　A. 150　　　　　B. 300　　　　　C. 100　　　　　D. 250

(4) 下列项目中，不属于按受益对象分类的作业是（　　）。

　　A. 主要的作业　　　　　　　　　B. 批别级作业
　　C. 客户级作业　　　　　　　　　D. 设施级作业

(5) 下列各项关于作业成本法的表述中，正确的有（　　）。

　　A. 它是一种财务预算的方法
　　B. 它以作业为基础计算成本
　　C. 它是一种成本控制的方法
　　D. 它是一种准确无误的成本计算方法

2. 计算题

某企业生产甲、乙、丙三种产品，发生的直接材料分别为 1 000 000 元、3 600 000 元、160 000 元；直接人工分别为 1 160 000 元，3 200 000 元、320 000 元。制造费用总额为 7 316 000 元，其中装配费用 3 818 000 元、物料处理费用 1 128 000 元、起动准备 6 000 元、质量控制 842 000 元、产品包装 507 200 元、车间管理 1 014 800 元；甲、乙、丙三种产品的生产加工工时分别为 60 000 机器工时、160 000 机器工时和 16 000 机器工时；产量分别为 20 000 件、40 000 件和 8 000 件。假定该企业没有期初、期末在产品。

作业成本法应用如下。

(1) 划分作业中心。企业通过对作业的归并，一共划分为 6 个作业中心，即装配、物料处理、起动准备、质量控制、产品包装、车间管理。

(2) 确定作业成本分配方式。装配、物料处理、起动准备、质量控制、产品包装、车间管理 6 个作业中心分别以机器小时（小时）、材料移动（次）、准备次数（次）、检验小时（小时）、包装次数（次）、直接人工（小时）为作业动因计算。

动因具体情况如表 11-7 所示。

表 11-7　动因分析情况表

制造费用	成本动因	作业量			
		甲产品	乙产品	丙产品	合计
装配	机器小时/时	40 000	86 000	40 000	166 000
物料处理	材料移动/次	1 400	6 000	12 600	20 000
起动准备	准备次数/次	2 000	8 000	20 000	30 000
质量控制	检验小时/时	8 000	16 000	16 000	40 000
产品包装	包装次数/次	896	6 096	13 296	20 288
车间管理	直接人工/时	60 000	160 000	16 000	236 000

要求：为了对公司的产品进行准确的定价，请分别采用完全成本法和作业成本法计算产品的单位成本，并对结果进行评价。

第 12 章

业绩评价与激励

内容概要

1. 业绩评价概述
2. 业绩评价体系
3. 激励制度

引例

新奥集团股份有限公司（简称"新奥集团"）是一家以清洁能源开发利用为主要事业领域的综合性企业集团。新奥集团从事的业务板块包括新奥能源、太阳能源、新奥科技、能源化工、智能能源、文化健康、海洋旅游等。2002年6月，新奥成功在香港主板上市。

在刚开始推广低碳能源的应用时，新奥集团将平衡计分卡引入企业战略执行计划中，进而占领先机，占据市场份额，为尽快实现企业蓝图打下坚实的基础。具体的实施过程如下。

首先，新奥集团确定其公司目标，即在未来的五年专注于清洁能源的产业，建设完整的产业链，成为国内领先、国际知晓的清洁能源企业。

其次，新奥集团将目标转化为平衡计分卡的四个维度，在财务方面，实现公司价值增长战略，强化运营新奥集团战略图；在客户方面，促进资产，提供稳定安全的服务，加强与上游企业公关；在内部流程方面，全力壮大主业，推动技术创新，培育支撑产业，确保安全经营；在学习创新方面，加快员工战略性能提升，优化公司治理和管控模式。同时，设定利润率、客户保留率、大气污染指数等相关的衡量指标对经营活动进行考评。必要时，还需要建立相关奖惩制度，实现对经营业绩的反馈，从而达到激励的效果。

在新奥集团运用平衡计分卡的过程中，强化公司总体的战略目标与业务单位和职能部门的目标之间的因果关系，将战略转化为可操作行为；同时，通过战略的可持续性流程，管理层能不断改进、修正有缺陷的目标与战略，提出更为切实可行的衡量标准，探讨更加有效的执行机制。

思考：基于平衡计分卡在新奥集团中的成功运用，思考平衡计分卡是如何与新奥集团的战略体系结合起来的？

（资料来源：陈子悦. 平衡计分卡应用案例分析：作为战略工具的应用[J]. 中国市场，2010(40)：142-143）

12.1 业绩评价概述

12.1.1 业绩评价的定义

企业业绩评价，又称为企业绩效评估，在实际工作中也称为企业业绩考核或企业业绩考评。具体来说，业绩评价是指运用数理统计和运筹学的方法，通过建立综合评价指标体系，对照相应的评价标准，对企业内部各个单位、经营者、员工在一定经营期间内的生产经营状况、财务运营效益、经营者的业绩等进行定量与定性的考核、分析，评定其优劣、评估其绩效的一项工作。

业绩评价是企业在一定会计时期内管理者对生产经营活动以及所取得成果的综合分析评价，是企业进行自我控制、实现目标管理的一种内部管理机制，是企业管理制度的创新。

12.1.2 业绩评价系统的构成要素

企业业绩是企业整个管理控制系统中的一个子系统，由评价主体、评价目标、评价对象、评价指标、评价标准、评价方法和评价报告七个基本要素构成。

1. 业绩评价主体

业绩评价主体是指实施评判活动的利益相关者，也是评价行为的实施者，企业经营业绩评价的第一步就是要确定评价主体与评价目标。在现代企业制度下，公司治理结构中的企业业绩评价主体可能包括如下几个方面：股东与股东大会；董事与董事会；监事与监事会；经理层。

2. 业绩评价目标

业绩评价目标是业绩评价系统运行的指南和目的，它服从和服务于企业的整体目标。企业业绩评价的目标就是为企业管理当局制定最优战略及其实施提供有用的信息。应当注意的是，业绩评价目标根据评价主体的不同需求而不同，同时评价目标可以随着时间和社会环境的变化而变化。

3. 业绩评价对象

业绩评价对象是指企业业绩评价活动实施的对象。业绩评价对象的选择根据评价主体来确定，不同的评价主体选择的评价对象不同，评价目标、评价指标和标准、评价内容也有差异，对评价对象的影响也不尽相同。

企业业绩评价的对象主要有两类：一是团体单位，如企业或者企业的分支机构、职能部门；二是个人，如经营者、高级管理人员和普通员工。

4. 业绩评价指标

业绩评价指标是对评价客体的哪些方面进行评价，是评价客体的载体和外在表现形式。用以反映客体各个方面表现的指标根据一定评价目标而组合在一起，就构成了指标体系。业绩评价指标分为财务评价指标和非财务评价指标。在评价过程中，企业经营状况的因素通过各项具体指标反映出来，因此，合理设计和正确选择业绩评价指标是业绩评价系统设计中最重要的问题。

5. 业绩评价标准

业绩评价标准是构建企业业绩评价系统的基础，是做出业绩评价判断的参照系。制定完业绩评价指标后的工作就是为每个指标制定评价标准,业绩评价标准是指判断评价对象业绩优劣的标准。在选择业绩评价标准时,应当从企业全局出发,力求有充分的科学依据。

企业业绩评价常用的标准有以下几种。

1) 公司的战略目标与预算标准

该标准也称计划(目标)标准,是指本企业根据自身经营条件或经营状况制订的预算标准,主要来自本企业的年度业务计划、预算以及定期(月度、季度)的滚动经营预测。预算标准在业绩评价中的应用很广泛,比如标准成本法。预算标准主观性较大,人为因素较强,但是如果预算是建立在对未来的合理预期上,会有很强的激励效果。

2) 历史标准

历史标准是指以企业的前一年度或前几个年度的平均值或最佳值作为评价标准,以确定当前年度的业绩。以历史为标准虽然具有数据可靠,容易取得的优点,但也存在很多缺陷,比如历史标准承认了过去年份存在的不足或偶然性,并将其不足之处作为合理成分延续到以后,同时经营期间的经营环境及内部条件可能已经发生了变化,未来的情况可能与以前年度并不可比,另外该结果只能作为企业自行测评,缺乏企业间的可比性。

3) 行业标准或竞争对手标准

这是指某些评价指标按行业的基本水平或竞争对手的指标水平,是业绩评估中广泛采用的标准。它是以一定时期一定范围内的同类企业作为样本,采用一定的方法,对相关数据进行测算而得出的平均值,比公认标准更接近企业的实际情况,一个行业往往有相似的经营环境,具有较强的可比性。

4) 经验标准

经验标准又称公认标准,是依据人们长期、大量的实践经验的检验而形成的。例如,流动比率的经验值为2,速动比率的经验值为1,等等。但是公认标准只能提供一个大致的范围,并且没有考虑不同国家、不同行业之间的差异,简单的作为评价标准显然不合适。

5) 公司制度和文化标准

在业绩评价中,经常使用一些非财务指标,这些指标的标准往往表现在公司的规章制度中,还有一些融合于企业文化判断中。

6. 业绩评价方法

评价方法是进行业绩评价的具体手段,建立在业绩评价体系的基础之上。目前,我国企业采取的业绩评价方法主要有平衡计分卡、经济附加值以及关键绩效指标法。

7. 业绩评价报告

业绩评价报告是业绩评价系统的结论性文件,体现了对客体的价值判断,它主要对评价主体产生影响。评价报告一般包括评价主体、评价客体、评级执行机构、数据资料来源、评价指标体系和方法、评价标准、评价责任等,还应包括企业基本情况、评价结果和结论、企业主要财务指标对比分析、影响企业经营的环境、对企业未来发展状况的预测以及企业经营中存在的问题和改进建议等内容。

同时,评价报告揭示差异以及差异产生的原因、责任归属和对企业产生的影响,得出评价对象的业绩优劣的结论,并进一步进行改进和激励。

12.1.3 业绩评价方法演进

随着经济的发展,业绩评价的方法发生了较大的变化,总的趋势是由单一的财务指标向财务指标与非财务指标并重转变,由偏重短期业绩评价向短期目标与长期战略目标并重的实现转变,由偏重有形资产向无形资产和知识资产并重转变,由会计收益逐渐向经济收益转变。

从国际上业绩评价的发展历史来看,业绩评价发展演进经历了四个阶段:第一阶段发生在19世纪以前,企业规模很小,对企业的业绩评价以观察为主;第二阶段发生在19世纪工业革命后,企业规模扩大,为了更合理地评价企业业绩设计了一些统计性指标;第三阶段,20世纪初,企业开始出现大规模、多行业的生产,需要用综合性较强的财务指标对企业进行评价,业绩评价进入到财务性业绩评价阶段。尤其在20世纪80年代以来,经济增加值(EVA)的发展大大改进了财务业绩评价的方法;第四阶段,20世纪90年代以后,以卡普兰教授提出的平衡计分卡为标志,业绩评价进入战略评价阶段。这一阶段试图将业绩衡量与企业的战略目标紧密联系起来,引导人们关注关键性的成功因素。

在业绩评价方法发展历程中,具体的创新点如下:

1. 发展财务指标

在财务指标方面,主要的发展是提出经济增加值(EVA)的概念。经济增加值是指从税后净营业利润中扣除包括股权和债务的全部投入资本成本后的所得。经济增加值是一种评价企业经营者有效使用资本和为股东创造价值的能力,体现企业最终经营目标的经营业绩考核工具。

经济增加值考虑了不同会计政策选择对收益计算的影响,它要求对收益进行调整,以准确披露企业经营的经济效益,提高用经济增加值评价真实经济收入的准确性。同时,经济增加值还允许用不同的风险调整资本成本。因此,经济增加值反映的是对真正"经济"利润的评价。经济增加值提出以后,得到了较为广泛的应用。它的缺点是侧重于财务战略,忽视企业创造长期财富的能力,没有充分考虑无形资产和智力资本。

2. 提出非财务指标

业绩评价的一个重大改进是逐渐采用非财务指标全面评价企业的业绩。一方面,企业的经营活动正逐渐地向信息活动转移,企业价值更多地与品牌价值、新产品的开发能力、员工的培训、与顾客的关系等方面有关,这促使企业的经营者和有关的信息使用者关注非财务业绩。另一方面,在信息使用者需求的推动下,财务报告的范围也越来越广泛,非财务信息的披露越来越多,这也使采用非财务指标进行评价成为可能。

目前使用较为广泛的非财务指标有:①顾客满意度;②产品和服务的质量;③雇员参与和满意方面的指标,如员工满意度和员工培训等;④创新能力、新产品开发能力;⑤市场份额;⑥生产能力方面的指标,等等。

3. 财务指标与非财务指标的结合

传统的以财务为核心的考核体系更适合于比较稳定、复杂度较低的环境,而不适合于今天剧烈的变化和激烈的竞争。因此,不断增长的全球竞争和全面质量管理扩大了对非财务指标的需求,但这并不表示非财务指标可以完全取代财务指标。非财务信息只是对财务信息起补充作用,一套完整的业绩评价指标体系不仅要有财务信息也要有非财务信息,企业在进行业绩评价时,只有把财务指标和非财务指标结合来看时,才能支撑起新的企业战略管理思想。

12.1.4 业绩评价指标体系

1. 业绩评价指标体系设计

进行科学的业绩评价的关键是设计一套合理的业绩评价指标体系。一般来说,设计业绩评价指标体系应考虑以下因素。

1) 结合战略目标

经过改进的传统的业绩评价又叫作战略业绩评价,通过对企业战略目标、关键成果领域的绩效特征进行分析,识别和提炼出最能有效驱动企业价值创造的关键绩效指标(key performance indicator, KPI),以实现企业的长远发展。

2) 指标的选择应具有代表性

企业应清晰识别价值创造模式,按照价值创造路径识别关键驱动因素,科学地选择和设置关键绩效指标。比如,为了全面衡量企业财务业绩,应当选择具有代表性的财务指标,一般应包括收入增长率、利润率指标、现金流和投资报酬率等。

3) 考虑非财务指标

企业的经营活动具有很多层面,因此企业的业绩评价不能只关注财务指标,还应当考虑行政、生产、销售、财务、研发、人力资源管理等层面的非财务指标,以提高绩效评估的全面性和准确性。

4) 明确管理责任

建立业绩评价体系需要明确被评价对象的管理权限和责任。在进行业绩评价时,企业只能对评价对象的可以控制的因素进行评价,将不可控制的因素排除在外,以保证评价系统的合理性和公平性。

5) 确定合理的指标权重

指标的权重分配应以企业战略目标为导向,反映被评价对象对企业价值贡献或支持的程度,以及各指标之间的重要性水平。

2. 财务指标和非财务指标的选择

业绩评价的指标可分为财务指标和非财务指标。考虑传统的业绩评价体系(如杜邦分析法)以及新兴的业绩评价理论,常见的业绩评价指标如表12-1所示。

表12-1 业绩评价指标

指标类别	类别		代表指标
财务指标	盈利指标	以会计利润为基础	净收益、投资报酬率(ROI)、营业现金流量、每股收益(EPS)、税后净营业利润(NOPAT)、息税前利润(EBIT)
		以市价为基础	股票价格、市盈率、市值
		以经济利润为基础	剩余收益(RI)、经济增加值(EVA)
		以现金为基础	营运现金(OCF)、现金流量投资报酬率(CFROI)、留存现金流(RCF)、自由现金流(FCF)
	营运指标		资产周转率、存货周转率、应收账款周转率
	偿债指标		流动比率、速动比率、资产负债率

续表

指标类别	类别	代表指标
非财务指标	顾客角度	顾客满意度、顾客忠诚度
	内部运营	创新、质量、售后服务
	学习与成长	员工忠诚度、员工满意度、员工生产力

12.2 业绩评价体系

在我国业绩评价体系中，主要有杜邦财务分析方法（杜邦分析法）、EVA 业绩评价方法和平衡记分卡法三种业绩评价方法。这三种方法各有优缺点，传统的业绩评价（如杜邦分析法）是以财务指标为主的评价，平衡记分卡和 EVA 的发展对我国业绩评价体系的改进有着重要的借鉴意义。

12.2.1 杜邦财务分析体系

1. 杜邦分析法的含义

杜邦财务分析体系是传统的业绩评价体系，由美国杜邦公司率先采用，主要用以分析企业的财务状况。它以股东权益报酬率（ROE）为核心，利用主要财务比率指标之间的内在联系，对企业财务状况进行综合分析和评价。

2. 杜邦分析法的计算

杜邦分析法中的几种主要的财务指标关系为：

股东权益报酬率=总资产收益率×权益乘数

总资产收益率=销售净利率×总资产周转率

因此，股东权益报酬率=销售净利率×总资产周转率×权益乘数

杜邦财务分析体系可以绘制成杜邦分析图，如图 12-1 所示。

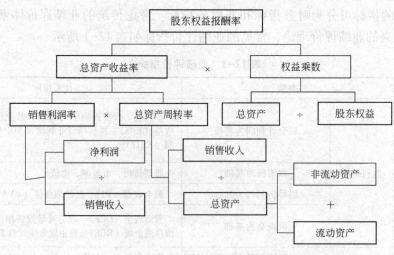

图 12-1　杜邦财务分析体系

杜邦分析法以公司股东财富最大化为财务管理目标，从财务角度评价公司盈利能力和股东权益回报水平。它以股东权益报酬率这一财务指标为核心，并将这一财务指标逐级分解为多项财务指标乘积。其中，资产收益率是杜邦分析的核心指标，能够反映出企业的财务绩效；权益乘数则是通过财务杠杆对经营过程进行分析，来判断其负债的程度。杜邦财务分析体系构建出一张企业绩效考核的清晰思路图，让使用者能够清晰地利用这个体系和其中的指标进行财务分析，从而满足经营者、投资者、财务分析人员及其他相关人员和机构通过财务分析进行绩效评价的需要。

3. 杜邦财务分析体系的评价

1）杜邦分析法的优点

杜邦财务分析体系以股东权益报酬率为核心，具有很好的可比性和很强的综合性，能够实现不同企业之间的业绩比较；另外，通过对股东权益报酬率的分解和对关键财务指标进行层层剖析，可以将指标变化细分至各资产负债表及利润表项目，在对比中找到引起各项指标变化的原因，从而能有针对性地寻求最佳的管理决策方案。

2）杜邦分析法的缺点

（1）杜邦分析法仅仅采用财务评价指标反映企业财务信息，缺少非财务指标，无法全面反映企业的综合实力，例如产品质量、研发创新能力、顾客忠诚度、市场占有率等；另外，杜邦分析法过于依赖会计信息，容易受到人为操作，从而引起业绩评价的不公平、不合理。

（2）杜邦分析法反映的一般是一个会计期间的经营状况，这种方法往往使管理层为了取得与经营成果挂钩的丰厚待遇而过分重视短期财务结果，从而忽略了企业长期的发展。

（3）在计算企业会计利润时，没有考虑企业的权益资本成本，也没有考虑资本的机会成本和风险因素。

12.2.2 经济增加值

1. 经济增加值的含义

经济增加值法，是指以经济增加值（economic value added，EVA）为核心，建立绩效指标体系，引导企业注重价值创造，并据此进行绩效管理的方法。经济增加值作为一种新型的业绩评价方法，大大发展了传统的业绩评价方法，克服了杜邦分析法存在的上述缺陷。它以企业价值最大化为目标，以价值创造为中心，把会计基础和价值基础结合起来，准确地反映了公司为股东创造的价值并帮助经营者取得非凡的业绩。

2. 经济增加值的计算

经济增加值是指税后净营业利润扣除全部投入资本的成本后的剩余收益。经济增加值及其改善值是全面评价经营者有效使用资本和为企业创造价值的重要指标。经济增加值为正，表明经营者在为企业创造价值；经济增加值为负，表明经营者在损毁企业价值。经济增加值的计算公式为

经济增加值＝经过调整的税后净营业利润－调整后资本×加权平均资本成本率，即

$$EVA = NOPAT - KW(NA)$$

经过调整的税后净营业利润＝会计上的税后净利润＋会计调整项目

式中：

KW——企业的加权平均资本成本；

NOPAT——经过调整的税后净营业利润；

NA——公司资产期初的经济价值。

其中：税后净营业利润衡量的是企业的经营盈利情况；平均资本占用反映的是企业持续投入的各种债务资本和股权资本；加权平均资本成本反映的是企业各种资本的平均成本率。

应当注意的是，计算经济增加值时，需要进行相应的会计项目调整，常用的调整项目有：①研究开发费、大型广告费等一次性支出但收益期较长的费用，应予以资本化处理，不计入当期费用；②反映付息债务成本的利息支出，不作为期间费用扣除，计算税后净营业利润时扣除所得税影响后予以加回；③营业外收入、营业外支出具有偶发性，将当期发生的营业外收支从税后净营业利润中扣除；④将当期减值损失扣除所得税影响后予以加回，并在计算资本占用时相应调整资产减值准备发生额；⑤递延税金不反映实际支付的税款情况，将递延所得税资产及递延所得税负债变动影响的企业所得税从税后净营业利润中扣除，相应调整资本占用；⑥其他非经常性损益调整项目，如股权转让收益等。

3. 经济增加值的评价

1）经济增加值的优点

①考虑企业经营的全部成本，包括债务成本和权益资本，这样计算出的经济利润使得经营者能够客观地评价公司的经营成果，防止利润虚增的现象发生。因为只有当EVA>0时，资本才实现真正的增值，同时也为股东创造了财富，增加了企业价值。②通过使用调整过了的财务报表数据，可以降低会计准则的影响，有效避免会计信息的扭曲，从而更真实准确反映企业经营业绩。③总公司根据总资产以及公司的总体规划和战略目标，制定符合公司实际能力的EVA目标，之后总公司下属的各部门均可确定各部门经济增加值的财务目标，同时每个部门可分别制定短中长期目标，用于不同的财务目的。如此一来，经济增加值实现了公司整体利益和部门利益的统一，避免了多目标考核引起的混乱。④经济增加值以企业价值最大化为目标，注重企业的长期发展和股东价值创造，能有效遏制企业为了追求利润总量和增长率盲目扩张规模的倾向。

2）经济增加值的缺点

①经济增加值只是对企业当期或未来1~3年价值创造情况的衡量和预判，无法衡量企业长远发展战略的价值创造情况；②经济增加值在评价企业业绩时，只考虑财务因素，未考虑非财务因素；③不同行业、不同发展阶段、不同规模等的企业，其会计调整项和加权平均资本成本各不相同，计算比较复杂，影响指标的可比性；④EVA是一个静态综合财务指标，反映企业的最终经营成果，不利于分析企业生产经营中的问题。

12.2.3 平衡计分卡

平衡计分卡简称"BSC"（balanced score card）于1992年由哈佛商学院教授罗伯特·卡普兰（Robert S. Kaplan）及诺朗诺顿研究所所长、美国复兴全球战略集团创始人兼总裁大卫·诺顿（David Norton）首度提出，其最早的用意在于解决传统的绩效评核制度过于偏重财务构面的问题，但在实际运用后又发现平衡计分卡要与企业的营运策略相互结合，才能发挥企业绩效衡量的真正效益与目的，因此平衡计分卡不仅是一个绩效衡量系统，更是一个企业营运策略的管理工具。

1. 平衡计分卡的产生和发展

平衡计分卡主要经历了两个发展阶段，第一阶段是作为一套全新的绩效管理体系，注重绩效指标的完善和平衡。1992年，卡普兰与诺顿在对当时绩效测评方面处于领先地位的12家公司进行的项目研究的基础上，在《哈佛商业评论》上发表了第一篇关于平衡计分卡的文章，创造性地提出平衡计分卡的概念。1993年、1996年他们相继在《哈佛商学院评论》上发表论文《平衡计分卡的实际应用》《把平衡计分卡作为战略管理体系的基础》，构成了著名的平衡计分卡，从而成为企业绩效研究评价新的里程碑。

第二阶段，平衡计分卡逐渐演化为一种战略管理工具，战略的制定、沟通、执行和调整功能均能借助这个有效的工具完成。2000年，卡普兰和诺顿教授提出了"战略地图"的新观点：高层管理者要实施企业战略时，需要一个能够沟通战略和实施过程的系统来帮助他们实施战略；之后《战略中心型组织》书籍的出版，表明平衡计分卡已从最初的业绩衡量体系转变成为用于战略执行的新绩效管理体系，平衡计分卡的应用和研究取得了重大的突破。

2. 平衡计分卡的概念及特点

平衡计分卡是以企业战略为导向，通过财务、客户、内部业务流程和学习与成长四个方面及其业绩指标的因果关系，全面管理和评价企业综合业绩，将组织的战略落实为可操作的衡量指标和目标值的一种新型绩效管理体系。

平衡计分卡的特点体现在平衡计分卡将企业的愿景、使命和发展战略与企业的绩效评价系统联系起来，实现战略和绩效的有机结合，同时也是一个有效的战略管理系统。

3. 平衡记分卡的维度

平衡计分卡由四个维度构成，包括财务维度、客户维度、内部业务流程维度以及学习与成长维度。这几个维度分别代表企业三个主要的利益相关者：股东、顾客、员工，每个角度的重要性取决于角度的本身和指标的选择是否与公司战略相一致。

1）四个维度的具体内容

（1）财务维度。财务维度是平衡计分卡所有其他维度的目标与指标的核心，其目标是解决"股东如何看待我们？"这一类问题。表明我们的努力是否对企业的经济收益产生了积极的作用，因此，财务维度是其他三个方面的出发点和归宿。平衡计分卡财务维度的指标及细化指标如表12-2所示。

表12-2 财务维度的指标

第一层指标	第二层指标	第三层指标
财务指标	盈利指标	净资产收益率
		总资产报酬率
		资本保值增值率
		销售利润率
		成本费用利润率
	资产营运	总资产周转率
		流动资产周转率
		应收账款周转率
		不良资产比率

续表

第一层指标	第二层指标	第三层指标
财务指标	偿债能力	资产负债率
		流动比率
		速动比率
		现金流动负债比率
	增长能力	销售增长率
		资本积累率
		总资产增长率
		三年利润平均增长率
		三年资本平均增长率
		固定资产更新率

（2）客户维度。这一维度回答的是"客户如何看待我们？"的问题。客户是企业的生命根基，是现代企业的利润来源，客户理应成为企业的关注焦点。客户维度体现了公司与外界、部门与其他单位变化的反映，它是BSC的平衡点。平衡计分卡客户维度的指标及细化指标如表12-3所示。

表12-3　客户维度的指标

第一层指标	第二层指标	第三层指标
财务指标	成本	顾客购买成本
		顾客销售成本
		顾客安装成本
		顾客售后服务成本
	质量	质量控制体系
		废品率
		退货率
	及时性	准时交货率
		产品生命周期
	顾客忠诚度	顾客回头率
		流失顾客人数
		挽留顾客成本
	吸引新顾客的能力	新顾客人数
		新顾客比率
		吸引顾客成本
	市场份额	占销售总额的百分比
		占该类总产品的百分比

（3）内部业务流程维度。内部业务流程维度着眼于企业的核心竞争力，回答的是"我们的优势是什么"的问题。因此，企业应当甄选出那些对客户满意度有最大影响的业务程序，包括影响时间、质量、服务和生产率的各种因素，明确自身的核心竞争能力，并把它们

转化成具体的测评指标,内部过程是公司改善经营业绩的重点。平衡计分卡内部业务流程维度的指标及细化指标如表 12-4 所示。

表 12-4　企业内部业务流程维度的指标

第一层指标	第二层指标	第三层指标
内部运作流程指标	创新过程	R&D 占总销售额的比例
		R&D 投入回收率
		新产品销售收入百分比
		研发设计周期
	运作过程	单位成本水平
		管理组织成本水平
		生产线成本
		顾客服务差错率
		业务流程顺畅
	售后服务过程	服务成本/次
		技术更新成本
		顾客投诉响应时间
		订单交货时间
		上门服务速度

(4) 学习与成长维度。其目标是解决"我们是否能持续为客户提高并创造价值?"这一类问题。只有持续提高员工的技术素质和管理素质,才能不断地开发新产品,为客户创造更多价值并提高经营效率,企业产品才能打开新市场,增加红利和股东价值。平衡计分卡学习与成长维度的指标及细化指标如表 12-5 所示。

表 12-5　学习与成长维度指标

第一层指标	第二层指标	第三层指标
学习与成长指标	员工素质	人均脱产培训费用
		年培训时数
		员工平均年龄
		员工的知识结构
		人均在岗培训费用
	员工生产力	员工被顾客认知度
		人均产出
	员工忠诚度	员工流动率
		高级管理、技术人才流失率
	员工满意度	员工满意度
		员工获提升比率
		管理者的内部提升比率

续表

第一层指标	第二层指标	第三层指标
学习与成长指标	组织结构能力	评价和建立沟通机制费用
		团队工作有效性评估
		协调各部门行动目标费用
		传达信息或接受反馈的平均时间
	信息系统	软硬件系统的投入成本
		拥有pc的员工比例
		软硬件系统更新周期

2) 平衡计分卡的平衡性

全面正确地理解平衡计分卡的"平衡"性是企业实施平衡计分卡成功的保证。平衡计分卡内容构成的四个维度从结构形式到包含内容都存在"平衡"性，具体表现为以下几点。

(1) 财务指标和非财务指标的平衡。传统的绩效考评仅仅考评单一的财务指标，财务指标只是一种滞后的结果性指标，它只能反映公司过去发生的情况，不能告诉企业如何改善业绩。平衡计分卡引进了对非财务指标（如客户、内部流程、学习与成长）的量化考核，较为系统和全面。

(2) 长期目标和短期目标的平衡。传统的企业业绩评价方法只包括财务方面的业绩指标，其局限性主要表现在过分地重视短期财务结果，助长了企业管理者急功近利的思想和短期投机行为，不利于企业长期战略目标的实现。平衡计分卡是以公司战略为导向，增加了对企业经营绩效评价的客户维度、学习与成长维度等，这些非财务指标对企业的长期发展发挥重要作用，有效避免了经营管理人员的短期机会主义行为。

(3) 内部衡量与外部衡量的平衡。平衡计分卡将评价的视线范围由传统上的只注重企业内部评价，扩大到企业外部，包括股东、顾客等利益相关者。同时以全新的眼光认识企业内部，将以往只看内部结果，扩展到既着重结果同时还注意企业内部流程及企业学习与成长这种企业的无形资产。平衡计分卡还把企业管理层和员工的学习成长视为知识转化为发展动力的一个必要渠道。这种内外部并重的模式关注了公司内外的相关利益方，能有效地实现外部（如客户和股东）与内部（如流程和员工）衡量之间的平衡。

(4) 因果联系的平衡。平衡计分卡的各个角度之间以及在各个角度内部，都包含一系列的因果联系模式。一般来说，企业要想获得财务成果，必须做到客户满意，客户满意了才会不断购买我们的产品和服务；要做到客户满意，需要建立以客户为导向的工作关系，同时必须做好内部流程管理工作，保证产品和服务的质量；只有不断地学习和创新，才能始终保持企业的核心竞争力。所以，从这四个层次角度中，上一层是下一层的执行结果，下一层是上一层的动因。这种因果相连、循环上升的关系帮助企业管理人员正确理解和把握企业经营管理过程中具体的因果联系模式，通过对原因的监控，实现预期的经营结果。

(5) 滞后指标与前瞻指标之间的平衡。财务指标是滞后性指标，只能反映公司上一年度发生的情况，不能预知企业的未来。客户、内部运营、学习发展指标是前瞻性指标，是未来财务绩效的驱动器，平衡计分卡实现了两方面的平衡。图12-2反映了平衡计分卡的基本框架。

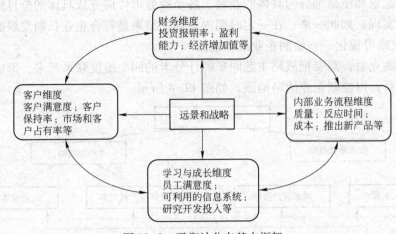

图 12-2 平衡计分卡基本框架

4. 平衡计分卡的应用

平衡计分卡的编制要按照一定的流程规则来进行，遵循一个系统化的过程，如图 12-3 所示。

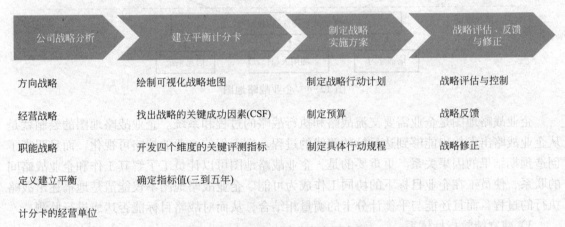

图 12-3 平衡计分卡应用流程

根据流程可知，平衡计分卡是一种战略管理工具，而不是战略实施计划的监测工具。在应用平衡计分卡时，要先根据公司战略来制定平衡计分卡，再根据战略与平衡记分卡来制定战略的实施计划。具体的步骤如下。

1）公司战略分析

（1）确定企业的使命、愿景和价值观。所谓的使命就是企业区别于其他企业而存在的根本原因或目的，是解决方向的问题。使命确定了整个组织所经营的产品种类和市场的范围，是进行战略管理的基础及起点；企业愿景是对公司未来五至十年甚至更长时间最终发展目标的描述，用以定义企业在未来的发展方向；核心价值是企业组织最为重要的东西，它是判断企业行为和员工个体行为正确与否的根本原则。

（2）形成企业战略。选择正确的战略需要企业管理层对组织的内部优劣势、外部的机会和威胁进行全方位分析，做到有的放矢，提升自身的核心竞争力。企业的战略目标建立的目的是将组织的愿景和使命细分为具体的业绩。各个业务单位应完成具体的分目标，以促成组织年度目标的实现，如此一来，在一定时期内达到的结果是符合企业长期发展的宗旨的。

2）公司战略可视化——绘制企业战略地图

企业战略确立后，需要把战略主题同平衡计分卡的四个维度联系起来，形成逻辑上具有因果关系的体系，以绘制企业战略地图，如图12-4所示。

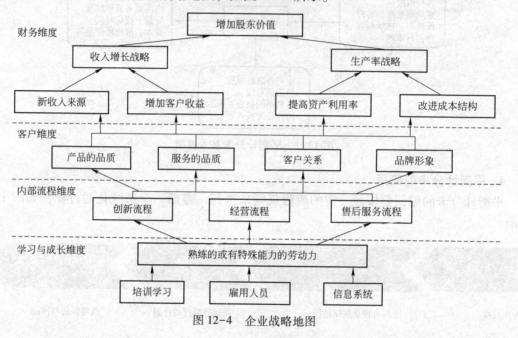

图12-4　企业战略地图

企业战略地图是企业需要交流战略和执行战略的过程和系统。企业战略地图的绘制就是从企业战略出发找出能够到达目标的路线的过程。它不仅使企业的战略可视化，而且明晰了创造预期结果的因果关系。更重要的是，企业战略地图可以让员工了解其工作和企业战略间的联系，使员工在企业目标下的协同工作成为可能。企业战略地图不仅能清楚地描述出战略执行的过程，而且还能与平衡计分卡的衡量相结合，从而对战略目标能否达成进行监测。

3）建立绩效指标体系

本阶段的主要任务是依据企业的战略目标，结合企业长短期发展的需要，为四类具体的维度找出其最具有意义的绩效衡量指标，并对所设计的指标要自上而下，由内到外进行交流，征询各方面的意见，吸收各方面、各层次的建议。这种沟通与协调完成之后，使所设计的指标体系达到平衡，从而能全面反映和代表企业的战略目标。

4）制定战略实施方案

战略管理中难度系数最高的就是战略的实行，为确保战略的实施，应当将战略目标进行细化，包括设立资源配置、策略制定、员工激发等方面的目标。实施方案包括如何把指标与数据库和信息系统相连接，如何向企业传达平衡计分卡，如何鼓励、协助分权单位开发下层的衡量指标。完成这个阶段的任务之后就可以把业务单位的上层衡量指标和下层车间的具体经营性指标连接起来，组成一个全新的执行信息系统。

5）战略评估、反馈与修正

战略控制主要体现在战略的评估和反馈，在反馈中找出战略成功或失败的原因，不断学习和改善整个战略管理的流程。平衡计分卡管理系统很好地体现了一种战略反馈与学习的特点。

5. 平衡计分卡的评价

1) 平衡计分卡的优点

一是与企业的长期战略目标结合,并逐层分解转化为被评价对象的绩效指标和行动方案,使整个组织行动协调一致;二是突破了过去以单一财务指标事后控制的局限,从财务、客户、内部业务流程、学习与成长四个维度确定绩效指标,使绩效评价更为全面完整;三是将学习与成长作为一个维度,注重员工的发展要求和组织资本、信息资本等无形资产的开发利用,有利于增强企业可持续发展的动力。

2) 平衡计分卡的缺点

(1) 在平衡计分卡中,多个财务和非财务指标的使用使业绩评价指标体系中包括很多个系列的指标,多个系列的业绩评价指标可能会分散经理人员的精力,从而不利于企业业绩的提升。

(2) 平衡计分卡要求企业从财务、客户、内部流程、学习与成长四个维护考虑战略目标的实施,并为每个方面制定详细而明确的目标和指标。在对战略的深刻理解外,需要消耗大量精力和时间把它分解到部门,并找出恰当的指标。因此对专业技术要求高,工作量比较大,操作难度也较大,需要持续地沟通和反馈,实施比较复杂,实施成本高。

(3) 平衡计分卡不仅要在不同层面分配权重,还要在同一层面的不同指标之间分配权重,分配过程比较困难。另外,权重的设定没有一个可观标准,具有较强的主观性。

(4) 对于部分非财务指标的量化工作难以落实,如客户指标中的客户满意度和客户保持度应如何量化,员工的学习与发展指标中的员工对工作的满意度应如何量化。

12.3 激励制度

激励是指组织通过适当的激励方式和创造良好的工作环境,来激发、引导、保持和规范组织成员的行为,以有效地实现组织及其成员个人目标的行动。激励机制作为管理控制系统中的一个子系统,是以公司利益为导向,通过管理者与股东的目标协调,使管理者根据不断变化的公司环境,及时调整战略和行动,为股东创造更多的价值。

12.3.1 经理人报酬制度

1. 基薪

基薪是指基本薪金,是根据员工所承担或完成的工作本身或者是员工所具备的完成工作的技能向员工支付的稳定性报酬,是员工收入的主要部分,也是计算其他薪酬性收入的基础。

2. 奖金

奖金是以短期或年度的业绩评价为基础,常见的是业绩奖金,即在达到或超过指定的业绩标准后获得一定金额的奖励。

3. 股票期权

股票期权一般是指高管股票期权(employee stock owner,ESO),也称为认股权证,即企业在与经理人签订合同时，授予经理人未来以签订合同时约定的价格购买一定数量公司普通股的选择权，经理人有权在一定时期后出售这些股票，获得股票市价和行权价之间的差价，但在合同期内，期权不可转让，也不能得到股息。在这种情况下，经理人的个人利益就同公司股价表现紧密地联系起来。股票期权制度是上市公司的股东以股票期权方式来激励公司经理人员实现预定经营目标的一套制度。应该注意的是，公司给予其经营者的既不是现金报酬，也不是股票本身，而是一种权利，经营者可以以某种优惠条件购买公司股票。

使用股票期权作为激励手段具有以下优点。

（1）股票期权通过赋予高管层参与企业剩余收益的索取权，把对高管层的外部激励与约束变成自我激励与自我约束。同时将高管层的报酬与公司的长期利益捆绑在一起，实现了高管层与资产所有者利益的高度一致性，具有长期的激励作用。

（2）股票期权是企业赋予高管层的一种选择权，是在不确定的市场中实现的预期收入，企业没有任何现金支出，有利于企业降低激励成本，成为企业以较低成本吸引和留住人才的有效手段。

（3）股票期权根据二级市场股价波动实现收益，激励力度比较大，同时，股票期权受证券市场的自动监督，具有相对的公平性。

但是不能忽视的一点是，在使用股票期权作为激励手段时，可能存在经理人为贪图个人利益借机采取各种手段操纵企业利润的情况，以促使企业股价更加迅猛地上升，进而从股价上涨中获取更多的处置收益。这种行为不仅导致企业的利润失真，更可能使众多股东及相关各方蒙受损失。

4. 业绩股票

业绩股票（PS）是股权激励的一种典型模式，是指在年初确定一个较为合理的业绩目标，如果激励对象到年末时达到预定的目标，则公司授予其一定数量的股票或提取一定的奖励。业绩股票是指公司将普通股作为长期激励性报酬支付给经营者。业绩股票的目标通常与企业整体业绩衡量标准相联系，最普遍的标准是几年期间企业股票每股盈余的累计增长率是否达到预定目标。这种激励方式下，经理获得的股票有在一定时间内不得支付等条件的限制，从而增加了经理离开企业的机会成本。

5. 股票增值权

股票增值权（SAR），也称现金增值权，是指上市公司授予公司员工在未来一定时期和约定条件下，获得规定数量的股票价格上升所带来收益的权利。被授权人在约定条件下行权，上市公司按照行权日与授权日二级市场股票差价乘以授权股票数量，发放给被授权人现金。

股票增值权是一种虚拟股权激励工具，激励标的物仅仅是二级市场股价和激励对象行权价格之间的差价收益，激励对象并未拥有这些股票的所有权，同时也不拥有表决权、配股权、分红权。这样激励对象对企业的归属感会大大降低，从而影响激励效果。另一方面，股价与公司业绩关联度不大，以股价的上升来决定激励对象的股票升值收益，可能无法真正做到"奖励公正"，起不到股权激励应有的长期激励作用。经理人常见报酬安排如表12-6所示。

表 12-6　经理人常见报酬安排

主要类型	明细分类
短期报酬	基薪
	短期津贴或奖金
长期报酬	股票期权
	业绩股份
	股票增值权

12.3.2　管理层收购

管理层收购（management buy-outs，MBO）是指公司的经理层利用借贷所融资本或股权交易收购本公司的一种行为，从而引起公司所有权、控制权、剩余索取权、资产等发生变化，以改变公司所有制结构。国际上对管理层收购目标公司设立的条件是：企业具有比较强且稳定的现金流生产能力，企业经营管理层在企业管理岗位上工作年限较长、经验丰富，企业债务比较低，企业具有较大的成本下降、提高经营利润的潜力空间和能力。

12.3.3　员工持股计划

员工持股计划（employee stock ownership Plan，ESOP），又称之为员工持股制度，是指通过让员工持有本公司股票和期权而使其获得激励的一种长期绩效奖励计划，是企业所有者与员工分享企业所有权和未来收益权的一种制度安排。在实践中，员工持股计划往往是由企业内部员工出资认购本公司的部分股权，并委托员工持股管理运作，员工持股会代表持股员工进入董事会参与表决和分红。

员工持股制度作为完善公司治理结构、增强员工的劳动积极性和企业的凝聚力的一种手段，越来越受到企业界的关注。实行员工持股，使员工具备劳动者与所有者的双重身份，不仅有按劳分配获取劳动报酬的权利，还能获得资本增值所带来的利益。对于加强职工的主人公意识，留住公司骨干人才具有十分重要的意义。

在实践中，我国上市公司员工持股计划还存在着持股员工的股东权利保障机制有待完善、信息披露要求有待强化、税率过高、重复征税和集合资产管理的部分现行规定与员工持股计划实践不相适应等问题。对此，为完善我国上市公司员工持股计划，应不断完善员工持股计划的法律保障体系，从制度上明确持股员工行使股东权利的路径，以保障持股员工的股东权利。同时也要加强对员工持股计划实施的监管，要求上市公司在定期报告中对董事、监事、高级管理人员通过持股计划持有的股份变动情况进行充分披露，并披露与其他方式获得的公司股份合并后的持股情况。同时加大对标的股票的监测力度，并重点关注在员工持股计划锁定期结束前后宣布并购重组、高送转等消息的上市公司，以及制定支持员工持股计划的税收政策等。

相关法规

2017 年 9 月 29 日《管理会计应用指引第 101 号——战略地图》；《管理会计应用指引第 600 号——绩效管理》；《管理会计应用指引第 602 号——经济增加值》；《管理会计应用指引第 603 号——平衡计分卡》。

复习思考题

1. 试述业绩评价系统的七个构成要素。
2. 试述业绩评价中财务指标和非财务指标的关系。
3. 试述平衡记分卡四个维度的含义以及四个维度之间的因果关系。
4. 比较经济增加值与杜邦分析法。
5. 试述平衡计分卡的平衡性。

 练习题

1. 选择题

（1）薪酬激励计划按期限可分为短期薪酬激励计划和中长期薪酬激励计划。短期薪酬激励计划主要包括绩效工资、绩效奖金、（　　）等。

　　A. 绩效福利　　　　　　　　　B. 股票期权
　　C. 限制性股票　　　　　　　　D. 虚拟股票

（2）平衡计分卡的内部流程角度主要关注（　　）。

　　A. 员工能力评估和发展　　　　B. 员工学习能力
　　C. 新客户开发率　　　　　　　D. 处理客户订单时间

（3）企业应用经济增加值法，一般以（　　）为核心。

　　A. 利润最大化观念　　　　　　B. 价值管理理念
　　C. 剩余收益观念　　　　　　　D. 效益最大化观念

（4）不仅是企业盈利能力指标的核心，同时也是杜邦财务分析体系的核心指标的是（　　）。

　　A. 营业净利率　　　　　　　　B. 总资产净利率
　　C. 净资产收益率　　　　　　　D. 资本保值增值率

（5）在平衡记分卡方法中，了解顾客看问题的角度的目标是（　　）。

　　A. 评估企业如何为其股东创造价值，以及股东如何看待企业
　　B. 评估企业业务过程运营的效率和效果
　　C. 评估企业继续创造未来价值的能力
　　D. 评估企业的产品或服务创造价值的方式

2. 案例题

平衡计分卡经典案例分析——美孚石油

20世纪八九十年代，美国成品油需求开始停滞不前，市场主体间的竞争由"分享增量蛋糕"演变成"抢夺对手蛋糕"，价格竞争大行其道，企业利润大幅下降。美孚石油公司北美区营销炼油事业部（以下简称NAM&R）处境尤其艰难，整个事业部年营业额高达150亿美元，但囿于内部官僚化的管理体制和程序化的运作机制，运营效率低下，投资回报在整个行业中处于垫底的尴尬境地。

1992年，麦考尔（Bob McCool）出任事业部首席执行官，经过翔实的客户调查和广泛

第 12 章　业绩评价与激励

的内外部探讨，决定改变以往"尽力追求成本领先"的竞争模式，提出"客户聚焦"（customer focus）新型战略，把目标顾客锁定为最能为公司带来价值的那部分顾客群体。

为了有效实施新战略，美孚 NAM&R 设计战略地图，积极导入平衡计分卡，力图将新型战略转化为下属单位和业务部门具体的可执行语言。同时，以平衡计分卡为切入点，在恰当时机进行了组织的扁平化改造，改组成立了 18 个市场导向、自负盈亏的下属单位，以及以服务为主的 14 个总部业务部门（shared service groups）。与之相适应，美孚 NAM&R 也推动了文化理念的突破，例如由"上层管理集权"到"充分向下授权"、由"命令基层员工"到"与员工平等沟通"、由"命令式的总部业务部门"到"签约出售服务的总部业务部门"、由"纯粹财务绩效"到"与行业和计分卡挂钩的浮动绩效"、由"对抗型的加盟商关系"到"双赢型的加盟商关系"等。

美孚 NAM&R 以平衡计分卡为核心的"客户聚焦"战略很快获得了巨大成功。1995 年，美孚 NAM&R 的投资回报率迅速升至行业第一位，且大幅超过行业平均值 56 个百分点。1995—1998 年，美孚 NAM&R 连续 4 年蝉联行业投资回报率第一的宝座，行业竞争优势逐步扩大。

要求：根据上述材料并查询相关资料，试述平衡计分卡是如何与美孚石油的战略管理结合起来的？在应用平衡计分卡时，还有哪些注意点？

（资料来源：张梦頔，王会良. 美孚石油公司平衡计分卡管理实践与借鉴［J］. 国际石油经济，2014（7）：48-53.）

第 13 章

管理会计报告与信息系统

内容概要

1. 管理会计报告的编制
2. 大数据与管理会计信息系统
3. 大数据下管理会计的发展趋势

引例

随着信息技术的发展和大数据时代的全面到来,信息化建设已经成为管理会计应用中必不可少的重要环节。无论采用何种管理会计方法,企业都面临如何选择信息化软件产品、如何搭建信息化系统平台的问题。这些管理会计信息化平台不仅要解决单一的管理问题,还需要与企业的其他业务系统集成,实现信息系统的数据共享和一体化共融。

通联支付网络服务股份有限公司(简称通联支付)成立于 2008 年 10 月,是一家金融外包与综合支付服务企业,该公司管理会计系统由全面预算、全成本分摊和报表分析 3 个模块组成,依据"整体规划,分步实施"的系统建设原则,提出了分阶段的管理会计信息化建设方案:第一阶段的主要任务和建设目标是通过搭建管理会计系统,实现全面预算平台、成本分摊、报表平台三大基本功能;第二阶段是实现财务业务一体化,该阶段的主要任务和建设目标是实现 ERP 财务会计系统与核心支付系统等各业务系统对接,交易数据及收入、客户资金流信息自动传递至财务会计系统,实现细分业务及产品、商户、银行、合作机构、员工等多维度信息采集,实现多维度的预算、绩效、获利能力精细化管理;第三阶段是实现现金流管理,通过深入挖掘系统基础信息实现多维度的现金流采集,进而以管理会计系统现金流报告形式及时反映各细分业务及产品、商户、银行、合作机构、员工、各作业流程的现金流创造能力和现金流消耗情况,最终提升企业整体现金流效益。

通联支付优选软件产品和实施商,搭建了一套以战略为指导,以盈利能力为核心,既独立解决预算管理、成本管理及报表分析各个模块的诸多问题,也将各个模块联系起来为企业的战略及经营目标提供决策支持数据的信息化平台。

(资料来源:http://kis.mof.gov.cn/zhengwuxinxi/kuaijifagui/201509/t20150930_1485298.html)

13.1 管理会计报告的编制

13.1.1 管理会计报告的含义

美国著名管理学家安东尼·阿特金森、罗伯特·卡普兰等在其著作《管理会计》中指出，管理会计是一个为企业管理者创造价值的信息管理系统，通过这一系统产生的信息不仅影响管理者的决策，同时还会经过行为评估和信息传递影响参与者。《管理会计应用指引第801号——企业管理会计报告》规定：企业管理会计报告是指企业运用管理会计方法，根据财务和业务的基础信息加工整理形成的，满足企业价值管理和决策支持需要的内部报告。其目的是为企业各层级进行规划、决策、控制和评价等管理活动提供有用信息。

13.1.2 管理会计报告的特征

管理会计报告是运用管理会计方法，根据财务和业务的基础信息加工整理形成的，满足企业价值管理需要或非营利组织目标管理需要的对内报告。管理会计报告与一般对外财务报告相比较，具有四个特征。

1. 管理会计报告没有统一的格式和规范

管理会计报告是根据企业（或组织）内部的管理需要来提供的，没有统一的格式和规范。相对于报告形式，更注重报告实质内容。

2. 管理会计报告遵循问题导向

管理会计报告是根据企业（或组织）内部需要解决的具体管理问题来组织、编制、审批、报送和使用的。

3. 管理会计报告的信息维度丰富

管理会计报告提供的信息不仅仅包括财务信息，也可以包括非财务信息；不仅仅包括内部信息，也可以包括外部信息；不仅仅包括结果信息，也可以包括过程信息，更应该包括剖析原因、提出改进意见和建议的信息。

4. 管理会计报告提供的信息注重决策相关性

管理会计报告如果涉及会计业绩的报告，比如责任中心报告，其主要的报告格式应该是边际贡献格式，不是财务会计准则中规范的对外财务报告格式。管理会计报告的对象是一个组织内部对管理会计信息有需求的各个层级、各环节的管理者。

13.1.3 管理会计报告的编制要求

1. 岗位设置要求

企业应建立管理会计报告组织体系，根据需要设置管理会计报告相关岗位，明确岗位职责，企业各部门都应履行提供管理会计报告所需信息的责任。

2. 报告形式要求

企业管理会计报告的形式要件包括报告的名称、报告期间或时间、报告对象、报告内容以及报告人等。

3. 报告对象要求

企业管理会计报告的对象是对管理会计信息有需求的各个层级、各个环节的管理者。

4. 报告期间要求

企业可根据管理的需要和管理会计活动的性质设定报告期间。一般应以日历期间（月度、季度、年度）作为企业管理会计报告期间，也可根据特定需要设定企业管理会计报告期间。

5. 报告内容要求

企业管理会计报告的内容应根据管理需要和报告目标而定，易于理解并具有一定的灵活性。

6. 报告程序要求

企业管理会计报告的编制、审批、报送、使用等应与企业组织架构相适应。

7. 报告过程要求

企业管理会计报告体系应根据管理活动全过程进行设计，在管理活动各环节形成基于因果关系链的结果报告和原因报告。

与财务会计报告相比，管理会计报告在报告使用者、编制目的、编制主体、报告形式与内容、报告时间，以及编审流程等方面存在一定的差异。表13-1列举了财务会计报告和管理会计报告的主要区别。

表13-1 财务会计报告和管理会计报告的主要区别

项目	管理会计报告	财务会计报告
报告主体	企业各部门	企业
形式要件	名称、时间、对象、主体、内容	名称、时间、主体、编号、内容
格式	不统一	统一
内容	根据需要，既有财务信息，又有非财务信息	根据法律，仅有财务信息
时间	无约束，根据企业战略需要决定报告时间与周期	受企业会计准则和政府约束
流程	与企业组织结构相一致	与法律要求相一致
范围	分解的数据，关于部门决策和行为的报告	整体数据，关于整个企业的财务报告

13.1.4 管理会计报告的分类

企业管理会计报告体系可按照多种标准进行分类，包括但不限于以下几类。

1. 按照企业管理会计报告使用者所处的管理层级分类

按照企业管理会计报告使用者所处的管理层级可分为战略层管理会计报告、经营层管理会计报告和业务层管理会计报告。有关内容如表13-2所示。

表13-2 按照企业管理会计报告使用者所处的管理层级分类

分类	基本概念	服务对象
战略层管理会计报告	为战略层开展战略规划、决策、控制和评价以及其他方面的管理活动提供相关信息的对内报告	企业的战略层，包括股东大会、董事会和监事会等

续表

分类	基本概念	服务对象
经营层管理会计报告	经营层管理会计报告是为经营管理层开展与经营管理目标相关的管理活动提供相关信息的对内报告	经营管理层
业务层管理会计报告	业务层管理会计报告是为企业开展日常业务或作业活动提供相关信息的对内报告	企业的业务部门、职能部门以及车间、班组等

2. 企业管理会计报告体系其他分类

（1）按照企业管理会计报告内容可分为综合企业管理会计报告和专项企业管理会计报告。

（2）按照管理会计功能可分为管理规划报告、管理决策报告、管理控制报告和管理评价报告。

（3）按照责任中心可分为投资中心报告、利润中心报告和成本中心报告。

（4）按照报告主体整体性程度可分为整体报告和分部报告。

13.1.5 战略管理层下的管理会计报告体系

1. 战略层管理会计报告

战略层管理会计报告是为战略层开展战略规划、决策、控制和评价以及其他方面的管理活动提供相关信息的对内报告，包括但不仅限于战略管理报告、综合业绩报告、价值创造报告、经营分析报告、风险分析报告、重大事项报告、例外事项报告等。这些报告可独立提交，也可根据不同需要整合后提交。战略层管理会计报告应精炼、简洁、易于理解，报告主要结果、主要原因，并提出具体的建议。战略层管理会计报告各项报告的类型及基本内容如表13-3所示。

表13-3 战略层管理会计报告的类型及基本内容

分类	基本内容
战略管理报告	包括内外部环境分析、战略选择与目标设定、战略执行及其结果，以及战略评价等
综合业绩报告	包括关键绩效指标预算及其执行结果、差异分析以及其他重大绩效事项等
价值创造报告	包括价值创造目标、价值驱动的财务因素与非财务因素、内部各业务单元的资源占用与价值贡献，以及提升公司价值的措施等
经营分析报告	包括过去经营决策执行情况回顾、本期经营目标执行的差异及其原因、影响未来经营状况的内外部环境与主要风险分析、下一期的经营目标及管理措施等
风险分析报告	包括企业全面风险管理工作回顾、内外部风险因素分析、主要风险识别与评估、风险管理工作计划等
重大事项报告	针对企业的重大投资项目、重大资本运作、重大融资、重大担保事项、关联交易等事项进行的报告
例外事项报告	针对企业发生的管理层变更、股权变更、安全事故、自然灾害等偶发性事项进行的报告

2. 经营层管理会计报告

经营层管理会计报告是为经营管理层开展经营管理目标相关的管理活动提供相关信息的对内报告，主要包括全面预算管理报告、投资分析报告、项目可行性报告、融资分析报告、盈利分析报告、资金管理报告、成本管理报告、绩效评价报告等。经营层管理会计报告应做到内容完整、分析深入。经营层管理会计报告各项报告的类型及基本内容如表 13-4 所示。

表 13-4　经营层管理会计报告的类型及基本内容

分类	基本内容
全面预算管理报告	包括预算目标制订与分解、预算执行差异分析以及预算考评等
投资分析报告	包括投资对象、投资额度、投资结构、投资进度、投资效益、投资风险和投资管理建议等
项目可行性报告	包括项目概况、市场预测、产品方案与生产规模、厂址选择、工艺与组织方案设计、财务评价、项目风险分析，以及项目可行性研究结论与建议等
融资分析报告	一般包括融资需求测算、融资渠道与融资方式分析及选择、资本成本、融资程序、融资风险及其应对措施和融资管理建议等 盈利分析报告一般包括盈利目标及其实现程度、利润的构成及其变动趋势、影响利润的主要因素及其变化情况，以及提高盈利能力的具体措施等。盈利分析报告可基于企业集团、单个企业，也可基于责任中心、产品、区域、客户等进行
资金管理报告	包括资金管理目标、主要流动资金项目，如现金、应收票据、应收账款、存货的管理状况、资金管理存在的问题以及解决措施等。 企业集团资金管理报告的内容一般还包括资金管理模式（集中管理还是分散管理）、资金集中方式、资金集中程度、内部资金往来等
成本管理报告	成本预算，实际成本及其差异分析，成本差异形成的原因以及改进措施等
绩效评价报告	包括绩效目标、关键绩效指标、实际执行结果、差异分析、考评结果，以及相关建议等

3. 业务层管理会计报告

业务层管理会计报告是为企业开展日常业务或作业活动提供相关信息的对内报告。其报告对象是企业的业务部门、职能部门以及车间、班组等。业务层管理会计报告应根据企业内部各部门、车间或班组的核心职能或经营目标进行设计，主要包括研究开发报告、采购业务报告、生产业务报告、配送业务报告、销售业务报告、售后服务业务报告、人力资源报告等。业务层管理会计报告应做到内容具体，数据充分。业务层管理会计报告的类型及基本内容如表 13-5 所示。

表 13-5　业务层管理会计报告的类型及基本内容

分类	基本内容
研究开发报告	包括研发背景、主要研发内容、技术方案、研发进度、项目预算等
采购业务报告	包括采购业务预算、采购业务执行结果、差异分析及改善建议等。采购业务报告要重点反映采购质量、数量以及时间、价格等方面的内容
生产业务报告	一般包括生产业务预算、生产业务执行结果、差异分析及改善建议等。生产业务报告要重点反映生产成本、生产数量以及产品质量、生产时间等方面的内容
配送业务报告	一般包括配送业务预算、配送业务执行结果、差异分析及改善建议等。配送业务报告要重点反映配送的及时性、准确性以及配送损耗等方面的内容

续表

分类	基本内容
销售业务报告	一般包括销售业务预算、销售业务执行结果、差异分析及改善建议等。销售业务报告要重点反映销售的数量结构和质量结构等方面的内容
售后服务业务报告	一般包括售后服务业务预算、售后服务业务执行结果、差异分析及改善建议等。售后服务业务报告重点反映售后服务的客户满意度等方面的内容
人力资源报告	一般包括人力资源预算、人力资源执行结果、差异分析及改善建议等。人力资源报告重点反映人力资源使用及考核等方面的内容

13.2 大数据与管理会计信息系统

13.2.1 大数据概述

1. 大数据概念界定

2011年6月,美国麦肯锡管理咨询公司发布的《大数据:创新、竞争和提高生产力的下一个新领域》的研究报告,第一次提出了大数据的概念。"大数据时代"指的是在每一个行业及业务职能领域都存在着海量数据的时代,这些数据在体量、速度、复杂性和价值型方面突破了传统的数据形态,利用现有的技术手段来对数据进行及时有效的获取和处理,有着巨大的难度和机遇。数量与类型的急剧大量化对于我们快速、有效地从海量的数据中挖掘有价值的信息提出了挑战。

2. 大数据的特点

大数据是伴随着云计算的普及、物联网和移动互联网的应用而发展的。大数据时代是数据爆炸式增长的时代,它的到来使得各行各业开启了跨时代的技术变革,其应用逐渐渗透到现代企业经营管理的各个领域,对于企业的发展发挥着重大的影响。一般来说,大数据具有以下四个特点(四个"V")。

1) 数据规模大(Volume)

信息化时代下,数据的传输较传统数据更具有优越性,数据内存容量大,大数据的起始计量单位至少是PB、EB或ZB,这是传统的数据度量所不能衡量的。

2) 种类繁多(Variety)

进入大数据时代,数据的种类涉及各个行业各个领域,呈现多样化的态势,各种社会现象可以通过量化,以数据的形式表现出来,如在信息时代经常使用的视频、音频以及图片等,多种形式的数据以各自独特的优势存在于互联网空间。

3) 处理速度快(Velocity)

从数据的处理速度上看,借助物联网、云计算、移动互联网、手机、平板电脑、PC以及各种各样的传感器等数据来源或者承载的方式进行数据处理,处理速度极快,形成动态的数据系统。

4) 价值密度低(Value)

大数据时代,数据价值密度降低,这主要表现在数据量的存储上积累较多,数据变化周期较快,产生数据更新时间较短,一些数据适用时间不长,产生的有效价值不高,在繁多的价值中,不可避免地存在着一些没有价值的数据。

大数据时代特征在很大程度上影响着产业结构的发展,对管理会计的发展不言而喻。在大数据时代下,随着数据资源的集聚,以传统的方式和方法来进行基于管理会计的分析和决策,已经不能适应这个时代的要求。要想更好地实现管理会计信息化,就必须转变传统的管理思维以适应大数据时代潮流,运用现代化的管理技术进行精细管理、智能分析与决策。

3. 大数据对管理会计的影响

1) 管理会计发展的外在推力增强

在大数据时代,信息的传递及共享成本降低,企业的经济利益相关者都能够更及时便捷地收到关于企业财务及运营相关的内容信息,企业面对更加公开和透明的市场环境,管理会计的发展水平所承受的外在推力将会加强,来自市场多方面的监督和制约,将和政府的法律法规一起形成企业发展的压力。

2) 企业管理会计发展的内在动力提升

一方面,管理会计本身能够高效地为管理层提供相关决策信息,协助企业做出更准确的战略目标,创造竞争优势;另一方面,在日益激烈的市场竞争下,管理会计水平直接影响到企业竞争优势的形成和内部经营管理水平的高低。在经营实务中,要求企业管理层形成从上到下的正面推动,来促进管理会计对海量数据的挖掘使用,从而进一步放大管理会计的价值。

3) 企业管理会计发展的技术环境改善

管理会计作为传统会计的重要组成部分,吸收了现代行为学、管理学和系统理论,不仅是财会的分支,也成为企业管理的组成部分。信息技术的发展使信息不对称的情况大大缓解,这为管理会计获得准确全面的数据,提供完全信息和数据支持奠定了基础。数据来源、数据处理和数据思维等方面的技术发展,使得信息增值,从而促进管理会计的发展。

13.2.2 管理会计信息系统

1. 管理会计信息系统的概念

管理会计信息系统,是指以财务和业务信息为基础,借助计算机、网络通信等现代信息技术手段,对管理会计信息进行收集、整理、加工、分析和报告等操作处理,为企业有效开展管理会计活动提供全面、及时、准确的信息支持的各功能模块的有机集合。

2. 建设和应用管理会计信息系统应遵循的原则

企业建设和应用管理会计信息系统,一般应遵循以下原则。

1) 系统集成原则

管理会计信息系统各功能模块应集成在企业整体信息系统中,与财务和业务信息系统紧密结合,实现信息的集中统一管理,以及财务和业务信息到管理会计信息的自动生成。

2) 数据共享原则

企业建设管理会计信息系统应实现系统间的无缝对接,通过统一的规则和标准,实现数据的一次采集,全程共享,避免产生信息孤岛。

3) 规则可配原则

管理会计信息系统各功能模块应提供规则配置功能,实现其他信息系统与管理会计信息系统相关内容的映射和自定义配置。

4）灵活扩展原则

管理会计信息系统应具备灵活扩展性，通过及时补充有关参数或功能模块，对环境、业务、产品、组织和流程等的变化及时做出响应，满足企业内部管理需要。

5）安全可靠原则

应充分保障管理会计信息系统的设备、网络、应用及数据安全，严格权限授权，做好数据灾备建设，具备良好的抵御外部攻击能力，保证系统的正常运行并确保信息的安全、保密、完整。

3. 管理会计信息系统的应用环境

企业建设管理会计信息系统，一般应具备以下条件。

（1）对企业战略、组织结构、业务流程、责任中心等有清晰定义。

（2）设有具备管理会计职能的相关部门或岗位，具有一定的管理会计工具方法的应用基础以及相对清晰的管理会计应用流程。

（3）具备一定的财务和业务应用基础，包括已经实现了相对成熟的财务会计系统的应用，并在一定程度上实现了经营计划管理、采购管理、销售管理、库存管理等基础业务管理职能的信息化。

4. 管理会计信息系统的模块

管理会计信息系统的模块包括成本管理、预算管理、绩效管理、投资管理、管理会计报告和其他功能模块，如图13-1所示。

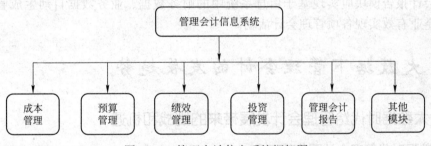

图 13-1 管理会计信息系统框架图

1）成本管理模块

成本管理模块应实现成本管理的各项主要功能，包括对成本要素、成本中心、成本对象等参数的设置，以及成本核算方法的配置，从财务会计核算模块、业务处理模块以及人力资源等模块抽取所需数据，进行精细化成本核算，生成分产品、分批次（订单）、分环节、分区域等多维度的成本信息，以及基于成本信息进行成本分析，实现成本的有效控制，为全面成本管理的事前计划、事中控制、事后分析提供有效的支持。

成本管理模块应提供基于指标分摊、基于作业分摊等多种成本分摊方法，利用预定义的规则，按要素、按期间、按作业等进行分摊。

2）预算管理模块

预算管理模块应实现的主要功能包括对企业预算参数设置、预算管理模型搭建、预算目标制订、预算编制、预算执行控制、预算调整、预算分析和评价等全过程的信息化管理。预算管理模块应能提供给企业根据业务需要编制多期间、多情景、多版本、多维度预算计划的功能,以满足预算编制的要求。

3) 绩效管理模块

绩效管理模块主要实现业绩评价和激励管理过程中各要素的管理功能,一般包括业绩计划和激励计划的制订、业绩计划和激励计划的执行控制、业绩评价与激励实施管理等,为企业的绩效管理提供支持。

绩效管理模块应提供企业各项关键绩效指标的定义和配置功能,并可从其他模块中自动获取各业务单元或责任中心相应的实际绩效数据,进行计算处理,形成绩效执行情况报告及差异分析报告。

4) 投资管理模块

投资管理模块主要实现对企业投资项目进行计划和控制的系统支持过程,一般包括投资计划的制订和对每个投资项目进行的及时管控等。

投资管理模块应与成本管理模块、预算管理模块、绩效管理模块和管理会计报告模块等进行有效集成和数据交换。企业可以根据实际情况,将项目管理功能集成到投资管理模块中去,可以实施单独的项目管理模块来实现项目的管控过程。项目管理模块主要实现对投资项目的系统化管理过程,一般包括项目设置、项目计划与预算、项目执行、项目结算、项目报告以及项目后审计等功能。

5) 管理会计报告模块

管理会计报告模块应实现基于信息系统中的财务数据、业务数据自动生成管理会计报告,支持企业有效实现各项管理会计活动。

13.3 大数据下管理会计的发展趋势

13.3.1 大数据时代给管理会计发展带来的挑战和机遇

1. 大数据时代管理会计面临的机遇

大数据时代下,业财融合趋势明显。业务发生时,处理器将业务、财务、管理信息集中于数据库中,不同的"被授权人"需要信息时,可以从数据库中调取;数据处理交由系统后台运行,大大降低了财务成本;云技术使得企业实现了对资金的实时控制,寻找更佳投资机会;实时财务报告生成成为可能;促进了人资管理模式的转变,企业借助大数据和云招聘模式,可以在人才薪资大数据库中找到参考目标,能更准确地识别适合岗位的人才,推进了精细化人才管理。大数据时代管理会计面临的发展机遇有以下几个方面。

1) 大数据增强企业预测能力,提高预测准确性

互联网时代,企业更加便捷、高效地获取本行业上游、下游企业大量数据,针对性、系统性、全面性特点更强,预测结果更科学、更合理、更现实,预测功能更加完善,有利于企业实现可持续发展。

2) 非财务指标广泛应用,信息系统更完善

在传统会计模式下,非财务指标收集非常困难。在互联网时代,工业制造企业通过网站

可以收集到客户对产品质量、设计的满意度等相关信息;商品流通企业可以通过销售平台得到产品市场占有率等相关指标;金融保险业可以通过客户端或键盘收集客户对所提供服务的满意程度等相关信息。客户对产品、服务的感受,产品在市场上的认可度等数据收集会变得非常容易。

3) 收入成本分析更全面,注重过程管理

财务共享数据平台可以提供给经营管理者不同的成本组合,企业可定制自身所需成本信息,根据获取的数据与预算数进行比较可以发现成本控制中存在的问题,进而提出改进措施。

4) 精细管理会计学科形成,拓宽了研究领域

在"互联网+"时代,智能仪器的使用及物联网的使用使得过程控制成为可能,同时,作业成本核算也非常高效、快捷,生产过程、商品流通每一步骤、每一细节均可通过仪器传至处理器,精细化管理会计学科由此诞生。

2. 大数据时代管理会计面临的挑战

大数据时代为管理会计带来诸多机遇,但同时也带来诸多挑战,主要体现在管理会计理论框架尚未真正建立,信息分析技术落后导致个性化、安全性问题凸显,大数据意识尚未完全形成,专业人才缺乏,难以保障新技术推广等方面。

1) 企业对大数据时代管理会计的应用认识不足

在实际工作中,管理会计虽然已经建立起一套完善的适合大数据时代的管理会计方法体系,但是由于受到内部核算与管理信息采集方面条件不足的制约,无法更好地发挥其作用达到管理的目的。在实际工作中,很多企业会计的主要工作依旧是进行财务核算,将较多精力用在填制会计凭证、编制报表和应付税务、审计部门的监管上,而对管理会计工作的认知不足,无法将管理会计新的方式方法落实使用,影响企业的经营决策。

2) 管理会计理论框架尚未真正建立,理论与实践相脱离

我国"互联网+"管理会计理论研究起步较晚,框架体系仍未完全建立,尚未形成完善的知识体系,制度规范也存在诸多漏洞,而且目前理论研究与企业实际应用脱节现象严重,影响了管理会计的发展进程。

3) 管理会计的信息安全存在隐患

大数据时代,数据量呈几何级增长,非结构化数据所占比重较大,数据转化过程会削弱信息时效性,降低企业及时做出反应的速度,而且在转化信息过程中,部分非结构化数据丧失现象较为严重,数据结果的准确性无法保障。

4) 管理会计人才缺乏,新技术推广难以保障

数据来源多、信息种类广、信息量较大,要求必须借助专业人才深度挖掘与分析,才能将海量信息转化为对企业经营管理有价值的信息。但目前,我国企业基层会计人员居多,而具有较高能力的中高端会计人才较少,会计人员的结构比例严重失调,导致现阶段我国管理会计发展受到严重影响。因此,加快大数据时代管理会计专业技术人才的培养对企业的未来发展显得尤为重要。

13.3.2 管理会计的发展策略

随着"中国制造 2025"的提出,企业的转型升级便开始提上了日程。管理会计作为管

理者决策的依据，对于企业高效运转和发展壮大起到了关键的作用。因此大数据时代下，管理会计要适应环境的变化就必须进行相应的转变和变革。

1. 管理会计的发展策略

1）思维模式转变

在传统模式下，很多企业往往注重于财务会计的作用，却忽视了管理会计。目前实践中的管理会计仅是通过对财务数据的结果进行分析来支撑管理层对于日常经营活动做出决策，却不注重对于企业日常活动如原材料、生产状况以及生产流程的控制。同时，管理者使用现有的数据所获取的信息相对滞后，这对于目前互联网普遍化，市场环境迅速变化的信息化社会，不利于管理层把握机遇，做出正确的决策。

在大数据时代，管理会计应该转变其思维模式，把着重点放在企业的经营过程。管理会计人员应该根据收集到的各种关于供给、生产、销售等相关环节的数据对企业相关产品的成本、收入及风险进行分析，对于各业务流程进行标准控制，并对于实际与成本的差异进行分析、评价及反馈，来实现业务系统与财务系统的集成化，实现数据共享，从而提高管理会计的实时性与企业的经营效率，进一步防范经营风险与财务风险。

2）管理职能转变

管理会计主要是为企业内部而服务的，其基本职能是对企业经营活动进行前景预测、决策、控制以及考核评价。在传统模式下，管理会计更多是从会计角度为管理者提供信息，忽视了外部环境的变化对企业的影响。因此，获取的信息滞后，对管理者作用有限，不利于做出最高效、最大利益的决策，也不利于迎合新形势下企业的转型升级。

大数据时代，要求管理会计更多的是站在管理者战略决策角度，不仅分析企业内部数据，也需对外部数据进行分析，从企业长期考虑，来为管理者日常经营决策提供信息。在日益复杂和瞬息变化的外部环境下，抓住机遇、做出正确的决策对一个企业至关重要。管理会计应由着重于会计的角度向战略决策的角度转变，根据管理者战略决策的信息需求来从数据中挖掘出其所需要的信息，以帮助管理者做出正确决策，提高企业竞争力。

3）数据处理转变

企业要想在大数据时代成功转型升级，就需要管理会计在数据收集、存储、加工及分析等方面进行一些转变。

在数据收集方面，管理会计可利用更加多样化的渠道，如电子商务网站、网上论坛及各种社交软件、客户端等，来收集更加多元化的信息，大多均为非结构化的数据，如以音频、视频、图像等形式表现的，或者是顾客对消费后的产品或服务的评价及浏览记录等。

在数据存储方面，企业应由之前简单的数据库存储转变成模块化的大数据库存储，以实现海量数据的高度集成与数据共享。同时也要注意对不同的模块进行分类，并且关注数据的及时性和有效性，以输出对管理层所需的有价值的信息，实现实时化与智能化。

在数据的加工及分析方面，传统模式下存在多个限制条件、仅能解决单一数据结构的技术方法已不能适应大数据时代的要求，由此企业需要转变对于数据处理的相关管理会计的技术，采用有效的数据分析工具与数据模型和方法来从大量的数据中挖掘出有价值的信息以适应多变的市场环境与激烈的竞争。

4）人员技能转变

大数据时代背景下，会计信息化是必然趋势，这也就要求会计人员对管理会计信息技术的熟练掌握。信息技术的发展使得会计核算不再是会计人员工作的重点，更多要求的是如何从大量数据中挖掘出有价值的信息，这就需要会计人员掌握信息技术，利用现代化的信息技术从大量数据中提炼出管理者所需的信息，包括分析评价企业的日常经营活动、竞争优势等企业内部发展情况，同时把握宏观环境来帮助企业进行有效的前景预测、预算管理、规划控制以及决策。

5) 加强信息化建设

只有以信息化手段为支撑，建立面向管理会计的信息系统，实现会计与业务活动的有机融合，才能推动管理会计功能的有效发挥。同时需将大数据思维贯穿整个信息化建设过程，根据单位整体战略目标，提出顺应大数据时代的商业、管理和组织变革的管理会计信息化建设远景、战略、具体目标、所需功能等具体需求，以坚实的大数据为基础，加快数据资源池、知识资源池、模型资源池、方法资源池等基础设施建设。在管理会计信息系统中，将数据化决策框架和精细化管理体系的各种预测模型、分析工具、管控流程和图表等进行固化，将业务数据、客户数据、财务会计数据等与管理会计数据有效结合起来进行综合应用，以在价值量密度极低的海量数据中筛选出有质有效的决策和管理数据及信息，全面保障预算管理、成本控制和全面支撑战略决策、营销支持、绩效考核，最终达成利用管理会计的基本原理和工具方法对单位活动进行规划、决策、控制和评价的目标。

6) 报告内涵扩展

大数据时代下收集到的数据更多的是非结构化数据，这就使得在进行数据分析时，更多地开始采用非财务指标。相比于财务指标来说，非财务指标更客观、更准确地从多层次、多角度对企业的财务状况、经营成果以及经营业绩进行反映。管理会计通过大数据技术，使得原先由于技术的限制只能进行样本数据的分析转变成了总体数据的分析，使得管理报告中的非财务信息得到了很大扩展，信息更加精确，使得管理报告的实时化成为可能。

2. 管理会计的发展前景

管理会计水平的提升依赖于信息技术的进步。管理会计的发展主要还是解决信息数据缺乏以及获取途径有限的问题。在大数据技术的支持下，会计财务管理的职能作用将呈现多元化的发展趋势，会计分工日益显著，管理会计的功能作用也不断加强，企业财务信息的利用率水平也将不断提升。这种外部环境的变化必然要求财务人员能够随之发展提升。管理会计不仅仅只包含企业内部财务信息的处理工作，它还是企业价值创造的核心工作。因此，必须充分突出管理会计的重要性，为企业经营决策提供最全面、最完善的信息支持，从而最大限度地保证企业的盈利水平。

相关法规

2017年9月29日《管理会计应用指引第801号——企业管理会计报告》；《管理会计应用指引第802号——管理会计信息系统》。

复习思考题

1. 试述管理会计报告的特征。
2. 按照管理层级，将管理会计报告分为哪三类，并指出每一类别的服务对象。

3. 试述大数据时代的基本特点。
4. 试述建设和应用管理会计信息系统应遵循的原则。
5. 试述管理会计信息系统的模块的具体内容。

 练习题

1. 单项选择题

(1) 下列关于管理会计报告的说法中正确的是（　　）。
　　A. 管理会计报告的内容是根据会计准则确定的
　　B. 管理会计报告的内容是根据企业需要确定的
　　C. 管理会计报告的内容是根据企业管理制度确定的
　　D. 管理会计报告的内容是根据外部使用的需要确定的

(2) 按企业使用报告的层级，可以将管理会计报告分为（　　）。
　　A. 战略管理报告、战略层报告、分部报告
　　B. 战略层报告、经营层报告和业务层报告
　　C. 战略层报告、经营层报告和整体报告
　　D. 战略层报告、业务层报告和专项报告

(3) 下列属于管理会计信息的是（　　）。
　　A. 财务与非财务信息　　　　B. 财务与人力资源信息
　　C. 非财务与环境信息　　　　D. 业务基础与非财务信息

(4) 下列项目中，不属于战略层管理会计报告的报告对象是（　　）。
　　A. 股东大会　　B. 董事会　　C. 监事会　　D. 总经理

(5) 下列项目中，不属于经营层管理会计报告的是（　　）。
　　A. 采购业务报告　　　　　　B. 全面预算管理报告
　　C. 融资分析报告　　　　　　D. 盈利分析报告

(6) 管理会计信息系统，是指以（　　）为基础，借助计算机、网络通信等现代信息技术手段，对管理会计信息进行收集、整理、加工、分析和报告等操作处理，为企业有效开展管理会计活动提供全面、及时、准确信息支持的各功能模块的有机集合。
　　A. 财务信息　　　　　　　　B. 业务信息
　　C. 财务和业务信息　　　　　D. 会计信息

2. 多项选择题

(1) 下列属于管理会计报告特征的是（　　）。
　　A. 管理会计报告有统一的格式和规范
　　B. 管理会计报告遵循问题导向
　　C. 管理会计报告提供的信息不仅仅包括财务信息，也可以包括非财务信息
　　D. 管理会计报告提供的信息注重决策相关性

(2) 按照报告内容分，管理会计报告可分为（　　）。
　　A. 综合报告　　　　　　　　B. 专项报告
　　C. 整体报告　　　　　　　　D. 分部报告

(3) 按照功能分，管理会计报告可分为（　　）。
　　A. 管理规划报告　　　　　　　　B. 管理决策报告
　　C. 管理控制报告　　　　　　　　D. 管理评价报告
(4) 下列项目中，属于战略层管理会计报告的有（　　）。
　　A. 综合业绩报告　　　　　　　　B. 全面预算管理报告
　　C. 融资分析报告　　　　　　　　D. 价值创造报告
(5) 下列项目中，属于经营层管理会计报告的有（　　）。
　　A. 成本管理报告　　　　　　　　B. 全面预算管理报告
　　C. 融资分析报告　　　　　　　　D. 盈利分析报告
(6) 下列项目中，属于业务层管理会计报告对象的有（　　）。
　　A. 总经理　　　　　　　　　　　B. 业务部门
　　C. 职能部门　　　　　　　　　　D. 生产车间或班组
(7) 下列项目中，属于业绩评价报告内容的有（　　）。
　　A. 绩效目标或关键绩效目标　　　B. 实际执行结果
　　C. 差异分析与考评结果　　　　　D. 相关建议
(8) 企业建设和应用管理会计信息系统，一般应遵循的原则有（　　）。
　　A. 系统集成原则　　　　　　　　B. 数据共享原则
　　C. 规则可配原则　　　　　　　　D. 灵活扩展原则

参 考 文 献

[1] WEYGANDT J J, KIMMEL P D, KIESO D E. Managerial accounting: tools for business decision making [M]. 6th ed. Hoboken, NJ: Wiley, 2011.
[2] 阿特金森,卡普兰,玛苏姆拉. 管理会计 [M]. 刘曙光,陈静译. 6版. 北京:清华大学出版社,2011.
[3] 冯巧根. 成本会计创新与资源消耗会计 [J]. 会计之友,2006 (12):33-40.
[4] 冯巧根. 管理会计 [M]. 北京:中国人民大学出版社,2013.
[5] 郭晓梅. 管理会计学 [M]. 北京:中国人民大学出版社,2015.
[6] 颉茂华. 管理会计学 [M]. 南京:南京大学出版社,2011.
[7] 李天民. 管理会计学 [M]. 北京:中央广播电视大学出版社,1985.
[8] 林涛. 管理会计 [M]. 厦门:厦门大学出版社,2011.
[9] 刘俊勇. 管理会计 [M]. 大连:东北财经大学出版社,2009.
[10] 刘运国. 管理会计学 [M]. 北京:中国人民大学出版社,2014.
[11] 刘运国,梁德荣,黄婷晖. 管理会计前沿 [M]. 北京:清华大学出版社,2003.
[12] 陆宇建. 管理会计学 [M]. 大连:东北财经大学出版社,2013.
[13] 罗胜强. 管理会计指引讲解重点、难点与案例解析 [M]. 北京:新华出版社,2018.
[14] 吕长江. 管理会计 [M]. 上海:复旦大学出版社,2006.
[15] 潘飞. 管理会计 [M]. 3版. 上海:上海财经大学出版社,2014.
[16] 孙茂竹. 管理会计学 [M]. 北京:中国人民大学出版社,2009.
[17] 孙茂竹,文光伟,杨万贵. 管理会计学 [M]. 北京:中国人民大学出版社,2012.
[18] 唐立新. 管理会计 [M]. 天津:天津大学出版社,2010.
[19] 汪家佑. 管理会计 [M]. 北京:经济科学出版社,1987.
[20] 温素彬. 管理会计 [M]. 大连:东北财经大学出版社,2010.
[21] 吴大军. 管理会计 [M]. 5版. 大连:东北财经大学出版社,2018.
[22] 许萍. 管理会计 [M]. 厦门:厦门大学出版社,2010.
[23] 颜敏,秦洪珍. 管理会计学 [M]. 北京:清华大学出版社,2013.
[24] 余绪缨. 管理会计 [M]. 沈阳:辽宁人民出版社,1996.
[25] 余绪缨. 管理会计学 [M]. 北京:中国人民大学出版社,1999.
[26] 张德红. 管理会计学 [M]. 北京:经济科学出版社,2017.
[27] 张绪贵. 战略管理会计初探 [J]. 财会月刊,1997 (10):6-8.